土佐史つれづれ

宅間　一之

はじめに

昭和29年8月、私は佐渡・信州方面の研修の旅に出ていました。高知大学2回生の夏、山本大教授を囲む7人の旅でした。この旅が私にとっては最初の研修の旅であり、これからの史跡や文化財研究の方法や見方、接し方など貴重な指針となるものを数多く得ることができた旅でした。以後文化財に親しみながら遺跡を訪ね、史跡をめぐり、今年は66年目の夏を迎えました。高知県内はあちこちと幾度か回り、北は北海道浦臼の農園から、南は石垣、竹富の島まで、そしてエジプトからシルクロード、インドネシアのボロブドゥール遺跡へと、その土地土地の景観に浸り高ぶる高揚感に満足しながら随分と歩きました。

いま世界にはびこる新型コロナウイルスは、「3密」「ソーシャルディスタンス」「ステイホーム」と私たちを「新しい生活様式」に引き込み、さらに加えて「命の危険がある暑さ」で、それは「災害と認識」し、「熱中症対策は防災」と意識させられる時代となってしまいました。特に高齢者は重症化しやすいと自由な行動も大きく制限されることとなりました。サワチ料理を囲んで献杯、返杯に沸いたあの日の懇親会も、大声を張り上げ競いあったハシ拳文化も、遠い昔の出来事となるのでしょうか。「オンライン飲み会」はそれに代わるものとはならないでしょう。

同好の人達が集い、史跡や文化財にふれることによって、日々の忙しい生活に安らぎを与え、思索を深め、癒しの効果も味わい続けてきた史跡めぐりも、自粛自粛の「ステイホーム」の号令のなかではどうすることもできません。こうした雰囲気を少しでも和らげようとしたのが今回の出版の思い付きでした。本書は前半に県内史跡を中心に、土佐史の概要理解を深めることを目指す項目を並べ、後半には春野町の歴史を歩き、そこを基盤に土佐史の理解を広げていくことを目指しました。わかりやすく読みやすくを最優先し、自由な現地研修ができることになった暁には、現地を歩きながらその時代時代の情景が浮かび上がり、それがまた現代社会につながって明日の郷土を考える糧になることを期待したいと思います。

今回は新しくドローンによる史跡の空中探訪も試みました。空から見る広い範囲の中で、遺跡の立地やその広がりが理解でき、新しい発見ができたら面白いと試みてみました。写真を見てその意図をくみ取ってみてください。またハッシュタグによる理解拡大も試みました。これを活用し学習の範囲を広げ、新しい発見による歴史理解の拡大を期待しました。

本書の発刊にあたり、ドローン操作をお願いした大前昭浩氏、校正、ハッシュタグなど編集関係では大前里奈氏に多大のご協力をたまわりました。また飛鳥出版室の川田道彦氏には編集製本と随分とお世話になりました。記して深く感謝申し上げます。

令和2年　文化の日

宅　間　一　之

目次

空からのつれづれ

土佐史つれづれ

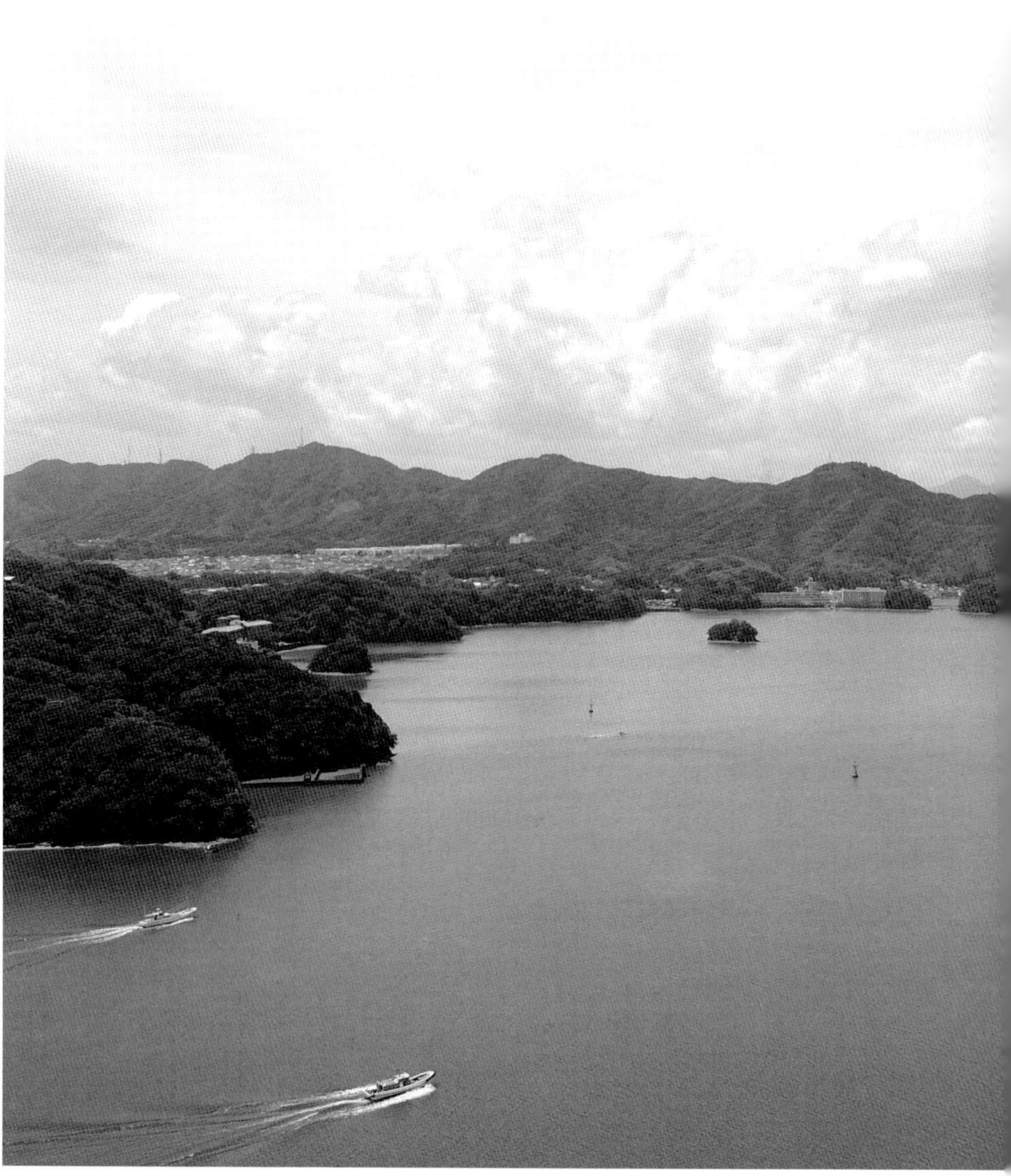

旧石器人は土佐にもいた

その出会いは岩陰でした。

向かい合うように並ぶ高さ8メートルを超す二つの大きな岩。しかしいつの頃か一つは除かれ、残った一つの岩陰に2万年の時を隔てて旧石器人の声を聞き、そこに展開されたドラマが鮮やかによみがえりました。

奥谷南遺跡（南国市岡豊町）
旧石器時代の「細石刃」はじめ４万点を超す石器の出土、西日本有数の出土量

南国市岡豊町小蓮の奥谷南《おくたにみなみ》。東南に長宗我部氏の岡豊城が見え、高知大学医学部もすぐ南です。四国横断自動車道の工事のための調査がきっかけでした。

旧石器時代、それはほぼ４００万年前から更新世《こうしんせい》の終わる1万３０００年前頃までの人類の歴史の最も古い時代です。人々は打製石器や骨角器を使うことは知っていましたが、土器の製作も家畜の飼育も知らず、もっぱら狩猟や漁労の採集生活でした。洞穴や岩陰という大きな岩の岩壁の下部分がえぐられ、上方が庇《ひさし》のような岩陰を作っているところを、居住の場や一時的なキャンプ地、あるいは祭祀や墓地として利用していました。奥谷南でもこのような生活が行われていたらしく、火を焚いた跡や狩猟の用具であった「ナイフ形石器」や「細石刃《さいせきじん》」などの石器と、それらを作った跡も見つかりました。氷河期の終わり頃の生活を伝える証拠でした。

高知県でも旧石器時代の遺跡が県西部を中心に39遺跡の報告はありますが、高知平野周辺では少なく、それも高知県では今まで一個もなかった細石刃が400点を超え、周辺から石器4万点を超す出土は、旧石器時代の西日本有数の出土量と話題にもなりました。

「ナイフ形石器」というのは剥片《はくへん》や石刃《せきじん》の鋭利な側縁の一部を刃として生かし、先をとがらせたナイフに似た石器です。およそ3万年前頃から使われた後期旧石器時代を代表する石器です。

「細石刃」は、1万3000年前頃から、今までのナイフ形石器に変わってその時代の主役となった旧石器時代の最終段階の石器です。幅は1センチにも満たなく、長さも2～5センチと細長い細かな石の刃で、棒状の動物の骨や角、あるいは木の棒に掘った溝に並べて埋め込んで、銛《もり》や槍の穂先として使われました。命中すると溝から飛び出した細石刃が皮を切り裂いて突き刺さり、殺傷力はナイフ形石器より強力で、刃がこぼれても細石刃だけを取り替えればよい優れものでした。旧石器文化の最高の用具で、次の縄文時代への貴重な橋渡し役ともなった石器です。このほかにも小さな槍先の形をした「槍先形尖頭器《やりさきかたせんとうき》」もあり、当時の生活再現には不足のない材料たちでした。奥谷南は、どうやら旧石器時代の最後の1万年ほどの間、何回も生活の舞台として利用され、それはさらに次の縄文時

奥谷南遺跡の現況
旧跡時代人の生活の跡は、自動車道の法面に

代に引き継がれたようです。

石器の石材はチャートで、まだ遠隔地から運び込まれたサヌカイトや黒曜石などは見られませんが、石器作りの特徴は九州や東海地方と似ており、またすぐ後の縄文草創期《そうそうき》の土器の中には南九州の土器に似たものもあり、黒潮を通じての、太平洋岸の地域との交流、文化の類似性は、旧石器の頃から現代に至るまで様々な時代に関して認めなければならないようです。

今から2万年前の旧石器時代人が風雨をしのぎ、大物を射止めた快挙を喜び合って食べた生活の場の巨岩は、今は削られた山肌に吹き付けられたモルタルやコンクリートの構造物に囲まれて、高速道の法面《のりめん》にわずかに頭部を見せるだけとなって、頭上を走り去る自動車の振動と騒音をもろに受け、旧石器時代人の生活の風景に浸ることすら完全に拒否した風景となっています。

#旧石器時代　#高知県南国市岡豊町小蓮　#更新世とは地質の年代区分の一つ　#高知で一番ふるい奥谷南遺跡

狼に咬み殺された洞穴の狩人

昭和48年５月撮影の城の台遺跡（高岡郡佐川町虎杖野）
洞穴は写真中央民家の裏に南に口を開く。石灰採石や地域開発でいまは標柱のみになる

近くの山野でドングリやクリ、シイノミを拾い、野いちごや野ブドウの味に舌鼓を打ち、愛犬とともに追った獲物を射止めて喜びあった平和な暮らしは、ある日突然襲ってきた狼群に奪われました。佐川町城の台洞穴での出来事です。

佐川町には仁淀川の支流である柳瀬川に沿って、高知県史の最初を飾る二つの縄文遺跡があります。縄文草創期という1万2000年前の不動ヶ岩屋洞穴遺跡と、8000年前の縄文早期の城の台洞穴遺跡です。ともに南に口を開き、日当たりもよく、夏涼しく冬は暖かい。森に木の実は豊かに実り、谷の泉に動物を待っては猟し、近くを流れる川で魚を追う恵まれた生活環境です。

城の台洞穴遺跡には、彼等が愛用した土器や石器とともに、シカにイノシシ、それにタヌキやアナグマなど、多くの動物の骨がありました。これらの骨に混って、無惨にも狼の歯形が残った40歳前後の老男性の骨がありました。突然襲って来た狼と男たちは必死に戦いましたが、その甲斐なく一人は

不動ヶ岩屋洞穴遺跡（高岡郡佐川町尾川）
聖岳山腹で南に開口、太陽も差し込む洞穴遺跡。洞穴内部から蟠蛇森がのぞめる

狼の餌食となり、洞穴も奪われてしまいました。人骨の上には、狼の餌食となったタヌキやアナグマなどの骨が、狼の咬み跡を残したままで重なっていました。どうやら狼の襲来以後、縄文人はこの洞穴には住まず、狼の住処となってしまったようです。

不動ヶ岩屋洞穴遺跡はここから1キロほど上流です。この洞穴の縄文人の生活で注目されるものに、タカラガイとイモガイの装身具、ペンダントがあります。この貝は太平洋の暖かい海のものです。不動ヶ岩屋洞穴の縄文人たちは、須崎の海辺でこの貝殻を拾ったでしょう。須崎の浜は南の蟠蛇森《ばんだがもり》を越えてほぼ10キロ、彼等の足ではすぐそこです。この貝が彼等の胸を飾るのは、地理的条件からも気に

はなりませんが、このペンダントが山深い愛媛県美川村の「上黒岩岩陰《かみくろいわいわかげ》遺跡《いせき》」や、東宇和郡城川町川津南の「穴神洞《あながみどう》遺跡《いせき》」にあるから驚きです。この貝は瀬戸内では手にすることはできません。土佐湾に近い地域の人達が運んだものとしか思えません。不動ヶ岩屋洞穴の縄文人たちは、蟠蛇森から入不《いらず》山《やま》へ、そして鶴松森《かくしょうもり》から鳥形《とりがた》と、四国カルストの尾根のルートをたどって、上黒岩や穴神洞の人達と交換に出かけたのでしょう。彼等にとってペンダントは、単なる飾りの装身具ではなく、胸に飾って悪魔や病気を追い払い、身を守り住民を守るものでした。貝ほど物々交換の品として、値打ちのあるものはなかったでしょう。そうであるからこそ、それが厳しい「尾根の道」「カモシカの道」ではあっても、30～40キロの道のりは苦になる距離ではなかったのです。帰る彼等が手にしたものは、我が住む土地では絶対得られない貴重な姫島産の黒曜石でした。交換に成功した喜びに胸とどろかせ、朝来た尾根のルートを足早に帰途の道を急いだでしょう。

　城の台の縄文人を襲った狼は、縄文貝塚から見つかる狼とは違い古い時代の狼で、鑑定した長谷部博士は「佐川狼」と漢字で、他の貝塚狼は「オオカミ」と片仮名で書き区別して報告されています。また不動岩屋洞穴遺跡の縄文人は、その行動力と交流の広さを教えて感動させます。

　先人たちの生活の歴史。それは柳瀬川に沿う二つの洞穴遺跡がスタートです。城の台洞穴はその姿を消しましたが、不動ヶ岩屋洞穴遺跡は縄文の自然を残して狩人たちの生活を彷彿させ続けています。

　山々の木々と緑、泉と谷水、そして洞穴。それぞれにはるか縄文の世界が息づいています。

#高知県高岡郡佐川町　#不動ケ岩屋洞穴遺跡　#城の台洞穴遺跡
#縄文草創期とは6期に区分される縄文時代の最初の時期

農耕の語り部と繊細な花びらの文様

ここは仁淀川西岸の沖積平野《ちゅうせき》。土佐市高岡町居徳《いとく》。四国横断自動車道高知須崎間の建設のための発掘は、私たちのイマジネーションをかきたてる発掘でした。

幅7~9メートル、深さ1・2メートルほどの自然流路を埋めた粘土の中に、今から2500年ほど前の縄文時代晩期後半期、後半期でも最も古い時期の多量の土器や石器、それに腐植物や流木、獣骨とともに、日本の考古学者たちの目を釘付けにした二丁の木製の鍬《くわ》と、繊細な文様の木胎漆器《もくたいしっき》が相隣りあって出土しました。この出土の状態は、考古学ではここに埋まっているものすべてが縄文後期後半のものと判断できます。農耕はまだなかったのではないかとされているこの時期に、鍬を使った農耕の営みをはっきりと実証してしまいました。文字通り日本最古の木鍬ということです。縄文時代でも、最近は稲や麦、豆などの栽培作物の存在が確認されつつありますが、この時代の土掘り具は打製の石斧や掘り棒が一般的で、鍬が使われだすのは弥生時代からと考えられていました。出土した二丁の鍬は、弥生時代のものとは形も木取りも違った独特のものです。一つは身はアカガシで、柄はサカキ。もう一つはクヌギの身にアカガシの柄が付いています。柄は短く折れて全体像はわかりませんが、柄が付いたままの発見は鍬であることに間違いなく、豊かな縄文文化を連想せずにはいられません。国立歴史民俗博物館の調査では、鍬の柄を放射性炭素14年代測定法で測定した結果、実年代に補正して今から2800年ほど前のものと判明したとの報告もあります。日本で初めて鍬を使っての農耕は、土佐市高岡の居徳に住んだ縄文人でしょうか。

この鍬と6メートルほど離れて、赤漆を使った精巧な花弁の文様が繊細なタッチで描かれているクスノキ製の「木胎漆器」が発見されました。鍬と同時に捨てられたものでしょう。半分に割れての出土で全体像や用途はわかりませんが、径は44センチですから大型の器物の蓋である可能性が高いもの

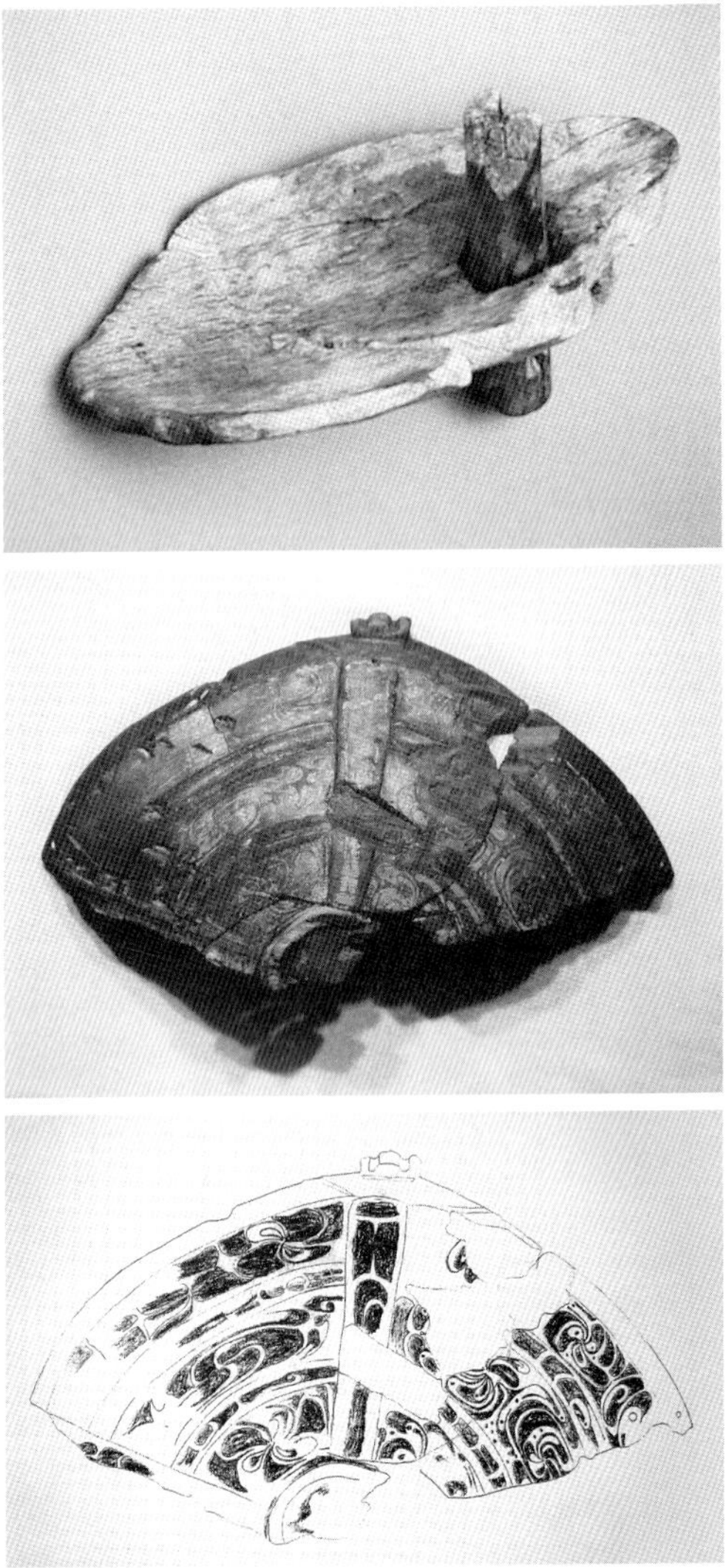

居徳遺跡出土遺物（土佐市高岡町）
柄のついた縄文木製の鍬と繊細な模様の木胎漆器
（発掘調査報告書）

です。漆製品はアジア独特の工芸技術で、6〜7000年前の中国河姆渡遺跡《かぼといせき》の朱塗り木製碗が初現とされています。日本でも縄文前期にまでさかのぼることができますが、最も高い技術は縄文後・晩期の東北「亀ヶ岡文化」に見られ、西日本は工芸技術も低く、量も種類も乏しいものでした。しかしこの「木胎漆器」は、国内ではその例がなく、器形や塗布の手法、漆絵ともいえる文様の特異さなどは、縄文時代の範囲をこえ、中国大陸の製品である可能性を十分考慮する必要があると専門家は言います。考古学者たちの間でも、いま国内製作説と渡来説が並立しています。かりに国内説をとるならば、遠く東北の「亀ヶ岡文化」との関連を考えなくてはならないし、また渡来説を考えるなら、これまた遠い中国長江下流域の文化を視野におかなければなりません。どちらにしても長距離の流入経路をたどります。どこを経由して居徳にたどり着いたでしょう。想像とロマンはますますふくらむ漆器です。いやそれ以上に、ここ居徳でこの漆器が作られていたならどうなるでしょう。この塗りは少量の漆ではできません。栽培された大量の漆とその管理が必要で、それに加えて高度な塗彩《とさい》の技術も木工技術も、また漆の加工技術も必要です。居徳にその生産の基盤や技術のあったことを肯定しなければこの考えは成り立ちません。こうなると南四国だけでなく西日本の縄文観の大きな変革がせまられます。しばらくは木胎漆器の語りに耳を傾けなければなりません。

#土佐市高岡町　#木胎漆器　#縄文後期に木製鍬が出土した居徳遺跡　#亀ケ岡文化

縄文の人骨は切り刻まれて

「肉のついたままの状態で、何度もノミのようなもので刺すなど、激しい憎悪がうかがえる。現代人の感覚で言えば、集団内でここまでやるとは思えない。集団間で、深刻な対立があり、暴力的に解決しようとした結果では、戦争の先駆けといえるだろう」

居徳遺跡の人骨を調査した奈良文化財研究所の松井章主任研究官は語りました。牧歌的な縄文の時代、土佐市居徳での出来事です。「縄文時代は平等で、戦争もなかった」と聞いてきた者にとっては愕然とする発表でした。

掘り出されたイノシシやニホンジカなどおよそ2900点の獣骨のなかに、人の大腿骨、上腕骨、頭蓋骨など9人分15点の人骨が、関節の部分は除去され、さらに6点に殺傷・損傷の痕を残したものの発見でした。

スネの上を撃ちぬかれた女性の骨があります。正面少し上の至近距離から左足を討たれています。矢は骨が内側にめり込むように鋭

居徳遺跡発掘風景（現地説明会資料）

居徳遺跡
出土した人骨（現地説明会資料）

くささり、貫通して出口は周囲を吹き飛ばしピストルで撃たれたように広がっています。骨はその女性が治癒することなく死んだ状況を伝えて残りました。さらにその骨には、貫通痕だけでなく股側には鋭利な刃物で直線的に深く切りつけられた跡もあります。動けなくなったところを、股を広げて太ももを内側からぐっすりと胴体から切断し、骨を細かく切り刻んでいます。ほかにも殺害された男性の骨もあります。これにも太ももに彫刻刀かノミのような刃物で、何度も何度も突き刺した傷痕があります。石斧のような鈍器で関節部は切り離され捨てられたようです。９人すべてが殺傷、解体されたものと見るべきでしょう。

人骨は背筋も凍る凄惨な光景を語っています。

女性まで殺され、それも金属製の武器をもった人達が集落を攻撃したのでしょうか。集団同士の生存をかけた深刻な戦であったでしょう。人骨の炭素年代測定は約３２００年前の可能性を報告しました。今までの予想よりさらに古く、石器では不可能な「輪切りにするように裏側まで通っている」傷は、青銅器では可能でしょうか。このころ突き刺す剣はあっても、切りつけるための刀はなかったはずです。鉄も中国で作り始めの時期です。しかしその切り口は金属器による切断としか見えません。日本最古の金属器使用の証拠資料でしょうか。金属器の起源を探って注目されるのは当然です。「集団同士の戦闘」、戦争についても同様です。戦争は弥生時代からといわれてきましたが、もうこの時

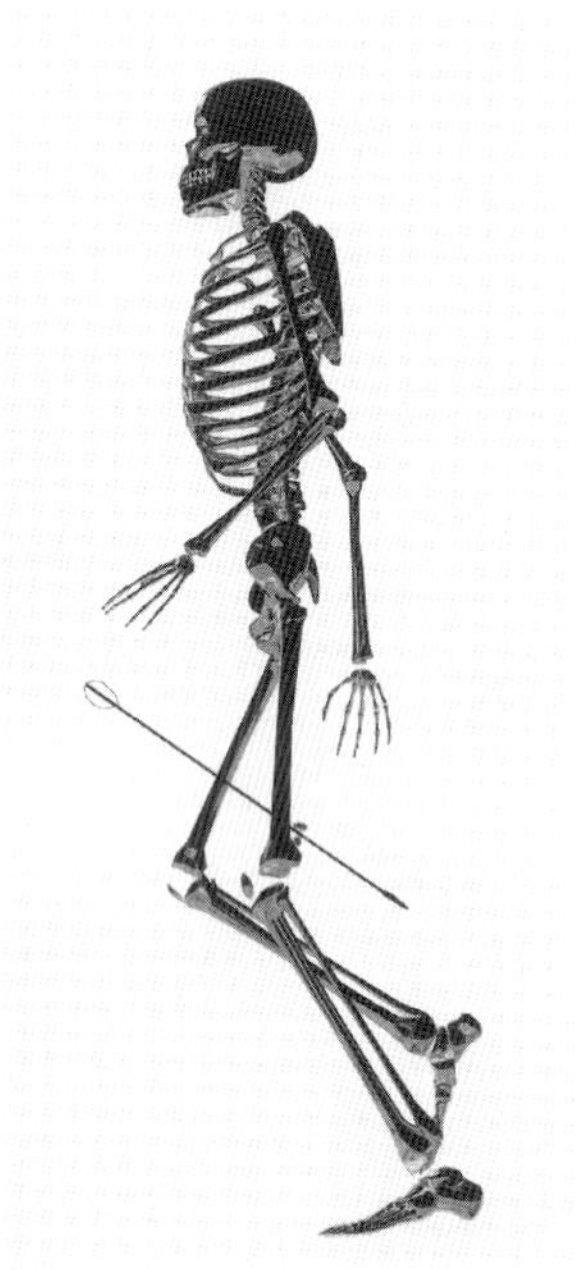

居徳遺跡
撃ち抜かれた女性想像図
（奈良文化財研究所）

代にあったでしょうか。「集団の非常に強い憎悪が、遺体を執拗に解体し、特定の部位以外は分散して捨てる。死んだ人間に対する畏怖や恐れから、魂が戻らないように死体を徹底的に損壊した」かもと松井研究官は言われます。居徳に住んでいた縄文人に対して、新しくここに来た弥生人の先駆け的な異人がしかけた縄文時代の戦争でしょうか。それとも弥生時代の戦争の先駆けでしょうか。

縄文から弥生への移行期という歴史の舞台である居徳でのドラマ。その舞台装置にはまだ多くのものがありそうです。彼等の使った縄文土器、なかでも東北文化の流れをくむ大洞式《おおぼらしき》土器、それに日本一大きな土偶《どぐう》。土製の耳飾り、木胎漆器などは縄文時代の匂い芬々《ふんぷん》とするものだらけです。農具としての日本最古の木製鍬、木胎漆器、戦争を考えさせる人骨に金属器、大陸系の骨角器、イノシシの解体法、さらに犬を食べる風習などは弥生時代の姿そのものです。居徳は歴史の中でどんな「場所」だったでしょう。

居徳遺跡が、歴史の教科書を書き換えることがあるのでしょうか。

#土佐市高岡町　#縄文時代後期　#傷つけられた人骨が発見された居徳遺跡

水田に残された弥生人の足跡

田村遺跡群（南国市田村）
弥生前期水田発掘状況（昭和56年１月14日撮影）

「弥生時代五百年早まる」「稲作伝来紀元前10世紀」。平成15（２００３）年5月20日の各新聞の一面に大きな活字が踊りました。なかには「教科書修正論議も」と急いだ見出しもありました。

学説は仮説が出され、さらなる研究と論議検討がなされて定説が誕生するものです。大きな活字はそれを読む人を酔わせて決定させてしまいます。急がずに、これから積み重ねられる研究成果と検討の結果をじっくりと待つことが大切です。

昭和56年、高知空港拡張の田村遺跡の発掘が続いているときでした。5月、わたしたちは密かに弥生時代の水田の発掘に着手していました。当時発見されていた唐津市の菜畑《なばたけ》や福岡の板付《いたつけ》、それに岡山市の津島遺跡に次ぐ古い時期の水田、しかしこれらの遺跡の水田とは違って、一筆一筆の規模が極めて小さい全国的にもまれなものと、よせる期待も大きいものがありました。

古い物部川の流れの作った自然堤防のきわめて緩やかな傾斜面、高いところからだんだんと低い湿地部へと下がっていく地形に作られた一筆一筆の水田。総発掘面積は５８１０平方メートル、その全面にかまぼこ状の低い土盛りの畦で、正方形に長方形にときれいに仕切られた２４４筆の水田。小さいものは3平方メートル、大きくても80平方メートルを超すものはなく、大半が８～15平方メートルのものでした。知ったばかりの稲作、その技術も未熟であり、少人数の村人では大規模な水田の造成も、水路の掘削も出来なかったでしょう。水田跡ではよく杭や矢板で固めた灌漑用水路や取水用の堰の発見などが報告されていますが、田村ではそれはなく、植え付けた稲が頭まで水浸しにならないように工夫された低い畦で、高いところから低いところに流して落とす田移しの灌漑だったのです。さて、この水田からの収穫はどれほどだったでしょう。当時は１０００平方メートルの水田から約30キロの収穫と推定されていますから、ここでは全体で１６５キロほどになります。村人全員の食糧としては絶対に不足です。稲作を行いながらドングリなどを貯えてその不足を補っていたことでしょう。調査員の想像は広がっていきました。

水田の発掘もすすみ、昭和57年も暮れようとしていたある日、水田面にぼんやりと浮かぶ黒土の斑点模様が目にとまりました。「もしや弥生人の足跡では」。それは紛れもなく弥生人の足跡でした。大小並ぶ足跡は親子連れの歩みの跡でしょうか。その数は百余個に及びました。大きさはほぼ22・５センチ、それから推して田村の弥生人の身長はほぼ１６０センチとなります。親指は身体の中心側に大

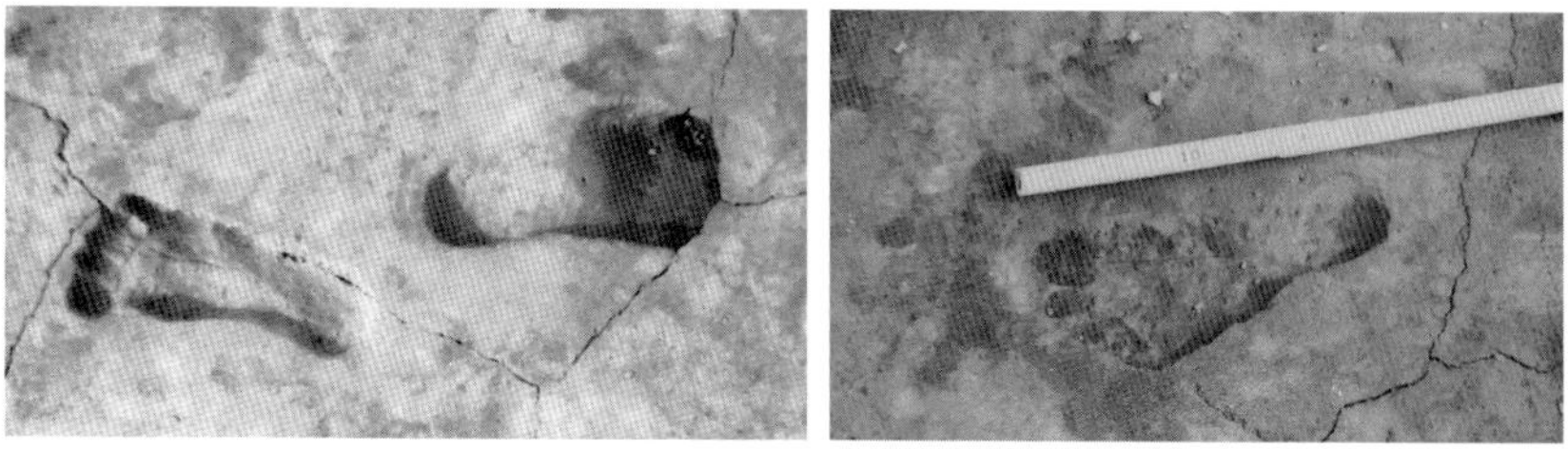

田村遺跡群　水田面に残された弥生人の足跡

きく張り出し外反拇趾《がいはんぼし》ではなく、大地をしっかり踏みしめ裸足で暮らした足跡でした。水田面に足跡が乱雑に残る報告はその頃も各地でありましたが、これは足で泥田の土塊を踏み砕く弥生時代の「踏み耕」の田ごしらえの跡です。しかしここはそうではありません。その夜は台風近しの雲行き、我が田を気遣って子連れで見回りに来た弥生人は、暗くてつい水田に足を踏み込んでしまったでしょう。その夜の大雨は周辺の土砂をわずかに流す洪水となってその土砂が親子の足跡を埋めたまま今日までそのままであったわけです。

水田面に残された弥生人の足跡ほど人々の興味と関心をよんだものはありませんでした。弥生人の足跡と自分の足を並べ、２２００年の時をこえての弥生人との出会いと対話、遺跡にそして弥生人にこれほど親近感を抱かせたものはなく、その年の高知県10大ニュースにまでなりました。

水田面のわずかな水に南国の太陽が照り返す光景は、２２００年前と同じ光景、胸のときめきをおさえて茫然とその光景に酔ったものでした。

#南国市田村　#弥生前期　#弥生人の足跡発見の田村遺跡

引っ越しした弥生の水田

田村遺跡群
新発見が相次ぎ、盛況に沸く現地説明会風景

つり上げ能力150トンの超大型クレーンはゆっくりと47トンの土の塊をつり上げました。

昭和58（1983）年6月6日の出来事でした。田村遺跡群の弥生の水田引っ越しです。当時四国初の弥生水田であり、その水田面に弥生人の足跡まで残して人々を興奮させたものですから、水田の引っ越しにも関心の高まらないはずがありません。

しかし私はこれがまことの保存となりうるか、そしてこのことが遺跡理解の参考資料、学術資料としての価値をもつものか、かりに切り取っても、現在の保存科学の技術で水田という特殊な遺構の保存を可能にする力量があるだろうかとの不安はぬぐえませんでした。しかし「保存は水田の形だけではない。土の性状も、土の中に

田村遺跡群
「弥生の水田」引っ越しの日、昭和58年6月6日

残る考古学上の情報もそのままに残す。これは2000年前の人が作ったもの、そして足跡まで残るという感動すら湧き出よう」との多くの声にも心はゆれながら、時だけが過ぎていた時でした。田村遺跡の発掘調査が、この年の高知県内の10大ニュースになったり、新聞は遺跡の保存・活用の意見や提案を報じ続けるし、「田村遺跡を保存する会」は3288名の署名をもって高知県議会をうごかす力となりました。

私は昭和57年12月1日、水田の切り取り移転保存の案をもって、遺跡の修景・保存科学の専門的な意見を求めて、奈良国立文化財研究所埋蔵文化財センターに飛びました。しかし専門家の口からはこの案への疑問の声あっても、賛同の声を聞くことはなく高知空港に降りました。

当時壊れやすい貴重な遺物は、樹脂を注入し固めて取り上げる方法がありました。しかし粘土質への樹脂注入は技術的に困難であり、その上水分が乾燥すると表面にクラックが生じます。しかしこの水田の特性を逆手にとって、適当に水を含んだ状態のままで取り上げると半永久的に原形を保つことができるかもしれない。水道やガス管などの小口径の管を通す際にとる工法の一つである鋼管推進法なら、これを可能にするかもしれないというのでこの方法が採用され、水田の切り取りが始まりました。切り取る水田の面積は4×5メートルの20平方メートルとし、水田面より1メートル下に特殊なジョイントで連結された5・5メートルの鋼管12本を水平に打ち込んで大地と縁を切る。周囲を軽量コンクリートで崩れを防いで47トンの水田の箱詰めをつくる工事でした。

水田は大型トレーラーでゆっくりと、高知県立歴史民俗資料館に運ばれたといいたいところですが、その資料館がいつ、どこに建設されるかも全くわからない時期のことでした。水田はその日のうちに私たちの、発掘調査事務所わきに再び埋められて資料館の建設されるのを待つことになりました。

高知県立歴史民俗資料館は岡豊山に建設され、そこに展示され水田との再会は発掘してから8年の歳月が流れていました。すっかり化粧も整えられ展示はされていましたが、見学者の心を動かす力も忘れた物静かな土の塊となって、あの人々の関心と注目を受けた日の面影は完全に失われていました。見学者の声も水田にとっては厳しく、私の心にも重たくのしかかるものばかりでした。

遺跡の復元は、周囲の環境も同時に復元し、遺跡が体験的、立体的に理解でき、臨場感があってこそ、そこに新たな疑問を抱かせ、それを追求する要素もそなえなければなりません。切り取られた遺跡の一部分では、理解もしがたく、断片的となり、説明をしなければ見学者には理解してもらえない展示見世物に終わってしまいます。水田もその責を一身に受けて、身を細めた姿に見えてなりませんでした。

まばらな見学者に、足さえ止めてもらえない水田に、わき返った現地説明会の日、人々の視線に得意げに微笑んでいた田村の水田を重ねることはできない光景となっていました。

#南国市田村　#弥生前期の水田跡　#高知龍馬空港地下に弥生の水田

置き忘れられて「神の壺」に

昭和6（1831）年、洞穴の中に3室の弥生人の生活の跡と、28個の弥生土器が発見されました。洞穴の岩間から流れ出る清水。そこは弥生人の水汲み場であり、水仕事場だったでしょう。水を汲もうと岩壁に立てかけられた一個の長頸《ながくび》の壺。つい置き忘れられて1900年の歳月は流れ、美しく石灰華にまかれ「神の壺」となって、訪ねる人は美と感動の心悸《しんき》をおぼえ、遠く弥生のロマンに誘い込まれます。

香美市の龍河洞です。弥生の中頃、この洞穴で何人かの弥生人が一時の生活を送ったようです。彼等は生活の本拠地である低地の集落に家族は残し、獲物を求めた狩猟のキャンプ地とし、あるいは他の集団との軍事的緊張の中で、何らかの任務を帯びてここで生活したものでしょう。

龍河洞の土器は、弥生中期末に物部川・国分川流域より東にかけて分布する龍河洞式土器とよばれるものです。ここより西は龍河洞の土器と少し異なった神西《こうのさい》式土器とよばれる土器が主流です。物部川・国分川はこの異なる土器の接点の地点とされています。

弥生時代の中頃は、倭国大乱の世といわれ、集団毎に相争った時期です。この異なる土器をもつ集団もするどく対立していたでしょう。その対立の様相は、龍河洞式土器をもつ人々によってつくられ

龍河洞遺跡（香美市逆川）
水汲み場に忘れられ石灰華にまかれた長頸の壺

た高地性《こうちせい》集落が物語っています。高地性集落は丘や山の上につくられた見張りや、防衛上の集落で、軍事的緊張や争乱が考えられる遺跡とされています。龍河洞式土器をもつ人々の西端の高地性集落は、南国市岡豊の「狭間《はざま》遺跡」で海抜83メートル、龍河洞のある三宝山と峰続きの笹ヶ峯遺跡は海抜２８０メートルと、ともに眺望よく西方の神西式《こうのさいしき》土器《どき》集団ににらみをきかすのに最高の地形です。龍河洞遺跡もこの高地性集落と見てこれに加えると、龍河洞式土器集団の西部防衛布陣としての高地性集落ラインが完成するわけです。洞内に残された土器が語る歴史の一コマでしょう。

　洞内の多くの龍河洞式土器に混じって、1個だけ時代が下る弥生時代終わり頃のヒビノキ式土器が水汲み場に残されていました。ただ1個の土器ですから、後世あるいはごく最近誰かが持ち込んだものと断定すると事は簡単に解決しますが、その土器は胴の上の方に石灰華を付着させてこの考えを否定し、龍河洞が弥生時代に二つの時期にわたって利用されたことを語っています。土器の数から早い住人は人数も多かったようですが、新しい1個の土器を残した弥生人は何者でしょう。おそらく狩猟のためにここに登り、龍河洞を一時のキャンプ地として周辺で獲物を追った弥生人と思われます。その時、洞内の清水わき出る水汲み場に水を求め、ついうっかり1個の甕《かめ》型土器を忘れて下山して1700年の月日が流れてしまったことを、ただ1個で教えているとみるべきでしょう。

土器は生活必需用品で人の生活と深い関係にあり、発掘でも最も多く出土して、人の生活や社会を生き生きと映し出してくれます。しかしそのほとんどが小さな破片となって出土するように、極めて割れやすい欠点をもっています。だがその欠点が考古学の資料としては最大の長所です。素材の粘土は至る所にあります。割れるとすぐに補充が可能です。どんな形にでもどんな文様にでも、作者の意のままに仕上げることができます。こうして生まれる土器ですから、遺物の中では最も一般的で数も多く、しかも移り変わりの速度もはやく、また地方色も見分けやすいという特性を持っています。この特性を生かして、考古学では土器を時期判定の一つの物差しとして最も大切な資料として取扱っています。どんな小さな破片であっても、接するたびに社会の内実を肌で感じさせます。土器の語りは奥深く、土器は歴史の語り部であり歴史を写す鏡です。

龍河洞内の遺構や遺物も、関心薄く通り過ぎる観光客に、今日も数々の歴史を語りつづけています。

#高知県香美市土佐山田町　#弥生中期　#国指定史跡天然記念物龍河洞　#龍河洞は弥生人の狩猟キャンプ地

銅矛も「おなばれ」に参加して

山々にこだまする太鼓の音に誘われるように、氏子たちのさしかける赤いお傘に守られて、5基の御輿がそれぞれの社を旅立ちます。無病息災、諸願成就を賽銭に託して手を合わす人もいます。高岡郡四万十町高岡神社の秋祭りです。五つの神社からなる五社《ごしゃ》さん。戦国時代の仁井田5人衆がそれぞれ1社あて、祭ったとも言う伝統ある神社であり、この地の総鎮守として里人たちの信仰を集めています。この祭の御神幸（おなばれ）に、弥生時代の「銅矛」が参加し、弥生の風景をいまに伝える全国唯一の珍しい光景があります。

弥生時代の青銅器、それは銅に錫《すず》、鉛を混ぜた合金で、鋳型に流し込んでつくります。一般に銅剣《どうけん》、銅矛《どうほこ》、銅戈《どうか》といった武器形のものと、中国で、牛や家畜の首にかけた鈴がルーツとされる銅鐸《どうたく》と、北部九州に多い鏡や装飾品などです。稲作技術とともに日本列島に伝わりますが、同時に伝わった鉄は硬く切れ味もよく、刃物や農耕具など実用品として使われます。しかし青銅器は次第に大型化して、鳴り物や祭器に変化していきます。稲作は、狩猟や木の実の採取を基本としていた暮らしから米作りによる安定した暮らしに変え、人口増加と大きな村を形成させます。木製の鍬や石包丁などの農具や土器など充実した生活用具や、豊作を祈る祭りの銅鐸など青銅器の祭器にも、弥生人の安定した暮らしを想像できますが、一方においては、土地や水をめぐっての村同士の争いを生む社会ともなってきました。

「おなばれ」に参加する弥生の「銅矛」は、もともとは鋭い両刃の剣で長い柄がつけられ、相手を突き刺す武器なのです。日本に渡ってきてからも当初は武器でしたが、日本列島で本格的な生産が始まると、次第に大型化して刃先も丸くなり、武器から武器形祭器へと変貌していきます。武器には霊威が宿るか、悪霊を退散させる力があるとする観念から、青銅製の祭器を豊穣を祈る祭りのトップにおくようになってきます。神話でも神は国生みに矛を使い、いまも天皇即位の時には長い柄の矛がしっかりとその場所にあると聞いています。

高岡神社秋祭りの日（四万十町窪川）
おなばれ参加の準備も整った本物の銅矛５本

銅矛は現在高知県では、西は四万十市の中筋川石丸遺跡から、東は香美市物部町の熊野神社のご神体まで55本発見されています。発見の中心は窪川台地で18本、そのほか土佐市、須崎市、高知市、嶺北にあります。しかし弥生時代南四国最大の田村遺跡の周辺には遅倉《おそくら》遺跡の1本だけです。田村の集落は瀬戸内の影響を大きく受けていたので、九州的な銅矛は拒んだでしょうか。同じ青銅器である銅剣や銅戈は、九州以外の土地でも生産され、弥生前期末から中期はじめにかけ四国や中国にも搬出されていますが、銅矛は九州でしか生産されず、他の地域への持ち出しも中期の中頃になってやっと、それも数は少なく、本格化するのは中期末になってからです。このことは、銅矛は九州において最も重要視された武器形祭器であったと見るべきでしょう。

銅矛分布の中心地窪川台地、それも四万十町の北部およそ7キロ四方に集中しています。ここに集中する理由や発見・発掘の経過は別の機会としますが、ここには高知県西部の代表的な弥生遺跡である「神西《こうのさい》遺跡」が、四万十川に沿う水田の中に広い範囲を占めています。18本の銅矛の型式からみて、この集落の弥生人たちは数回にわたって銅矛を北部九州から手に入れ、祭に使っていたことがわかります。

おなばれの8番目に行く長い柄先につけられた青銅製の矛5本は、行列の中ではひときわ目立つ存在です。短く刃先も鋭かった銅矛は、時とともに鈍く長さも4倍になるという変化の背景には、祭りの用具としての銅矛が、人々により強い印象づけをねらったものであったことも容易に想像できます。弥生時代に伝来した時期のままの祭器として、いまも御神幸に参加するこの光景は、わが国唯一の光景として全国的に注目された祭りのひとつです。

田中の細道、枯れかけた道端の草々に行列の人たちの足元はかくれます。村人たちの敬虔《けいけん》な祈りの光景の中にも、日本文化の伝統の深さが味わえ歴史の風景を甦えらせます。

悠久なる四万十の流れとともに、村人の祭りも永遠にと願うものです。

#高知県高岡郡四万十町　#高岡神社　#五社さん　#本物の銅矛が神祭のおなばれに参加する全国唯一の場所

波多の卑弥呼

高知県宿毛市平田。そこに中筋川の水系を基盤とした地域集団がありました。4世紀末から5世紀前半頃のことです。神がかりの呪術的権力者「波多《はた》の卑弥呼」とも言うべき女性を中心に、男女のペアで支配する世界から、それが否定され、新しい武力を背景とした権力者が登場するストーリーです。

高岡山古墳遠景（宿毛市平田）
標高45.8メートルの古墳群

昭和23（1948）年平田中学校造成中に平田曽我山《そがやま》古墳が発見されました。すでに3分の2は破壊されていましたが、高知県で唯一の、全長60メートルの前方後円墳だったといわれます。前方後円墳を造るには、中央の政権の許可が必要な時です。古墳の主はかなりの権力者だったでしょう。古墳からは、想像上の獣の顔を描いた中国後漢末の「獣首鏡《じゅうしゅきょう》」という破砕鏡《はさいきょう》と、日本製の「獣形鏡《じゅうけいきょう》」の2面、それに大刀《たち》と鉄矛などが出土しています。

昭和55（1980）年西南中核工業団地造成のための調査で、

曾我山古墳の東500メートルほどのところに、隆起した人工の地形が2か所発見されました。それが高岡山1号古墳と高岡山2号古墳でした。2基ともに直径18メートルとほぼ同じ大きさの円墳で、5世紀前半の古墳時代前期のものです。1号墳からは筒形銅器・青銅製小棒・鉄刀・勾玉《まがたま》・管玉《くだたま》などが出土し、2号墳からは中国伝来の鏡や石釧《いしくしろ》、それに勾玉、管玉、小玉等が出土しました。1号墳が一番古く、少し遅れて2号墳、そして前方後円墳の曽我山古墳の順番です。

1号墳の権力者は、副葬品からみて、国家規模の大きな権威をバックにいただいた男性の権力者でしょう。筒形銅器は権威の象徴「聖杖《せいじょう》」の握りの飾り銅器で、大和朝廷からのもらい受け品でしょう。2号墳の主は女性、うすいブルーの碧玉《へきぎょく》製石釧（腕輪）からの判断です。鏡は内行花文明光鏡《ないこうかもんめいこうきょう》という中国からの鏡です。この鏡はもとは1号墳の主が大和政権からもらい受けていたものを、後継ぎの2号墳の主に渡した可能性があります。しかし鏡も腕輪も完全に割って壊された状態の出土ですから不思議です。1、2号墳の主は、邪馬台国の卑弥呼のような神がかり的な呪術的《じゅじゅってき》権力で治めた男女だったようです。父と娘か、夫婦か、兄妹かはわかりませんが、この頃よくある男女のペアで治めていたのでしょう。権威の象徴が割られて葬られるのはその権威の否定です。新しい権力者の命による葬り方でしょう。新しい権力者は曾我山古墳の主です。出土した2枚の鏡、1枚の「獣首鏡《じゅうしゅきょう》」は、大和政権から直接もらったものではなく1、2号古墳の主に従っていた頃のもらいものでしょう。もう1枚の「獣形鏡《じゅうけいきょう》」は自分が支配者となって大和政権からのもらい物でしょう。大刀は武人のしるし、武力を背景にした武人的豪族で、先の呪術的権威者の支配を覆し、鏡や石釧を破砕して埋葬することを命じたでしょう。考古学者岡本健児先生は「大和政権から鏡や筒形銅器を与えられ波多を支配した

#高知県宿毛市平田　#平田曽我山古墳　#土佐の前期古墳

高岡山１号墳・２号墳発掘状況（昭和55年）

豪族、それは邪馬台国の卑弥呼のような神がかりの呪術的権力者でした。1号墳に葬られたのは2号墳『波多の卑弥呼』の父親か夫かあるいは兄か弟か。二人はパートナーだったでしょう。先に男性が亡くなり、大和から与えられた筒形銅器を亡骸とともに埋葬しました。その後『波多の卑弥呼』に悲劇的な政変が……呪術的な支配を否定する新しい権力者の登場です。彼女が亡くなった時、彼女の権威のシンボルであった鏡も腕輪（石釧）も砕かれて埋葬されたものでしょう。新たに登場した武人の豪族は、この地に前方後円墳を造ってその権威を後世にまで残していました」と推理します。

出土した「モノ」から人々の生活や歴史の推移を考察し復元していく。ここに考古学の妙味があります。

土佐の石舞台古墳

石舞台、それは月夜の晩にその上で狐が踊ったからつけられた名称と言います。その真偽はともかく、巨大な石材が組み合わされ、それが舞台のように見える石舞台古墳。飛鳥観光のシンボルで蘇我《そがの》馬子《うまこ》の墓とも言います。

高知市朝倉古墳も明治の初年、開墾中に発見されて以来「土佐の石舞台古墳」と親しまれてきました。昭和5（1930）年11月4日の高知新聞に「市外朝倉村字宮の奥にある塚穴は、本県では最も古いものの一つで」「1千年以上を経たる貴族の墓穴であると言われ」「同村青年団では遺物の保存を期するとともに他方一般にその構造の偉大なるを知らすべく」「標柱および説明札の建設と通路の改修をおこなった」「なお道路上より見える穴は一番小さいところである」との記事があります。開墾の時、石組みの上の盛土ははがれ、巨石むき出しの姿は国道33号線から見ることもでき、遺物の保存と構造の偉大なるを知らそうとする青年団の古墳によせる熱い思いが伝わります。朝倉神社の西方200メートルほどの山麓にある土佐の巨石3大古墳の一つで、県の史跡指定にはなっていますが、史跡には配慮しない宅地化が、史跡の景観にはほど遠いものとしてしまいました。

しかしこの古墳の横穴式石室の積み石は非常に美しく県内唯一の美と言ってよいでしょう。横穴式石室の技術は、5世紀の終わり頃に朝鮮半島から伝わったもので、日本では6世紀後半から7世紀にかけて、至るところで造られています。四角な割石を積み重ね、石室をこしらえ、横から入る入り口のある古墳で、前期には無くすべて後期の古墳です。朝倉古墳もその構造様式から7世紀前半のものとされています。一番奥の矩形の部屋が死者を安置する所であり、刀や馬具、鉄鏃、それに装身具である勾玉や管玉。そして須恵器などの副葬品も並べるところで「玄室《げんしつ》」と呼びます。入り口から玄室までは、天井はやや低くかまえ、横幅も狭くした、いわゆる玄室に入る廊下があります。これを「羨道《せんどう》」と呼びます。朝倉古墳はこの玄室や羨道が実によく残っています。死体の埋葬後は玄室の入り口に平たい石か、小さい石ころを積み上げ蓋をした後、横穴式石室がすべて隠れるように盛土をします。盛り上げられた土は「封土《ふうど》」といわれ、その形によって、前方後円墳とか円墳、方墳などと古墳の種類分けが行われます。

朝倉古墳
封土（盛土）ははがれ、巨石がむき出しの横穴式古墳

朝倉古墳は明治の開墾の時にこの封土はすべてはぎ取られ、丘陵の東端に横穴式石室の入り口を東に向け、大きな天井石などが露出し、国道33号線からも見えて、飛鳥の石舞台を連想させるものですから、こう呼んで親しまれてきました。しかし近年の宅地化は、石舞台もその愛称も失わせた惜しまれる景観となってしまいました。

高知県3大巨石古墳の一つである南国市の小蓮古墳は、封土も残した6世紀中ごろの古墳です。現存する後期古墳では県内最大の古墳で県の史跡にも指定されています。墳丘の高さは7・1メートルで、裾の部分で、南北28メートル、東西22メートルの楕円形の円墳です。玄室は幅2・2メートル、奥行き7・6メートルの長方形で、床面には小さな割石が全面に敷き詰められています。この古墳も、明治時代から開口していましたので、副葬品はほとんど盗難にあっていましたが、それでも装身具の金銅中空玉や金環、それに武具や馬具などもあって、古墳の主が周辺では最高の権力をもって支配体制を築き上げた首長格の人物だったことを想像させせました。

朝倉古墳とこの小蓮古墳に、同じ南国市の明見古墳を加えて、土佐の3大巨石古墳と呼ばれてきました。この他にも高知市一宮の大塚古墳や土佐山田町新改の横走古墳など大きな古墳はあちこちにあったことも伝えられています。

古墳の大小や副葬品、それらのものから古墳の主の階層やランク付けを吟味しながら、6世紀から7世紀の周辺の開発状況や、集団社会のなりたちや変遷を考えながら歴史を再構築していく、これも面白い研究です。

#高知市朝倉　#朝倉古墳　#後期古墳　#土佐三大巨石古墳　#あとの二つは小蓮古墳と妙見彦山古墳（ともに南国市）

邪馬台国時代の土佐のふしぎ

女王卑弥呼の治めた邪馬台国はどこにあったでしょう。九州かそれとも近畿の大和でしょうか。中国の正史『三国史』の『魏志《ぎし》』「東夷伝《とういでん》」倭人条《わじんのじょう》（「魏志倭人伝《ぎしわじんでん》」）が伝える邪馬台国は、その国情を倭人、倭国の政治、社会、外交、風俗、習慣などがあまりにも詳しく書かれているので、未だに解決がつきません。『日本書紀』の編者が八世紀、卑弥呼を神功皇后《じんぐうこうごう》に擬して以来、大和説は疑われませんでした。ところが国学者本居宣長《もとおりのりなが》は、「大和」の「皇朝より大御使いなど」中国に遣わすことなどあり得ないとし、邪馬台国を九州南部と考え、卑弥呼も熊襲《くまそ》が大和の女王を偽僭《ぎせん》したものと、九州説を登場させて以来今もなお論争は終わっていません。

さてその話はこれまでにして、邪馬台国時代の土佐の姿はどうだったでしょう。2～3世紀は倭国をめぐる内外の動勢から見ても、ただの南四国の弥生末の地域社会として、その動きに全く無関係の展開ではなかったでしょう。弥生の社会ももう600～700年の歳月が流れ、高知平野も大きく変わってきていました。弥生時代の中・後期には、西日本屈指の大規模な拠点集落だった田村遺跡群が、後期中頃から急速に衰退していきます。ムラの在り方も数百棟の竪穴住居が並ぶムラから、数十棟程度の中・小規模の集落へと変わります。弥生人の生活地も、物部川の自然堤防上の田村遺跡群から、

長畝古墳群（南国市岡豊町定林寺）
標高62メートルの３基の円墳、前方後円墳をおもわす複数の埋葬施設

長岡台地の東崎《ひがしざき》・小籠《こごめ》・岩村遺跡群へと移動していきます。社会状況の変化が大きく反映されているのでしょう。

この頃、興味深いもう一つの現象に、遠隔地からの土器の移動があります。岡山（吉備型甕《きびがたかめ》）や徳島（東阿波型土器）、それに大阪（庄内式土器《しょうないしきどき》や布留式土器《ふるしきどき》）などで作られた土器が数多く持ち込まれています。人の生活に最も身近な土器の移動は、多くの人々の移動を意味します。高知平野へは特に大阪河内《かわち》平野でつくられた庄内式土器（庄内甕《しょうないかめ》）の移動が多く、四国の他の３県に較べ群を抜いています。河内平野との密接な関係を知ることができます。各地に巨大な前方後円墳がつくられはじめ、弥生から古墳時代への変化激動の時代です。土器の移動も社会の動向を示し、高知平野も社会変動の渦中にあったことを物語ります。しかし多量に持ち込まれた庄内式土器は、なぜか高知平野の土器生産にはほとんど影響を与えていません。土器の量から河内からの人々の集団移動も考えられますが、短期間に完全に在地に同化吸収されたものと見なければなりません。持ち込まれた土器が高知平野に較べ少ない四国の他の3県では、持ち込まれた土器がその地で大量に生産されたり、あるいは置き換わっていったりもしています。持ち込まれた土器のありようの違いは、なにに起因するのでしょう。さらに3県には多くの前期古墳があります。しかし高知平野は、弥生時代田村遺跡のような西日本屈指の拠点集落がありながら、前期古墳のない特異な地域社会です。前方後円墳も高知平野には見えませんが、香川には78、愛媛に19、徳島では11基が発見されています。高知平野は古墳時代前期になっても弥生時代以来の伝統的な社会構造のままだったでしょうか。中四国最多の庄内甕出土が何に起因し、当時の関係がどのような内容であったか、なぜ前期古墳、前方後円墳が存在しないのか、現段階では明確にできないのも、邪馬台国時代の土佐が、その時代への興味と好奇心をたかぶらせます。

歴史の面白さはここにもあります。

#邪馬台国時代の土佐はどんな？　#古墳時代前期　#土佐にない前方後円墳

小村さまの環頭大刀

高岡郡日高村の「千本杉の小村《おむら》さま」、ここは土佐二の宮です。国道から入る参道の両側は杉並木が太陽を遮り、冷気を呼んで参拝者の心を洗います。社殿は一変して陽光に照り映えています。本殿の後には異変がある時は必ず梢に霊火《れいか》が爛々《らんらん》とかかるという伝説を秘めたご神木、「牡丹杉」の大木がそびえます。祭神は国常立命《くにとこたちのみこと》で、およそ1400年昔の創建と言います。大和中心の政争に敗れた氏族達が下向《げこう》して祭った氏神や、土地の豪族達が祭った神社があちこちに建てられはじめた頃のもので、式内社《しきないしゃ》とか国史見在社《こくしけんざいしゃ》などと呼ばれ今も各地に残っています。

この小村神社に国宝の古代の剣「金銅荘環頭大刀拵《こんどうそうかんとうのたちこしらえ》・大刀身《たちみ》」がご神体として保存されています。ご神体が剣であることは、江戸時代の『南路志《なんろし》』には書かれていますが、ご神体ですから宮司さんでも、ましてや研究者が確かめることなど許されるわけがなく、長い間社殿の奥深く秘蔵にされていました。しかし昭和30（1955）年、研究者達の熱意はとうとう古代の剣にそのベールを脱がせました。長く見事な直刀《ちょくとう》、この種の大刀は後期の古墳から発見されるものですが、千数百年前の姿のままで、社殿の奥深く伝世されていた例は全国的にもありません。翌年に重要文化財、そして33年には国宝指定ですから美術工芸品としての価値の高さを物語ります。

この時期の大刀《たち》には、柄頭《つかがしら》をこぶし状にした頭椎大刀《かぶつちのたち》と、板金で平たく環をつくった環頭大刀などがあります。小村神社のものは環頭大刀で、柄頭は厚さ3ミリの金銅の板金で、頭幅10・5センチ、頭長7・5センチのやや楕円形で、その中に双龍が玉をくわえて相対している姿が著しく文様化された透彫《すかしぼ》りの環頭となっています。もと外装はすべて銅に鍍金《ときん》した金銅の飾り（荘）であったでしょう。今少し鍍金の跡が残っています。拵の長さは１１８センチ、柄の長さ19・4センチ、鞘は92センチで、柄にも鞘にも金銅板金が張られています。鐔《つば》は「喰《は》み出し鐔」という小形の卵形のものです。刃の長さは68・32センチで、元幅2・9センチ、先がほんの少し狭く2・3センチとなっています。発見された時、中身は錆《さ》びてぬけず、解体して取り出しています。特に鋒《きっさき》は錆がひどく5センチほど切り落とされ、新たにつくって現在の美しい姿になっています。

金銅荘環頭大刀
２匹の竜が玉をくわえ向かい合う姿が紋様化され透かし彫りの環頭

製作の様式からみて、7世紀前半の制作とみられます。長く、柄の頭に大きな環頭、それには透かし彫りを施し、鐔《つば》も低い「喰み出し鐔」では、およそ実戦用のものではなく儀仗的《ぎじょうてき》性格のものでしょう。このような飾り太刀を持ち得た人物は相当な人、古墳からの出土であれば発掘担当者をうならせたことでしょう。

祭神の国常立命は泥土が固まって大地となることを神格化した神、また龍神は

土佐二の宮小村神社（高岡郡日高村）
国史見在社、背後には神木「牡丹杉」もそびえる

蛇形の鬼神で、雲や雨を自在に操る力を持った水の神と言われます。龍神を象徴する環頭大刀が、国常立命を祭る神社のご神体としてこの地にあることは、仁淀川流域の水田開発と深いつながりが考えられます。7～8世紀代この周辺を掌握した豪族は、ここを開発の中心地とし、「開発神」を祭り、どんどんと開発を進めていったと考えられます。

土佐もすでに律令国家の支配下、支配者は仁淀川水系の開発を進める豪族に、神刀としてこの大刀を授けたかも知れません。その大刀がいつの時か開発神の象徴として、この社に祭られ今にいたったものでしょう。

11月15日が秋の大祭、毎年年に一度環頭大刀も外に出て氏子達の賑う声を聞きます。今年も氏子達の我らが鎮守のすばらしい美術工芸品を誇りあう声を聞いて祭も終わったことでしょう。

#高知県高岡郡日高村　#小村神社　#環頭大刀　#大刀は直刀、太刀は反りのある刀

行基は土佐には来なかった

長岡郡大豊町に四国では唯一の平安時代の建築様式を残し、本県では唯一の国宝建造物である豊楽《ぶらく》寺薬師堂《じやくしどう》があります。このお寺は　聖武天皇の勅願所《ちょくがんしょ》で、行基《ぎょうき》によって開かれた寺と伝えられ、寺の説明文にも「古来柴折薬師と呼ばれ、愛知県の鳳来寺の峯薬師、福島県常福寺の獄薬師とともに日本3大薬師のひとつである。寺伝によれば、神亀元（724）年聖武天皇の勅願所として行基の開創するところといい、行基が自ら刻んだ薬師・釈迦仏を安置した。行基は日本国中を巡遊し、土佐では五台山にきて竹林寺の草創にあたった。その後四国中央の地である大豊に来て、如来有感の霊場であることを喜び一寺を建立した。聖武天皇はおおいにこれを喜ばれ、大田山大願院豊楽寺の称号を賜った」とあります。（「国宝薬師堂文化保存推進会」）

豊楽寺薬師堂（長岡郡大豊町）
高知県唯一の国宝建造物

また五台山竹林寺についても「竹林寺の草

五台山竹林寺（高知市五台山）
山門前で熱心に解説を聞く見学者たち

創を尋ねると、神亀元（724）年聖武天皇の勅願を奉じた行基上人が文殊菩薩《もんじゅぼさつ》の霊場として名高い大唐五台山になぞらえ開創されたにはじまると伝えられております。本尊・文殊菩薩は行基自ら謹刻した霊像といわれ、古来、日本三文殊のひとつと称され今日も多くの篤い信仰をいただいております」（「『竹林寺の仏像』発刊に寄せて」）と書かれています。高知県においてもこれらの寺院は有名な寺ですが、はたして行基によって開かれたものでしょうか。

豊楽寺を調査された前田和男氏は、豊楽寺には奈良時代の建造物、仏像、仏具等はなく、奈良時代の遺構や遺物も発見されてなく、寺伝の行基開基を裏付ける資料はないとされています。県内には竹林寺、延光寺、そして安祥寺など、行基開基とされる寺院は16寺、行基作と伝える仏像も100体を超える数にのぼるとも述べられています。

行基は民間伝道や池溝の開発をはじめ、いろいろの社会事業や、布施屋《ふせや》を各地に開きながらの布教活動を進め、ひろく民衆の信頼を集めた僧侶です。朝廷はこの活動に畏怖感をいだいき、行基の宗教活動を禁止し弾圧しました。しかし布教活動はとどまらず、民衆の行基への信頼はますます高まるばかりでした。聖武天皇の大仏造立事業にあたっては、弟子たちとともに民衆を率いて余生をうちこんだことはよく知られています。しかし彼はその完成を見ることなく、天平21（749）年にこの世を去っています。

行基が土佐に来国した史料は見あたりません。にもかかわらず本県には開基とされる寺院や、刻まれたと伝えられる多くの仏像が存在する不思議があります。行基と並び称される高僧に空海がおります。空海による開基や中興の寺も結構たくさんあります。しかし空海には土佐に来国したことを伝える史料もあり、寺院の開基や中興の伝えがあっても不思議ではありません。

来国したことを伝える史料のない行基に、なぜこんなに多くの伝承があるのでしょうか。それは行基、空海ともに偉大な宗教家です。池溝の開発や社会事業を通じて、民衆の心をとらえ、民衆の信頼を集めてきたことは共通しています。この活動や民衆の信頼を背景に、行基や空海の名前を用いることによって、寺院を由緒あるものにし、さらには寺格を高めようとしたものだと考えられます。こうした動きはすでに平安時代末から鎌倉時代にかけてあったともいわれています。

こうした伝えをもった寺院が、すべて行基や空海の手になるものとは信じがたいところはあっても、寺院開基の古さを伝える傍証となり、信徒たちの篤い信仰を集め続け、数々の歴史を秘めた寺院であることに間違いはありません。

#高知県長岡郡大豊村　#日本の高僧行基　#豊楽寺薬師堂

明星《あけぼし》口にいり、修行を成就

うち寄せる荒波、豪壮かつ雄大な自然美を誇る室戸阿南海岸国定公園。その四国の最南端室戸岬を東に回ると、まもなく路の左側に切りたつ岩壁に東に口を開くふたつの洞窟があります。洞窟入り口にはそれぞれ鳥居があり、右は「神明宮《しんめいぐう》」、左には「五所神社」の額がかかっています。このふたつの洞窟を通称「御厨人窟《みくろど》（みくら洞）」あるいは「みくろ洞」とよんでいます。土地では洞窟のことを「ムロ」と呼ぶようです。従って室戸崎や室戸の地名もこの「ムロ」から来ているともいわれます。「ムロ」の前には「弘法大師御修行の地御厨人窟《みくろど》」と刻まれた標柱と、自然石の「弘法大師修行之処」の標柱、それに「弘法大師修行の地」を説明する石製の標柱もあり、青年時代の空海修行の場と一目でわかるように構成されています。

空海は宝亀5（774）年6月15日、讃岐国屏風ヶ浦《びょうぶがうら》に生まれます。母の胎内に12か月いて金剛合掌の姿で生まれたといいます。幼名は真魚《まお》、遊びの中でも泥土で仏をつくり安置礼拝したともいいます。15歳で叔父の阿刀大足《あとのおおたり》について儒学を修める傍ら、三論《さんろん》宗の高僧勤操大徳《ごんそうだいとく》からは仏教も学びました。18歳で大学に入り儒教や文学を学んだがあきたらず、より根本的な人生観、世界観の確立をめざし大学は退き修行の道を選びました。『弘法大師御伝記』によると勤操より授かった虚空蔵《こくうぞう》求聞持《ぐもんじ》法の修行を志し、あちこちと心にとまる処を求めて行脚するうち、土佐国室戸岬に境地すぐれた処をみつけたと言います。ここは「南海はるかに見渡すと渺々《びょうびょう》として山も見えず、青巌《せいがん》かたわらにそばだち、松を払う峰の風は煩悩の夢を破り、岩に砕くる磯の波は妄心《もうしん》のあかを洗い、村煙遠くへだたり、雲水悠々としてまことに三千世界も目前に尽きず、こころのままに眺めることのできる境地」と表現してあります。空海はここでただ一心に求聞持の法を修行したわけです。

室戸岬「御厨人窟（みくら洞）」
きり立つ岩が聳えるなかに、空海修業の場がある

修行中には、海中の悪龍悪魚が異類異形の姿を現し、あるいは雷雨風を鳴らし、また大蛇鬼形《きぎょう》となって現れ、果ては美しい女となって夜々庵近くに来て修行を妨げたが、大師は身動きもしなかったと言います。ある時異形《いぎょう》のものどもが荒々しい声をあげ、庵を取り巻いたので、空海は静かに庵を出で、磯辺でしばらく求聞持の呪《じゅ》を唱えている

と、口に明星《あけぼし》が飛び入ったようです。大師が唾を出すと唾は海底に沈み、たちまち光明輝いて悪龍悪魚はその光を恐れ再び来ることがなく、「谷ひびきを惜しまず、明星口にいり、虚空仏の光明を照らし来って菩薩の威をあらわし」修行を成就したと言います。虚空蔵《こくぞう》法とは一般に求聞持法と言われ、虚空蔵菩薩を本尊として修する行法です。東方あるいは南方に向かって座し、虚空蔵の化身である明星の光に向かって真言念誦《しんごんねんじゅ》を続けるうちに、虚空蔵菩薩の力によって頭脳明快となり記憶力は増進し、一切の教義を暗記できる功徳を得ると言います。学問志向の空海にいかにもふさわしい修法だったのです。

得度した空海は、延暦23（804）年4月入唐し、高僧恵果《けいか》から仏法の奥義を学び、1000人の弟子たちを越して真言宗の秘密一切を授かり、真言第8世の祖師と仰がれたと伝えられます。彼は密教の研究ばかりでなく、詩書文学、絵画彫刻、天文地理、医道薬物、製紙造筆にいたる学芸を僅か2年間で終わります。人間業とも思えぬ刻苦精励《こっくせいれい》は、衆生済度《しゅじょうさいど》のための自己修練だったでしょうか。

若き日の空海修行の地室戸岬、そこには「一夜建の岩屋」「目洗池」「捻岩」など数多くの空海伝説もあります。

最御崎寺《ほつみさきじ》から津照寺《しんしょうじ》そして金剛頂寺《こんごうちょうじ》へと、今日も同行二人の巡礼の鈴音は、海辺によせる波の音と協奏の曲を奏でてきこえます。

#高知県室戸市　#空海と弘法大師は同一人物　#御厨人窟

雅の風情漂う「土佐のまほろば」

北山から流れ出る国府川は、この地で国府跡を抱き込むように流れを大きく西に変えて大津、浦戸へと流れます。北に都の比叡山を思わす比江山を背にし、その南にひろがる土佐国府跡、その広さは諸説あっても方４町が妥当でしょう。「コクチョウ」「ダイリ」「フチュウ」など国府に関連する地名を今も数多く残して、雅の風情を漂わせ多くの人々を引き寄せます。国衙の跡を求めての調査も10年は越えましたが、円面硯《えんめんけん》や緑釉陶器《りょくゆうとうき》など役人たちの使っていたと思われる物は見つかりましたが、国衙の素顔にはまだ出会えません。この地に赴任した紀貫之の名は、『土佐日記』とともに日本歴史のなかで光彩を放ち続けます。白鳳期の寺院比江廃寺跡は国指定の史跡、比江山には比江山城跡や永福寺、乾氏の墓所（乾の大墓）、日吉神社、熊野神社などたくさんの史跡や文化財も人々を誘います。地元では「ダイリ（内裏）」の地を紀貫之邸跡と推定し、小学生や地区公民館を中心に国分地区全体の「国分史跡保存会」の活動として紀貫之の業績をたたえるイベントで盛り上げ、地域活動の模範として高く評価もされています。

五重塔「まほろば」にそびえて

発掘調査によって出土した古瓦群
蓮華文の軒丸瓦や軒瓦などが大寺院の存在を示す

「まほろば」。そこは最もよいところ、最も優れたところにあてられる言葉です。南国市比江《ひえ》「土佐国衙跡《こくがあと》」。いつしか人呼んで「土佐のまほろば」。国司紀貫之もこの地で執務、土佐古代の中心地だったからでしょうか。

この紀貫之が国司として着任するより250年ほど前から、ここには五重塔そびえる大寺院がありました。いま貫之邸跡とされるところから東に200メートルほどの所に、史跡「比江廃寺跡《ひえはいじあと》」があります。塔の礎石《そせき》1個だけの廃寺跡ですから人を呼ぶ魅力に欠け、訪ねる人はきわめてまれです。

寺跡であることは江戸時代から知られてはいましたが、文献資料もなければ寺の名前もわからず、ただ比江に残る朽ちた廃寺、比江廃寺と言い継がれてきた幻の寺でした。

比江廃寺跡（南国市比江）
国史跡指定、塔の礎石１個が古代寺院の壮大な伽藍を主張する

しかし近年何回かの発掘調査によってたくさんの古瓦片が掘り出され、その大半がいまから１３００年ほど前の白鳳時代のものでした。軒先を飾る美しい蓮華紋《れんげもん》の丸い鐙瓦《あぶみかわら》をはじめ、軒瓦や鬼瓦の破片もありました。これらの瓦は土佐山田町の須江《すえ》古窯群《こようぐん》で焼かれ、国分川を下ってここに運ばれて葺きあげられたこともわかりました。ところがこの古瓦のなかに奈良の法隆寺や川原寺などのものと同じ系統のものや、7世紀末の朝鮮半島の要素をもった蓮華紋瓦が混じっていました。このことはこの時期この寺が奈良の大寺院、ひいては朝廷や中央豪族と何らかの関係をもっていたことも考えなければなりません。古代への想いはどんどんと広がっていきます。

　比江廃寺を語るとき、忘れられないものは1個残る塔の礎石です。江戸時代の初めには多くの礎石もあったようですが、国府川の改修工事に使われ、いま残るのは1個となっています。心礎《しんそ》と言

塔中心柱の心礎
創建時の位置のまま。高さ32メートルの五重塔礎石

い塔の中心柱の土台石で、縦３・４メートル、横２・２メートルの大きな自然石です。発掘調査でこの礎石は動いていないことが確認されました。従って塔は創建時から現在位置であったわけです。礎石には丸い穴が２段にわたって彫り込まれています。１段目は直径81センチで、深さが９センチの大きさです。塔の中心にたつ大きな円柱がこの穴に差し込まれていたものです。２段目は直径15センチで、深さ12センチの小さいものです。これは舎《しゃ》利孔《りこう》といわれ釈迦の骨を壺などに入れ安置したところです。当時の塔の高さは、円柱を差し込む穴の直径の約40倍とされています。そうすると比江廃寺の塔の高さは32メートルで、それも五重塔と考えて間違いないものです。奈良法隆寺の五重塔とほぼ同じ高さの塔が建つ寺院でした。

塔以外の建物はどうでしょう。まず門をくぐると左側に32メートルの塔がそびえ、右手にはその塔とつり合いのとれた金堂があり、周囲には回廊が巡り、奥には講堂があったでしょう。法隆寺と同じ伽藍《がらん》の配置が考えられます。発掘調査によって金堂の跡と推定される所からもおびただしい数の瓦片が出土しています。寺域の１辺は１００メートルあまり、回廊に囲まれてたつ金堂に五重塔、それに講堂。奈良斑鳩《いかるが》の法隆寺さながらの壮大な白鳳寺院がこの比江にありました。貫之も幾度かこの寺を訪ねたことでしょう。

国ごとに国分寺が建てられる前の白鳳期に、土佐には比江廃寺の他に秦泉寺廃寺（高知市）や大寺廃寺（春野町）、コゴロク廃寺（奈半利町）、野中廃寺（南国市）などがあったことは出土する瓦から確認されていますが、規模や伽藍の配置などはまだ確認できていません。しかしこの時期にこのような壮大な寺院が建ち、それらの寺々に葺かれていた瓦が、奈良の大寺院や朝鮮半島の様式と関わりのある事実に触れると、底知れぬロマンが漂い心かきたて、華やかな歴史の風景をよみがえらせます。

#高知県南国市比江　#比江廃寺跡　#心礎　#塔の心礎の舎利孔に仏舎利安置

天離《あまざか》る遠き土佐道《とさじ》

奈良時代に石上乙麻呂《いそのかみおとまろ》は久米連若売《くめのむらじわかめ》という女性と恋愛事件を起こし、天平11（739）年に土佐に流されました。そのとき妻は「天離《あまざか》る夷辺《ひなべ》に退《まか》る」と嘆き、乙麻呂は「われはぞ退《まか》る遠き土佐道《とさじ》を」と嘆いた相聞《そうもん》歌が万葉集にあります。土佐は都からははるかな国であったようです。

大化の改新によって中央・地方の行政制度がととのい、やがて律令政治が行われます。各国には国司が中央から派遣され、その地方行政執行の場、すなわち国司の執務先である国府が設立されます。しかしこの頃の土佐については、史料が少なく多くは語れませんが、土佐でも改新の趣旨に沿う地方行政は確実に行われていたはずです。

土佐の国府は、南国市比江であったようです。ここには国府に関係があると考えられる内裏《だいり》・府《ふ》中《ちゅう》・内日吉《うちびよし》・国庁《こくちょう》などのホノギ（小字《こあざ》）を今も多く残しています。それぞれの国についても国府が設立された時期は定かではありませんが、今までに発掘調査された国の国府跡をみると、その位置といい形態といい極めて類似しています。ある時期にある程度まで全国画一的に設置された人為的な都市であったことは間違いありません。

それぞれの国は大・上・中・下国と4等分され、さらに都からの距離よって近・中・遠国に分類さ

土佐国衙跡（南国市比江）
国衙関連の多くの地名も残し「土佐のまほろば」と人々を誘う

れました。土佐は中国で、都への行程も上り35日、下り18日、海路25日（『延喜式《えんぎしき》』）の遠国でした。国府の位置については、『和名抄《わみょうしょう》』にそれぞれの国について、国府が所在する郡名の記載はありますが、的確な場所や規模、建物の様子などは不明なことが多いのが事実です。一般的に国府の地は大化前代から文化・政治の中心地域であり、それぞれの国の実り豊かな生産の場であり、また海・陸交通要衝の地か、かりに内陸であっても、河川を通じ下流の河口にその外港をもって、海上交通にも不便でない地理的位置を占めています。

土佐の国府も北に比江山の丘陵があり、比江には肥沃な耕地があり、南には広い長岡台地が開けます。東を流れる国府川は、国府の地を抱き込むようにその南端で流れを西に変えて国府平野の南限を流れて、大津・浦戸の港を経て土佐湾にそそいでいます。

また国府の範囲も最大の国が、方8町（1町＝109メートル）、大国以外は6町域以下が多く、原則としてプランは正方形とされています。その中に都の大内裏《だいだいり》にあたる国衙《こくが》（政庁《せいちょう》）があり、中央には朱雀大路《すざくおおじ》に変わる幹線を通し、町中の道路も1町ごとの碁盤目型《ごばんめかた》であったようです。

土佐国府の究明も、高知県と南国市は昭和52（1977）年から発掘調査を長期間続けてきました。検出した遺構は、弥生時代から中世におよび、竪穴住居は30余棟、掘立柱《ほったてばしら》建物跡70余棟のほか、多くの土坑《どこう》や溝跡、塀跡などを確認し、遺物も緑釉陶器《りょくゆうとうき》や硯、刻書土器など、官衙《かんが》関係の建物や遺物と考えられるものはたくさんありますが、いまひとつ政庁跡と断定できる決め手がありません。国府域も方4町説が有力ですが、3町ではとする説もあってまだ確定はできません。

『土佐日記』で有名な紀貫之が執務した土佐の国府です。全国からも注目されています。国府域の確定と国衙の位置、ここに国府が成立する以前のこの地の姿、その成立と廃絶の時期など「土佐のまほろば」もまだ多くのベールに包まれています。

まほろばの歴史の風景の多くは、まだ静かに地中で眠っています。

#土佐の国府　#紀貫之　#国府（現在の県庁所在地）に国衙（県庁）が存在する
#国府の近くに国分寺が存在する

寺は国華として好所を選べ

聖武天皇は天平13（741）年、国ごとに国分寺・国分尼寺《こくぶにじ》を建て、天平15（743）年には都に東大寺を建て金銅の大仏造立を企てました。この頃政界は、貴族の勢力争いが激しくなり、長屋王《ながやおう》の変や藤原広嗣《ふじはらのひろつぐ》の乱、それに藤原氏の4子のあいつぐ死など衝撃の大きい事件が続きました。地方でも徴税や力役を逃れようとする土豪や農民もふえ、律令政治の乱れも目立ってきました。聖武天皇はこのような政治の乱れや、世の災害や悪病を仏教の力によって、除く鎮《ちん》護国家《ごこっか》の効果を期待したものです。大仏は事業を始めて10年目の天平勝宝4（752）年に完成し、大仏開眼の儀式が盛大におこなわれました。

土佐国分寺金堂

金堂は重要文化財、長宗我部元親の再建、こけら葺きの寄棟、清楚にして風雅な天平の気風みちる

　土佐の国分寺も南国市国分にあります。北に山を負い、南に沃野《おくや》をひかえ、国分川の清流が南を西方に流れて視野は広く明るく、東には政治の府国衙をひかえ

国分寺（南国市国分）
山門から金堂への参道は、杉苔が密生し土佐の苔寺とも讃えられる

た位置にあります。寺では開山は行基で中興は空海と伝えており、金光明《こんこうみょう》四《し》天王《てんのう》護国寺《ごこくのてら》、または摩尼山宝蔵院《まにざんほうぞういん》と号して、秘仏の本尊は行基作の千手観音といわれます。その昔は国の特別の庇護の基に高僧たちが集い、本堂、塔、鐘楼、大師堂、開山堂、中門、山門など七堂伽藍《しちどうがらん》が完備し、周囲には土塁をめぐらし、寺門は栄え一山荘厳を極めたことでしょう。今も四国霊場29番札所として、善男善女の参拝も絶えることなく、文化的香りも豊かな霊地でもあります。

寺を囲んで土塁や基壇《きだん》状の土壇がみられ、瓦や土器片も散布していたことから、大正11年に国指定の史跡となりました。近年寺跡も何回かの発掘調査によって、次第に創建当時の姿の解明もすすんでいます。現存する土塁の4分の3は、近現代の盛り土でしたが、その下から土塁状の地形や溝跡を検出しました。それらの結果から判断して、創建当時の寺域は500尺四方の規模であったことがわかりました。また現在の金堂の位置も創建時の金堂と同じ位置で7間×4間、または5間×4間の大きさのものと推定もされました。また金堂の北には僧坊跡《そうぼうあと》や築地塀《ついじべい》なども確認され、国分寺の規模やその範囲も解明されつつあります。

土佐の国分寺完成の時期を知る手がかりは、寺に保存されている梵鐘《ぼんしょう》（国重文）です。9世紀初め、平安前期に鋳造された高知県最古の梵鐘です。古代の寺院は、その完成した時に梵鐘が納められるとされていますから、土佐国分寺の伽藍完成も、平安前期の頃と考えてよいでしょう。

現在の金堂は、永禄元（1558）年長宗我部元親によって再建されたものです。桁行《けたゆき》5間、梁間《はりま》5間の平屋建てで、屋根はこけら葺きの寄せ棟造りの質素な建物です。しかし清楚で風雅な天平の気風を伝え、国指定の重要文化財となっています。山門から本堂に至る景観もすばらしく、周囲の建造物と調和して創建時の雰囲気を漂わせています。

寺には多くの文化財も保存されています。平安後期の木造薬師如来立像と、工芸的な鎌倉期の木造薬師如来立像（ともに国重文）、それに先に述べた高知県最古の梵鐘（国重文）などがあります。このほか県指定の有形文化財である厨子《ずし》・須弥壇《しゅみだん》、絹本着色両界曼荼羅《けんぽんちゃくしょくりょうかいまんだら》、それに市指定の工芸板絵《いたえ》両界《りょうかい》光明真言曼荼羅《こうみょうしんごんまんだら》などもあります。

土佐国分尼寺は現存せず不明です。隣接する比江廃寺をあてる説もありますが結論にまでは至っておりません。

掃き清められた土佐国分寺の庭園、そこには雑草は見えず、密生した杉苔の絨毯は人目を引き、土佐の苔寺とも称されています。参拝者の振る鈴の音と読経の響きは、周りの木々の梢を吹き抜けるそよ風と美しいハーモニーを奏でています。

#伽藍とは寺院の建物全体の総称　#国分寺は金光明四天王護国寺とも言った

土佐日記懐にあり散る桜

昭和6（1931）年4月2日、高浜虚子は旧跡に残る満開の1本の桜木を愛で、紀貫之に思いをはせてこの地に残した一句です。

高浜虚子の句碑
昭和6年ここを訪ね、紀貫之に思いをはせて

南国市比江、土佐国府跡が公園化され万葉植物や数々の碑もたち、紀貫之の屋敷跡とされるところがあります。

紀貫之が国司として赴任したのが延長8（930）年のことでした。任もみちて、承平4（934）年暮れに土佐を船出し、海路55日をついやし京に帰ります。そのおり綴った『土佐日記』は有名です。

国司は律令制のもとで中央政府か

ら派遣された地方官で、一国の行政・司法、軍事などを担当しました。国の等級に応じ守《かみ》・介《すけ》・掾《じょう》・目《さかん》の4等官が定められ、任期は6年、後には4年となります。各国の等級は大・上・中・下に分けられ、土佐は中国で、守1人・掾1人・目1人と書記役の史正《ふびと》3人が国司の構成員でしたが、後には介1人と目1人が増員されたようです。

土佐の国司は、天平15（743）年6月30日任命の引田虫麻呂《ひきたのむしまろ》が最初で、奈良時代14名、平安時代に104人の守が任命されています。（『高知県史 古代・中世編』）しかしこれらの国司の土佐での事績はほとんど明らかなものはありません。そんななかで、土佐で親しまれているのが、平安時代34代目の紀貫之です。貫之の土佐着任の時期は不明ですが、59歳という老齢で初めての地方生活であり、『古今和歌集』の編纂《へんさん》など歌人としての名はすでにはせていながら、遠流《おんる》の国の国守を恥辱とし不平不満の末に『土佐日記』を書いたとしている書物もある一方、国司としての豊かな収入も視野に入れての赴任とする見方もあります。

彼の執務の状況を明らかにはできませんが、日記のなかでは、土佐を去るにあたって多くの人たちから餞別もうけ、善政を施したことをほのめかしています。当時問題となっていた海賊平定に心をくだき、潔癖で、私腹を肥やすような無道な政治はなかったでしょう。

さて、今史跡となり、「紀貫之邸跡」として、彼の業績をたたえてたくさんの記念碑が建つところに彼の邸はあったでしょうか。「紀子旧跡」碑は寛政（1789～1800）の頃、国学者尾池春水《おいけしゅんすい》等が建てたものです。山内9代の藩主豊雍《とよちか》の篆額《てんがく》で、その下に日野大納言資枝《ちかえ》の「あふぐ世に　やどりしところ末遠く　つたへんためにのこす石ふみ」と刻まれています。山内家の『柏葉日録《はくようにちろく》』には、安

紀貫之邸跡
国府跡の北端中央部「内裏」が紀貫之邸跡と公園化されイベントの中心地

永3（1774）年、豊雍《とよちか》は冷泉《れいぜい》入道《にゅうどう》前《さきの》大納言《だいなごん》や松《まつ》平《だいら》大膳《だいぜん》太夫《だゆう》など国外の有力者に「土佐国府《こくふ》館《やかた》古瓦」として周辺で見つかった瓦を送った記録があります。しかしこの瓦はすべて隣の比江廃寺の瓦なのです。どうやらこの頃から、国司として最も著名な紀貫之の邸こそ、この種の立派な瓦を葺いていたものと考えたでしょう。「千載《せんざい》不《ふ》朽《きゅう》」の碑もあります。これは紀氏をたたえる松平定信（白河白翁《しらかわはくおう》）の碑文発見が動機となって、村の有志高村晴義氏等による建立のようです。正面「千載不朽」の篆額《てんがく》は山内17代豊景《とよかげ》の筆で、その下には白河白翁の碑文があります。こうなると説得力にも密度が加わってきます。

発掘調査によって邸跡の確認も必要ですが、まだこの部分に鍬は入れておりません。周辺の調査はほぼ完了しましたが、この周辺からは邸を推定できる遺構の確認はできておりません。貫之の邸跡としての確認は困難でしょう。しかしながく紀貫之邸跡と伝えられ、それを確実視する資料も、又否定する確実な資料もとどのわなければ、貫之を偲ぶ場所として、今まで通りのままで語り継ぐのがよいかもしれません。

#紀貫之　#土佐日記　#国司館跡（紀貫之邸跡・南国市史跡）

「土佐のまほろば」に梵鐘の響きを聞いて

眼下の白い砂地は「比江廃寺跡」。中央水田のなかに浮かぶような森は「土佐国分寺跡」。少し離れての山頂は「岡豊城跡」。国の指定史跡が３か所も一望できる歴史の景観はここだけでしょう。これに土佐国府域と土佐国衙跡、国分川の流れが入れば言葉通りの「土佐のまほろば」風景でしょう。

４町四方の国府域には、正殿をはじめとする国庁（国衙）の建物が整然と並び、周辺には役人たちの執務役所も軒を連ねていたでしょう。高い築地の塀に囲まれるのは土佐国分寺。三重塔と金堂は夕日に輝いて見え、伽藍のなかは天平の雰囲気が満ち、僧坊には僧侶の姿もあったでしょう。

早くからこの地にあった比江の寺も眼下にみえます。いまは国分尼寺に転用され五重塔高くその水煙を輝かせ、金堂や講堂を囲む回廊とともに白鳳寺院の威厳を誇っています。

夕暮れ時、聞こえる梵鐘《かね》の音は国分の寺か尼寺か？

土佐の古代、その歴史の風景をこれほどに演出できる場所はないでしょう。

夏井の孝心　後世に伝えて

香南市野市町亀山の山頂に、高知県指定史跡「紀夏井《きのなつい》邸跡」があります。周辺は墓地で、史跡を示す標柱と小さい祠があるだけです。この周辺から古瓦がたくさん出土したことから「紀夏井邸跡」とされたと聞きました。

いまからさかのぼること1154年、貞観8（866）年閏3月10日、京都平安京大極殿《だいごくでん》の正門である応天門《おうてんもん》が炎上しました。火勢は強く門の左右につらなる栖鳳楼《せいほうろう》と翔鸞楼《しょうらんろう》の二つの楼も焼きつくしてしまいました。日本の歴史に残る「応天門の変」です。

当時大納言の伴善男《とものよしお》と、左大臣源　信《みなもとのまこと》の勢力争いからおこった事件でした。伴善男は源信を追い落とすべく源信の放火と主張しますが、実際は善男の子である中庸《なかつね》が紀豊城《きのとよき》等と謀っての放火であったことが暴露されました。首謀者であった善男と中庸は遠流、共謀者紀豊城も当然流罪となりました。この時土佐に流されることとなった紀夏井は、紀豊城の異母弟にあたり、連座による流罪ということです。

紀夏井は紀伊の国の名族紀氏の一族であり、従四位下美濃守紀善岑《きのよしみね》の子と言われます。身の丈六尺三寸、人格は温雅で、書の才に秀で「書聖」と評せられ、文徳天皇の信望は厚く、讃岐守や肥後守な

紀夏井邸跡（香南市野市町）
「応天門の変」の連座で配流。親孝行の行為は「父養寺」「母代寺」と地名として残る

ども歴任し、その善政は歴史に残るものでした。土佐配流《はいる》の難は肥後守在任中の時でした。土佐流罪のため肥後を去るとき、民衆はあたかも父母の死にあったように泣き悲しみ、土佐への道すがら讃岐をすぎるときは、讃岐の民も「旧恩を慕ひ、道路に奉迎《ほうげい》し、哭聲《こくせい》相接した」と書き残され、夏井の善政を伝えています。国司制度も次第に崩れていく時期、悪政の多いなかでの少ない記録でしょう。

さて土佐での紀夏井ですが、いつの頃からかその邸が、香美郡野市町（現香南市）母代寺《ぼだいじ》の亀山付近だったと言われ、付近に多くの逸話も残しています。医薬の心得があった彼は山野を歩いて薬草をとり、多くの病人を救った話や、狂人のように髪を振り乱して騒ぐ中風の病人を散薬で全快させた話などは有名です。またこの地に残る父養寺《ふようじ》や母代寺の地名も紀夏井にまつわる地名とされています。親孝行の夏井は、配流後間もなく亡くなった母のために堂を建て、大般若経50巻を読みその霊を弔い、3年間の喪にふくしたといいます。また父のためにも堂を建てますがこれが後の父養寺であり、母のために建てたのが母代寺といいます。現在はともに廃寺となってしまいましたが、寺の名がそのまま地名として残り、夏井の孝心を後世に伝えています。

高知県史跡として指定されている「紀夏井邸跡」は、付近から多くの古瓦が出土したので、この地に名を残す紀夏井の邸跡としたようですが、実際はこの付近には窯跡《かまあと》群がありました。近年の研究によって、ここで焼成された瓦が京都平安京大極殿《だいごくでん》や、藤原氏の氏寺《うじでら》である法性寺《ほっしょうじ》に使われていたことが判明しました。野市亀山の瓦は京都まで運ばれていたようです。瓦の焼かれた時期は11世紀頃のことです。紀夏井配流の時期とは大分ずれています。当時土佐での瓦窯は土佐山田町（現香美市）にもありましたが、こちらのものは主に土佐国内で使われ、亀山のものは京都に運ばれていたようです。

夏井配流先や邸跡、それに出土した古瓦の時期などばらばらで、すべてにわたって特定するのは困難なことですが、応天門の変にかかわり遠き配流の地にあっても、親を思う夏井の孝心はその地に地名として刻まれて残り、いまに歴史の風景を伝え続けています。

#紀夏井　#応天門の変　#父のための父養寺、母のための母代寺

平家伝説のこる里

御陵参考地への参道石段
静寂、峻厳、一段一段に源平の争乱平氏の哀史が心に響く

「平家にかつがれた帝《みかど》は、最初から都落ちの負け戦につきあわされ、源平最後の決戦となった壇ノ浦で、危うくお命を落とされるところでございました。しかし、帝の御身を案ずる人々の手によって、四国路へひそかに難を避けられたのでございます。源氏の追っ手をかわしながら、峻険《しゅんけん》な四国山地の尾根路を転々としたすえ、やっとの思いでたどり着いた地が、ここ土佐の越知横倉山でございます。安住の地を見いだしたこの時、三百余を数えた従臣は八十数名になっておりました。幸いこの地の豪族、里人の温かいお心をいただき、山頂近くに行宮《あんぐう》が建てられました。人心地がついたとは申せ、原生林に囲まれた侘び住まい。世が世であればと涙したことでございます」安徳帝《あんとくてい》にお仕え

安徳天皇御陵参考地（高岡郡越知町横倉山鞠ケ奈路）
宮内庁認定御陵参考地。玉垣に囲まれた中は静寂

した尼僧の語りとして、「平家ものがたり――哀史が息づく平家の里――」を越知町が発行しています。

元暦2（1185）年3月24日、長門壇ノ浦で平家は海の藻屑と消えました。この時、安徳天皇は清盛の妻時子に抱かれ、神璽《しんじ》・宝剣と共に入水したとするのが正史です。ところが鎌倉幕府の日記『吾妻鏡』では、安徳帝は按察使《あぜちの》局《つぼね》に抱かれ入水した。しかし按察使局は生存と書いています。他の史料でも「天皇のゆくえ知らず」とだけしか書いてないものがあることから、天皇の生存説が浮かび上がってきたものです。ここに天皇潜幸《せんこう》の伝説は生まれ、陵墓伝説地も10数か所にのぼるようになりました。現在では山口県下関の阿弥陀寺陵（赤間神宮）を御陵とし、越知町の鞠ヶ奈路《まりがなろ》御陵ほか4か所は、御陵参考地として宮内庁が認定していますが、伝説は各地で生きています。

平家落人伝説は土佐でも各地に残ります。安芸郡馬路、香美市物部、いの町本川、仁淀川町椿山《つばやま》、高岡郡横倉などの伝承は人々の心を引きます。

安徳帝潜幸の跡を追ってみましょう。天皇を奉じた落人《おちうど》80余人は、いったん阿波の祖谷《いや》山に落ち着きます。そこで祖谷山にとどまる者と別行動をとる者にわかれ、別行動組は京柱峠を越えて長岡郡豊永村（現大豊町）に出ます。そこから吉野川をのぼって本山に入り、森村宮古野（現土佐町）、平家平（いの町大川・本川・愛媛県別子村）、そして本川日ノ浦、休場、戸中《とちゅう》稲叢山《いなむらやま》、越裏門《えりもん》（いの町本川）をぬけて、椿山（仁淀川町池川）に入ります。さらに足を西にのばし、名野川から別枝《べっし》都《みやこ》（現仁淀川町）を経て横倉山にたどり着き、そこに行在所《あんざいしょ》を営みます。壇ノ浦で破れて以来3か年の苦難の果てでした。天皇はこの地で正治2（1200）年、23歳で崩御するまで近臣達とわびしい生活を送ったといいます。天皇潜幸の跡には、いまも平家落人を思わす地名や、裔《えい》にまつわる伝承、あるいは手厚い保護の褒美として与えられた名字の伝えなども残ります。

「安徳天皇高板山陵」（香美市物部高板山）

平家落人伝説地は全国100か所を超えます。落人は山間のあちこちに隠れ住んだのは事実でしょう。そこに住んでいた人々は、自分達と類を異にする人々が入ってきて住み着いた時、その人たちの由緒を歴史に求め、これを平家

「皇陵伝説地」（吾川郡仁淀川町都）

の一群に結びつけたのが平家伝説のおこりといいます。貴種尊重、都にあこがれる心が伝説を生んだ心理的な背景とされています。

いつも掃き清められた石段は、苔むして広く長くのび、両側の巨木とともに人々を帝の陵へと導きます。梢をぬける風の音は、語り部がつま弾く琵琶の音にも聞こえます。

玉垣に囲まれた荘厳、厳粛な雰囲気に包まれた横倉山御陵参考地の歴史の風景です。

#壇之浦合戦　#安徳天皇
#土佐の安徳天皇御陵参考地は全国5か所の内の1か所
#御陵とは天皇、皇后などのお墓

柏の葉悲歌

保元・平治の乱は日本を貴族の世から武士の世に変えた戦いでした。この戦いによって源氏の勢力を駆逐した平氏は、「此一門にあらざらむ人は皆人非人《にんぴにん》なるべし」と栄華を誇るようになります。父義朝が平治の乱に破れ、源頼朝は囚《とら》われの身となって伊豆に流され、弟希義《まれよし》も土佐国介良庄《けらのしょう》に流されます。時に永暦《えいりゃく》元（１１６０）年のことでした。以来希義も介良庄で配流20年の歳月を送ることになります。

しかし長い雌伏《しふく》を余儀なくされていた源氏の地方武士層や、延暦寺《えんりゃくじ》、園城寺《おんじょうじ》、興福寺などの寺院勢力、それに貴族層や後白河法皇《ごしらかわほうおう》の近臣など反平家の勢力も密かに動くようになります。その動きは俄然、治承４（１１８０）年４月発せられた以仁王《もちひとおう》の令旨《りょうじ》を契機に爆発します。源頼政の挙兵、東国での源頼朝の決起、そして木曽における義仲《よしなか》の挙兵と発展していきます。

こうした源氏方の挙兵に際し、土佐の平家方も希義の挙動に警戒の目をむけないわけはありません。土佐での平家方は、高岡郡蓮池城主である蓮池権守家綱《ごんのかみいえつな》や、幡多郡平田に本拠をもつ平田太郎俊遠《としとう》などでした。両人は平家の命を受け、希義追討の兵をすすめます。

希義は夜須行家《ゆきいえ》と相呼応して平家打倒に立ち上がる約束がありました。夜須行家は石清水八幡宮の

「馬塚」（南国市小篭）
希義敗走の途中、馬を乗り捨てた伝説地

「篠原の柏水」由来の地
（南国市篠原）

所領である夜須庄の庄官として下夜須城《しもやす》にありました。石清水八幡宮は源氏の氏神として尊崇され、源頼義はこれを鎌倉に勧請し、鶴岡八幡宮をたて源家一族の崇敬はあついものでした。夜須庄がその所領であれば、行家が希義を推戴《すいたい》して源氏挙兵に応じたのは当然のことでしょう。希義は夜須行家の兵力を頼って、密かに介良庄を脱出します。しかし希義脱出の報は直ちに平家方に察知され、蓮池家綱、平田俊遠の軍勢はこれを追います。ここに長岡郡年越山《としごえ》（南国市）での決戦が始まります。人馬のいななきや鎧のふれあう音で、年越山付近一帯はすさまじい修羅の巷と化したことでしょう。

南国市大埇《おおそね》、国道55号線の北500メートルほどの水田の中に1本の柏木がありました。大埇の里までのがれ来た希義は喉の渇きに耐えかねて、通りすがりの百姓に水を所望しました。百姓はこの柏の葉をとり、それに泉の水をすくって希義にさし上げます。希義はそれをうまそうに飲み干し、感謝の言葉を残して馬にひとムチ当てて去ったといいます。いまは泉も柏木も見ることはできませんが、数年前までは柏木のもとから清水が湧き、村人たちに柏水《かしわみず》と親しまれ、百姓たちの喉も潤し続けたと古老は話します。草ムラに埋まった柏木の古株だけが昔をいまに語っています。

希義は奮戦しますがその命はむなしく年越の地の露と消えます。時に寿永元（1182）年9月25日、希義25歳でした。最期の地は年越山の東端に近い水田の中ともいわれます。いまも「希義鞍かけの岩」など希義をしのぶ伝承の岩も道端に残ります。

夜須行家は希義救援のため一族をあげて馳せ向かいました。しかし野市野々宮《ののみや》（現香南市野市町）で希義敗死の報に接し、兵は引き返さざるを得ませんでした。「野々宮の森」は、夜須七郎行家の出陣地として、土佐での源平争乱の一こまを伝えています。

南国市の県道領石後免《りょうせきごめん》線、鳶ヶ池《とびがいけ》中学校正門脇に希義戦死の地と伝承されるところがあります。純朴な村人たちはここに小さな祠を建て、希義の霊をなぐさめたでしょう。数年前までわずかな樹林の中にあった祠も、いまは西方の祈念《きねん》神社の境内に移され、雑草の花とともに武運つたなく散った若き希義の運命を語り続けています。

#南国市鳶ヶ池　#源希義戦死伝承之地　#源平争乱時土佐は平家勢力が強かった

「源希義戦死伝承之地」（南国市鳶ヶ池）
南国市鳶ヶ池中学校正門横に立つ標柱

「亡魂再来」と頼朝感激

夜須行家は一族をあげて希義救援のため馳せ向かいました。しかし野市野々宮まで来たとき希義敗死の報に接します。野市野々宮は、物部川を隔て年越の山も望める地点でした。希義を討った蓮池・平田の軍勢は、夜須行家も追討すべく迫ってきました。行家一行は兵を引き上げるまもなく、仏岬《ほとけがみさき》（現在の手結岬）から舟で海上にのがれざるをえませんでした。追討の軍勢は海上の行家に使者を送り呼び返そうとします。しかし行家は使者を斬り捨ててこれを拒否しました。行家は紀伊に上陸し、そこから鎌倉に赴いてことの次第を頼朝に報告します。

行家の報告を受けた頼朝は、直ちに蓮池・平田の討伐を伊豆右衛門尉《うえもんのじょう》有綱《ありつな》に命じました。有綱は夜須行家の協力も得て、蓮池・平田を直ちに討伐しました。行家はのち壇ノ浦の合戦では平家方の武士を生け捕る活躍も伝えられています。行家はこうした活躍や、土佐での平家勢力掃討の功労によって、建久元（1190）年には、源頼朝から「本領安堵《ほんりょうあんど》の下文《くだしぶみ》」をもらい、夜須庄が安堵されています。行家はこの他にも源氏の武将として活躍はしたと思われますが、以後彼のことを伝える史料はありません。

年越山で敗死した希義の遺体は、しばらくは葬られることもなく放置されたままでした。いまだ平氏の勢力は強く、源氏に忠節を尽くそうとする者への後患《こうかん》を恐れてであったでしょう。

希義の死後3年の歳月が流れていました。介良に住む僧琳猷上人《りんゆうしょうにん》は、希義の遺体を手厚く葬り墓を建てました。そして琳猷は希義の遺髪をもって関東に赴き、頼朝に逢ってことの経過を報告しました。頼朝は琳猷の行動にいたく感動し、弟希義の「亡魂再来《ぼうこんさいらい》」と喜んだといいます。感激した頼朝は琳猷上人に、関東で一寺の別当《べっとう》にと勧めますが、介良に帰り希義の菩提を弔うとこれを断りました。こうして頼朝からの感謝の言葉と、その労をねぎらい土地の寄進をうけて琳猷は介良に帰ります。そして墳墓の地に西養寺《さいようじ》を建立し菩提を弔うようになります。年越の山を血に染めた希義はじめ源氏一統の霊もここにいたって安らかに成仏できたことでしょう。この寺地と頼朝の寄進地をもとに介良荘が誕生しますが、頼朝はこの荘園を直轄領《ちょっかつりょう》並みに扱って、鎌倉から源内行景《げんないゆきかげ》が地頭《じとう》兼預所《あずかりどころ》として派遣された記録や、鎌倉幕府の日記『吾妻鏡《あづまかがみ》』などには、頼朝の手厚い保護を受けたであろうことが知れる記録ものこっています。

西養寺跡（高知市介良）
源頼朝の保護を受け希義墳墓の地に建立、希義はじめ源氏一統の霊を祭る

源希義墓所（高知市介良）
巨木の下に希義の無縫塔が伝えられる、記録なく卵形の塔身に文字もない

西養寺は正徳3（1713）年に焼失しました。頼朝からの書簡や多くの古文書も寺宝として残っていたでしょうが、この時に寺とともにすべてが失われたようです。明治にいたって廃寺となり、いまは崩れかけた石垣に生えた青苔がわずかに寺跡を物語っているだけです。いま寺跡の上の大きなヒノキのもとに、多くの歳月を隔ててたつ無縫塔《むほうとう》があります。これが希義の墓と伝えられています。大きな台石の上に、台座と請花《うけばな》をおき、その上にたつ高さ40センチ、周囲1メートル余りの卵形の塔身です。文字らしいものはなにも見あたりません。

しじまの中で、長い歳月風雪に耐えて苔むす墓石は、希義の悲運を今に静かに伝えているようです。

#高知市介良　#源希義は頼朝の実弟
#源希義の無縫塔　#西養寺跡

月に涙の土御門

土御門上皇仙跡碑（香美市月見山）
土御門上皇滞在を記念し、大正11（1922）年建立

承久３（１２２１）年、後鳥羽上皇は畿内や西国の武士、大寺院の僧兵、さらに北条勢力の強化に反発する東国武士の一部も味方に引き入れて、鎌倉幕府、北条義時追討の兵を挙げました。しかし、上皇側の期待に反して、東国武士の大部分は北条氏のもとに結集し、１か月の後、戦いは幕府の勝利に終わりました。これが承久《じょうきゅう》の乱です。

乱の後、幕府は京都に六波羅探題《ろくはらたんだい》をおいて朝廷の動きを警戒させることにし、京都方の公家や武士は斬り、仲恭《ちゅうきょう》天皇は廃位し、後鳥羽上皇を隠岐《おき》に、順徳《じゅんとく》上皇を佐渡に配流しました。土御門《つちみかど》上皇は直接この事件には関係なく、父の後鳥羽上皇を諫めたほどでしたので、幕府も処分は控えていましたが、上皇自ら京都よりほかへ

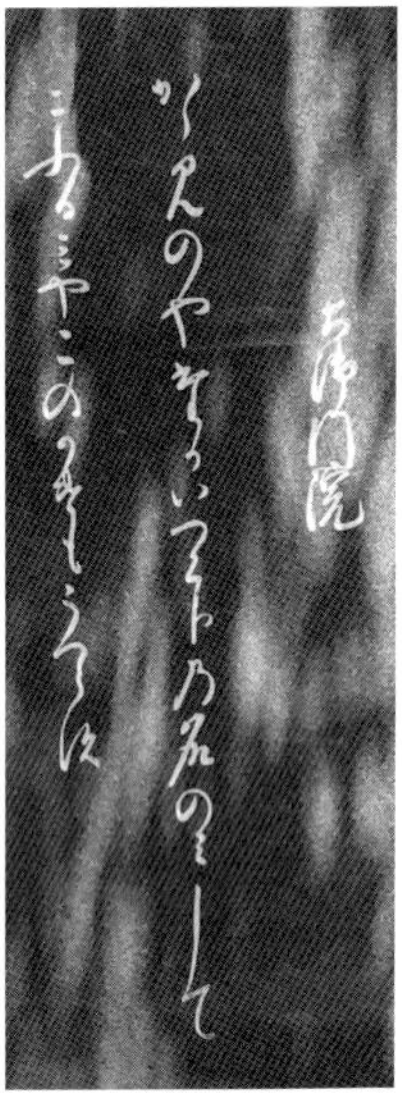

土佐遷幸歌碑
「土御門院御集」（京都「冷泉家時雨亭文庫」）筆跡から拡大彫刻

移ることを望んだので、幕府は土佐の畑《はた》（幡多）へ移すことにしました。

土御門上皇の土佐への配流については多くの史料や研究がありますが、土佐への遷幸《せんこう》ルートも行在所《あんざいしょ》も、また後に阿波へ移ることになった遷幸のルートについてもいろいろの説があっていまだに定説がありません。

上皇らの一行は、阿波の海岸筋から国境を越え土佐の野根山に入りました。途中道は雪で難渋《なんじゅう》を極めたといいます。

　うき世にはかかれとてこそうまれけめことわりしらぬわが涙かな

の歌も残されています。

ようやくそこを抜け、土佐の中央部を横断し幡多路に入ります。そこで7か月滞留の後、阿波へ移ることになりました。その途中、香美郡岸本の常楽寺に一時とどまったといいます。その時月見山で月をめでられたとも伝えられています。

これに対し上皇の入国は、阿波からではなく讃岐から四国山地を抜けて土佐に入ったとされたり、また行在所も「土佐の畑（幡多）」はよしとしても、それが「大方郷《おおがたごう》」であったり、「有井《ありい》」であり

「大方町米原《こめばら》」であったり、「入野付近」や「中村町」などいろいろの意見があって未だに定まっていません。

また香美郡岸本（香南市）の月見山で、旅の憂いを慰めての詠歌とされている

　鏡野や誰がいつわりの名のみにてこゆる都の影も写らず

があることを根拠に、幡多には行かず、岸本の常楽寺を御所として「常ニ月ヲ御覧ゼラレ」たとされるものもあります。常楽寺に滞留中に、佐古村逆川《さかわ》の龍河洞も探訪したという話までも加わります。

定まらない諸説はさておき、月見山は海岸に迫り、南は太平洋が円弧を描きます。西には鏡野や香長の平野が広がり、長く白い汀線《なぎさせん》の先には桂浜も望める眺望絶景の場所です。悲劇の上皇がここで月を眺めるうち、足下のさざ波は上皇の目を月明の夜の海面に誘ったでしょう。上皇はここを立ち去りがたく、その感慨を和歌にたくし、配所の憂いを慰められたと考えることにしておきましょう。

海側からみた月見山

＃香南市夜須町　＃承久の乱　＃土御門上皇
＃六波羅探題は京都公家衆の監督機関

尊良親王御宮趾（幡多郡黒潮町米原）
国道56号線から8.5キロメートルの奥地、開けた空、
民家裏の森中に「尊良親王御宮趾」はある

小袖貝の語る親王哀史

幡多郡黒潮町入野《いりの》の浜《はま》、砂浜の美しい模様の貝、人はこの貝を小袖貝《こそでがい》と言います。その貝にこそ鎌倉幕府打倒に燃えた後醍醐天皇、そしてその皇子尊良《たかよし》親王と妃《きさき》にまつわる哀史を秘めた伝説の貝でもあります。

二度にわたる蒙古軍の襲来は、鎌倉御家人や民衆の経済生活も脅かすようになり、幕府の権力も衰えをみせはじめました。地方の豪族たちも、自分の利益を守り勢力を伸ばそうと争うようにもなります。土佐でも香宗我部氏と大高坂氏との争いや、熊野神社の荘園を地頭が侵略する事件などもおこります。こうした動揺する幕府の姿や、地方の争いを見た後醍醐天皇や公家たちは、好機到来と倒幕計画を進めます。しかし正中元（1324）年と元弘元（1331）年の2度にわたる計画もすべて失敗に終わります。

天皇は元弘2（1332）年3月7日、隠岐に配流され、皇子尊良親王も翌8日に土佐の畑（幡多）に流されることになりました。この間の事情は『増鏡《ますかがみ》』や『太平記』にくわしく記されています。配流地の黒潮町には、いまも王迎橋・待王坂・王無浜などの地名が残り、王無浜には「尊良親王御上陸地」の碑もあります。

史跡米原宮址　大方町大字蜷川字米原（旧町名のまま）
行在所跡は広さ約100平方メートル、大方町史跡指定（昭和47年）

配流された尊良親王を迎えたのは、大方郷奥湊川《おくみなとがわ》の領主大平弾正《おおひらだんじょう》であり、有《あり》井《い》庄司《しょうじ》三郎左衛門豊隆《とよたか》でした。親王ははじめ大平弾正の館にとどまりますが、そこは近くに北条方の米《よね》津《ず》山城守《やましろのかみ》が居り危険なので、王野山（黒潮町大方）の地に向かいました。しかしここは昼なお暗い林の中、親王の心を慰める場所にはふさわしくなく、有井の庄内である米原の地へと3度目の移動となりました。

しかし配所の身はわびしいもの、その心を親王は和歌に託して慰めたでしょう

大平弾正墓（幡多郡大方町奥湊川）

か、『新葉《しんよう》和歌集』などに数多くの和歌が残されています。わびしさの中に懐かしい都への思いはつのり、また寵愛した御息所《みやすんどころ》の面影に思いをはせる日々であったことが想像されます。この気持ちを察した有井庄司は、御息所をこの地に迎えようと努力します。親王は有井庄司の配慮を喜び、随身《ずいしん》の秦武文《はたのたけふみ》を使者として京都にのぼらせます。武文は御息所をみつけだし土佐に向かいますが、途中海賊の難にあい不幸にして自殺します。御息所もやっとの思いで淡路の武島に漂着したようです。この時流れた御息所の衣が、有井川の浜の沖にある衣掛岩《きぬがけいわ》に流れ着いたといいます。入野の浜の模様の美しい小袖貝は、妃の小袖が貝の模様になったと伝わり、それが親王と御息所との哀史となって今に伝えられています。この間のいきさつは『太平記』に詳しいですが、御息所は親王の配流前になくなっているから史実ではないようです。

元弘3（1333）年5月、鎌倉幕府は滅びます。親王は建武《けんむ》の新政によって帰京するにあたり、有井庄司にともに上京することをすすめますが、庄司は老齢のため辞退し、代わりに大平弾正の子の大膳《だいぜん》を伴ったといいます。まもなく庄司は病死しますが、親王は深くこれを悲しみ五輪塔をおくりこれを弔いました。有井庄司の墓は有井川の北方の小丘にあります。現在残る五輪塔はその時のものといわれ、墓所は高知県の史跡となっています。

わが庵は土佐の山風さゆる夜に軒もる月もかげこほるなり

親王の歌には配所米原の情景がせまり、入野の浜の小袖貝と結びついた美しいロマンは、今も多くの人々の心に生き続いています。

有井庄司の墓（幡多郡大方町有井）
高知県指定史跡

#高知県幡多郡黒潮町入野　#尊良親王　#大平弾正　#有井庄司　#小袖貝

大高坂攻防戦

大高坂松王丸の記念碑
高知市役所東入口、「大高坂神社址」の標柱とともに立つ

高知市役所東入口に自然石の「大高坂松王丸《まつおうまる》の記念碑」があります。また升形の出雲大社鳥居の横には、昭和3（1928）年11月建立の「吉野朝廷時代古戦場址」の碑もあります。土佐南北朝期の大高坂松王丸の奮戦や、大高坂城と安楽寺城攻防戦も説明されています。

南北朝期は、後醍醐天皇が吉野に遷幸し、足利尊氏が京都に光明天皇を擁立した建武3（1336）年から、南朝4代、北朝5代の天皇が並立した57年間をさします。この時期は、各地で有力な守護や、勢力を強めてきた国人《こくじん》と呼ばれる荘官や地頭達が、勢力の拡大をねらい北・南両朝に加担して抗争し、内乱が全国化した時

吉野朝時代古戦場址
升形出雲大社鳥居横の標柱、昭和３年11月の建立

期でもありました。

当時の土佐は、足利尊氏が重臣の細川氏に、軍事や経済上の一切の支配権をまかせていましたので、細川顕氏《あきうじ》や弟の定禅《じょうぜん》が支配していました。そのため土佐の北朝方勢力はかなり強かったようです。しかし南朝方も大高坂城の大高坂松王丸を中心勢力として、高岡郡の佐川付近を本拠とする河間光綱《こうまみつつな》、尾川城の近藤知国《ともくに》や斗《と》賀《が》野又太郎《のまたたろう》らが居り、両派の争いははげしく長く続きました。

この時代の研究に不可欠な根本史料に『佐伯《さへき》文書《もんじょ》』があります。高岡郡津野庄の荘官で、北朝方の津野氏に従って参戦した、堅田小三郎の戦功を書きあげた軍忠状が中心ですが、南北両軍の動向は知ることができます。これによると、土佐での南北軍の衝突は、延元元（建武3）年1月7日、武家方が、水軍の拠点である浦戸を攻撃したことから始まります。それは尊氏挙兵に遅れること2か月であり、全国的動きに極めて敏感な土佐の動きが注目されます。その後の抗争は、公家方は大高坂氏や河間氏等を中核とし、北朝武家方は津野家時《いえとき》（梼原・東津野・葉山・須崎津野荘領主）、三宮頼国《さんのみやよりくに》（日高日下領主）らを中心に、香宗我部氏（野市・香宗城）や長宗我部氏（岡豊・岡豊城）、そして片岡経義《つねよし》（佐川黒岩領主）、佐竹義国（久礼領主）や、堅田（佐伯）

経貞（新荘領主）らによって、大高坂城をめぐる激突へと発展していきます。

『佐伯文書』には大小18回の合戦記録があり、この中に大高坂城と武家方安楽寺城の攻防戦が9回もあります。大高坂城の重要性がはっきりと見えます。また衝突もはじめの頃は一宮《いっく》や八幡山東坂本、岩村・深淵などの局地での攻防戦の繰り返しでしたが、次第に大高坂城中心となり、3月から8月の4か月に6回もの攻防戦が展開され、関係した将兵も安芸から須崎へと土佐全域に拡がります。また大手や一城戸、西大手、西之城戸などでの交戦記録もあり、大高坂城の堅固な構えや、規模の大きさも見えてきます。しかし現在これらの場所がどこであるのか、また武家方が大高坂城攻撃の拠点としたとされる安楽寺城の場所も不明です。戦前から研究者は升形説や久万説などを説いています。

抗争は公家方に不利に展開されますが、延元2（1337）年9月、後醍醐天皇の皇子花園宮《はなぞののみや》満良親王や、新田《にった》綿打《わたうち》入道、金沢左近将監《さこんのしょうげん》ら武将の参戦もあり、一時勢力を盛りかえします。しかし延元5（暦応3、1340）年大高坂攻防戦で、松王丸は戦死し大高坂城も陥落します。興国2（暦応4、1341）年9月には、高岡郡北部で奮闘していた河間光綱も戦死し、公家方の勢力は弱っていきます。

松王丸の墓は高知市役所敷地内にあり、大高坂神社として祀られていたようですが、戦災で焼失し、昭和21年、久万の松熊神社に合祀されたといいます。記念碑はこの跡に建ち、古戦場址の碑は、激戦地安楽寺城升形説を信じて建てられたものでしょう。

#大高坂松王丸　#吉野朝廷時代古戦場跡　#佐伯文書

天下に心を懸けた長宗我部元親

秀吉に敗れ聚楽第《じゅらくてい》に招かれた元親は、「四国を心に懸けたるか、天下を心に懸けたるか」との秀吉の問いかけに、「天下に心を懸けて候、ただ悪しき世に生まれて、天下をとり損じて候」と答えたといいます。

長宗我部元親飛翔之像（南国市岡豊町岡豊城跡）
平成27年5月3日除幕、四国制覇を目指す
元親の勇姿、ファンたちが建立

元親は妻を美濃の豪族斉藤氏の一族から迎えています。斉藤内蔵介《さいとうくらのすけ》（利《とし》三《みつ》）は明智光秀の家来であり、光秀を通じて織田氏への接近を考えたでしょう。天正３（１５７３）年には、土佐を統一し、光秀の仲介で信長に長男の弥三郎の烏帽子親《えぼしおや》になること、そして阿波への出兵の了解も要請します。信長は、四国の元親を「鳥無き島のコウモリ」と軽蔑しながらも、弥三郎に信

長の「信」の一字を与え「信親《のぶちか》」と名付けられました。また阿波への進攻についても、「四国のことは元親の手柄次第に切り取」ってもよしとのことでした。信長にしても、元親の土佐統一から四国進攻についても、織田政権下の大名として将来への期待があったかもしれません。

しかし、天正8（1580）年頃から信長の対四国政策も変わってきます。天下布武の戦略を進めていく中で、戦略の矛先を地方の群雄にも向けてきます。信長は元親に、讃岐、伊予は没収し、土佐と阿波の2郡の支配を許すと、先の約束を反古にするようなことを言い出します。元親はこれを決然と蹴ります。天正10（1582）年5月、信長軍は三男信孝を総大将にして阿波への進軍が始まります。信長自身も参戦のために本能寺に入ります。ところが6月2日の未明、明智光秀による本能寺の変が起こります。この6月2日は、信長の四国攻略出発の日でした。光秀と元親との間には、四国救援に関して何もなかったでしょうか。元親持ち前の外交能力からして、何か必ずあったと考える研究者もあります。これを示す史料があれば日本の歴史も変わります。元親と光秀の密約を示す確実な史料、あるいはそれを仲介したような関係史料の発見ができたら、歴史はますます面白いことになります。

信長なきあと、その後継者を決する戦いが賤ヶ岳《しずがたけ》の戦いでした。信長の次男、信雄《のぶかつ》を擁する秀吉方と、三男信孝を擁する柴田勝家方との戦いです。この戦いに際して元親は柴田勝家の軍勢に加担し、紀伊の雑賀《さいが》や高野山の力を借りて大坂挟撃の策をとります。勝家の元親に対する期待も大きく、また元親もこの決戦を利用して四国の制覇、さらに日本の中原への進出も考えたことでしょう。しかし勝家は滅亡し、元親の考えどおりにはことは運びませんでした。続く小牧長久手《こまきながくて》の戦いでも元親は家康側に援助の意を示します。

長宗我部フェスの日（南国市岡豊町高知県立歴史民俗資料館）
平成24年５月19日、集結した長宗我部甲冑隊と援軍の大友宗麟鉄砲隊全軍

戦後、2度の戦いを通じての元親の姿勢を、秀吉が快《こころよし》としないのは当然です。秀吉は讃岐と伊予の返還を元親に突きつけてきます。元親は伊予だけなら応じるとしますが許されず、秀吉の四国進攻となってしまいます。兵農分離の終わった優れた秀吉の軍勢の前に、半農半兵の一領具足の元親軍勢は簡単に敗れ秀吉の配下となります。

天正14（1586）年、元親は秀吉の九州征伐の先鋒として島津の軍勢と豊後戸次川《へつぎがわ》で戦い、多くの将兵と、元親期待の星であった長男信親を失います。天正16（1588）年、元親は城を岡豊から大高坂に移します。これも秀吉の城統制によるものといわれます。小田原攻撃には大船をひきいて参加し、文禄、慶長の役でも朝鮮各地に転戦します。高齢の元親にとって、戸次川での長男の戦死による失意と、執拗なほどに重なる秀吉からの要請は、元親の人生にも大きな影響を与えました。慶長4（1599）年、伏見の邸で歿《ぼっ》します。61歳でした。

四国をほぼ手中に収めた戦国大名としてその名をはせた長宗我部氏も、元親なきあとの後継問題も含め、順調ではありませんでした。元親のあとは四男盛親《もりちか》が嗣ぎますが、大坂の陣では西軍に荷担し、豊臣氏と運命をともに滅びます。

天下を心に懸けながら、強力な信長や秀吉といった天下人に翻弄され、結局は敗れ主君と共に滅亡していく運命。日本の戦国時代をそのまま表しているようでもあります。

#長宗我部元親　#聚楽第は京都にある秀吉の城　#明智光秀

本山と長宗我部決戦の場「戸《と》の本《もと》」

16世紀の半ば嶺北本山氏の勢力は長浜・浦戸にまで及んでいました。その勢力打倒をめざすのが長宗我部氏でした。両者本格的決戦は「戸の本」から始まります。

永禄3（1560）年、長浜城はすでに長宗我部氏の手中にありました。その奪還に燃えた本山勢の巻き返し戦であり、長宗我部氏にとっては元親の初陣ともいう重要な戦いでした。決戦は長宗我部軍の有利に終わり、以後本山勢力は日を追って後退し滅亡への路をたどることになります。「古墳也勿毀」の石碑がその哀史を今も語り続けます。

周辺は湿田、流れは野中兼山によって掘られた長浜川です。開鑿以来昭和30年代まで、吾南と高知城下を結ぶ水運路として活用されました。いまは整備された風景ですが湿田を掘り通し、川岸にかろうじて船頭たちが帰路舟を曳いて上ることのできる小路があるだけでした。

左上方には長浜城跡がみえ、雪蹊寺と秦神社はその南麓、浦戸大橋の右端は浦戸城跡、長宗我部元親の墓所は天甫寺山と、長宗我部氏歴史のステージが一望できます。

長宗我部元親と土佐の戦国山城めぐり

NHK大河ドラマ「龍馬伝」は、高知県に空前の人の足を運ばせました。しかしその足は龍馬ゆかりの土地にとどまり、その恩恵を受けない地域は多くありました。

長宗我部元親は土佐の統一を完成し土佐を席巻《せっけん》しました。元親を軸にその足跡をたどることによって、より広い範囲の歴史理解を深めようと、地域自治体と連携して戦国山城《やましろ》めぐりを企画してみました。土佐戦国の7守護とされる武将の城に、土佐一条氏の御所と、久礼の佐竹氏の居城を加えて9か所の山城や居館めぐり、あわせて地産地消型の「食」グルメを楽しむバスツアー「長宗我部元親と土佐の戦国めぐり」ということです。企画はマスコミも関心をもち、人々の関心も極めて高く、募集開始半日で定員を超す状況でした。初年度の全8回、県内9市町村を訪ね、延べ320人の参加があり、翌平成24年度には希望者が多く、催行回数を月2回に増加しなければならず、参加自治体も増えて全18回のバスツアーとなりました。

中世山城の歴史散策がメインではありますが、地域の方々の手づくり料理も好評で、それを楽しむ参加者が半数とみていいでしょうか。平成25年3月には自治体独自も盛り上がりました。バスツアーの内容をもとに、『山城ガイドブック』も作成し山城散策の利便も図りました。

戦国の古城は全国に4万、本県でも700か所を超える馴染みの遺跡です。聳《そび》える天守もなく郷土史の華やかな舞台や、観光の賑わいからは遠く、訪ねる人もなく、知られずに残るものですが、草木に埋もれた城であればあるほど、乱世に覇を競った武将達の興亡の歴史とロマンを感じさせます。

近世城郭の研究はすでに多くの人々が進めてきました。しかし中世の城はほとんどが規模も小さく、山という地形からも荒廃のまま放置されています。乱世、群雄興亡のドラマの舞台として興味ある条件は数多くもっており、人々の興味を惹きつけないことはありませんでしたが、文献史料に乏しいため研究の糸口はつかみにくく、ほとんどが後世に書かれた伝承や、伝説を含んだ研究に終始したものでした。しかし近年、山城の現地踏査によってその城の構造、つまり「縄張《なわばり》」を把握し、実測して「縄張図」を作成して、軍事的施設としての独自性や、考古学的な発掘調査によって城の機能時期を明確にする研究、また単に軍事的視点にとどまらず、地域支配のあり方の反映として城を捉え、生活史をも含む多様な観点からの研究が進められるよう

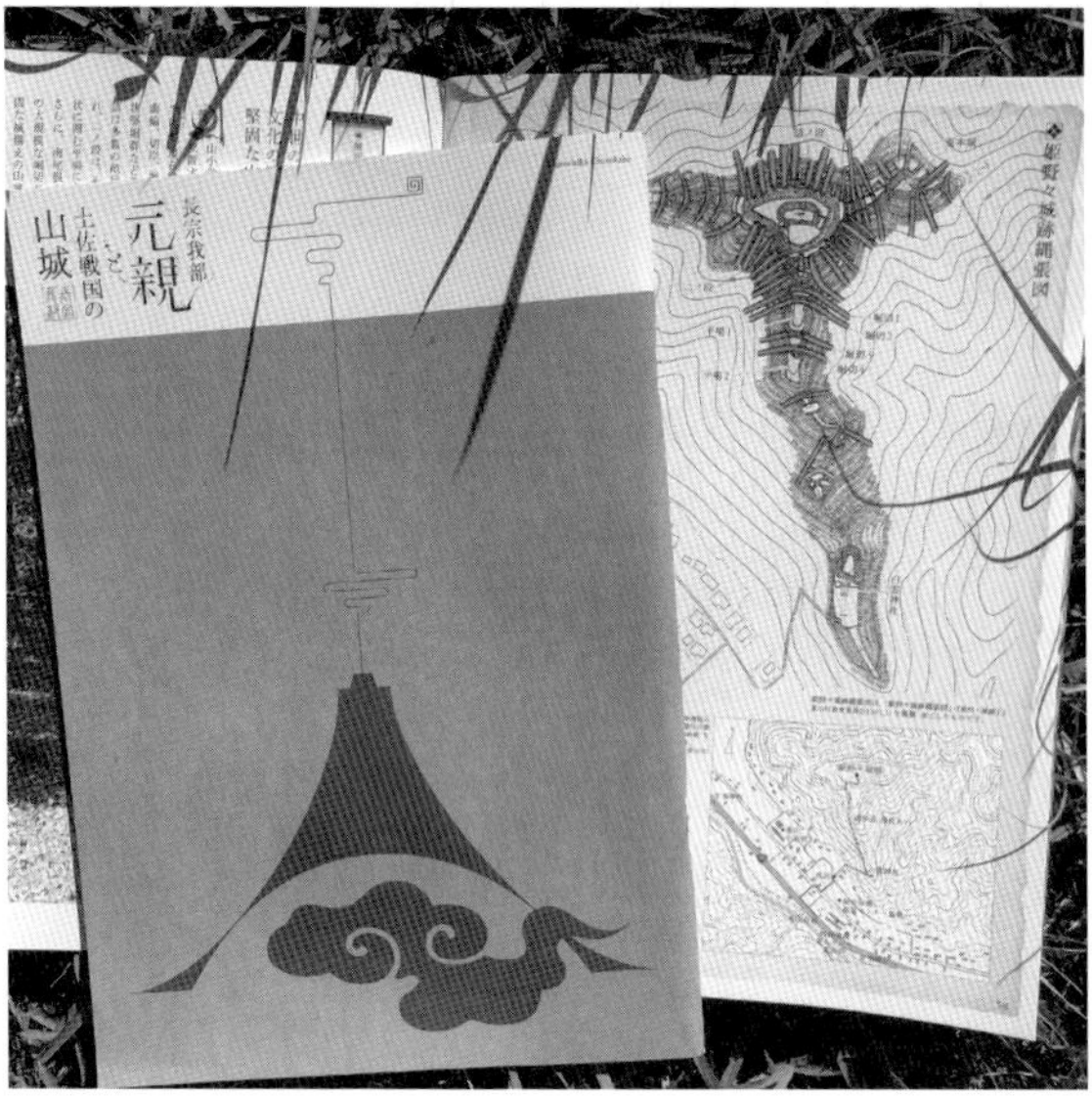

山城ガイドブック
『長曽我部元親と土佐戦国の山城』

になってきました。従来の単なる「見る」から、「読み解く」そして「掘る」にまで大きく進展しました。

遺跡として残る戦国の城は実に多様です。大規模な石垣はありませんが、自然地形を最大限活用してつくられた曲輪《くるわ》。曲輪への侵入を阻止すべく効果的に配置された切岸《きりぎし》や堀に土塁《どるい》。曲輪群を巧みに連結する出入口や城道。さらには曲輪に通じる尾根筋を遮断する堀切《ほりきり》。斜面の横移動を防御する竪堀《たてぼり》。

久礼城跡探索（高岡郡中土佐町）
城主佐竹氏の末裔も家紋なびかせ探索を満喫

山の斜面に竪堀と竪土塁を並べて、斜面の敵兵の散開防止をねらった戦国期特有の畝状《うねじょう》竪堀群等々。縄張り調査や絵図から見る縄張りの工夫は、戦国期の人々の時を超えた知恵比べの成果であり、合理的で理論的な思考も読めて興味と好奇心をかきたてます。

山城に登り、城をじっくりと読み解いていく。そこにはさまざまな思いが心中を去来します。掘建柱《ほったてばしら》の素朴な建物を想定すれば、あたりを慌ただしく城兵が駆けめぐる。城下からは武士達の争乱の声が聞こえ、名もなき人々の群像や、逃げまどう男女、略奪と悲惨な戦争の実態が浮かんできます。歩を進めると巨大な堀切や竪堀、堅固な土塁が行く手を遮ります。その規模に驚嘆しつつも、それを作り出す労働量の荷重に思

岡豊新城見学会（南国市領石）
「岡豊の自然と歴史を楽しむ会」の探索

いをはせて心も砕けます。城や戦の話は勇ましく、武将達の武勇伝に心も躍らないわけではありませんが、実態はむごたらしい戦を前提に築かれたものだということからも目を背けることはできません。

自分の目で見、足を運んで山城を読み解いていく、もろもろの想いを交錯させながら、荒れ果てた山城を歩く醍醐味はなにものにも代えることはできないでしょう。

#長宗我部元親　#土佐戦国7守護　#土佐中世山城

長宗我部氏の文化

文保2（1318）年、名利を嫌う夢窓疎石《むそうそせき》は、執権北条高時の母覚海尼《かくかいに》の招きを辞し土佐に下り庵《いほり》を結びます。吸江庵《ぎゅうこうあん》です。吸江の名は唐の禅僧馬祖《ばそ》の「一口に吸尽す西江の水」という言葉からだといいます。疎石は度重なる鎌倉からの招きを断り切れず土佐は去りますが、この疎石に師事したのが、義堂周信《ぎどうしゅうしん》と絶海中津《ぜっかいちゅうしん》（現津野町出身）で、二人は五山《ござん》文学の双璧と称され、寺名は遠く明国にまで聞こえ、室町幕府の政治・外交面でも活躍する高僧達を生んだ寺となります。

この寺の寺奉行就任が長宗我部氏発展におおきく係わります。土佐の守護代細川氏は香美郡田村庄（現南国市）に在城しました。長宗我部氏は細川氏の家臣としてその保護を受け、代々寺奉行をつとめます。これによって、土佐戦国の7守護の中でも、3000貫という最小の所領から土佐統一にこぎつけるまでの勢力となる大きな契機ともなります。寺もまた戦国時代を通じて長宗我部氏の保護をうけ発展していきます。

元親の指導理念の根本は儒教でした。『天正式目《てんしょうしきもく》』にも史記や漢書、後漢書などのほか、五経や七書など熟覧の書とし、師につき習学することをすすめています。また『百箇条』にも君臣僧俗、貴賤上下を問わず「仁義礼　聊《いささ》かも猥《みだ》りあるべからず」とも規定し、また学問や文学についても身分にしたがって嗜《たしな》むこととし、奉公のひまを見て文化的教養を身につけるよう努力することを命じ、すぐれた業績を上げたものは恩賞まで与えるとしています。

また『元親記』や『土佐物語』などからも文学や芸能の修業にもすぐれた師を岡豊城内に招き修業したことも見ることができます。手習いに文学、太鼓、謡《うたい》、笛、鼓《つつみ》、礼法、碁、和歌、連歌など多岐にわたる分野に、それぞれ当時のすぐれた指導者を招いての修業です。

国内の寺社の修理や改築、宝物の寄進なども積極的に行っています。戦の激化に伴い神仏の加護を願ってのものであったでしょうか。それらはいま、貴重な文化財となって光彩を放っています。

岡豊城のすぐ北には岡豊別宮八幡宮があります。元親の信仰は厚く出陣にあたって常に戦勝を祈願したといいます。長宗我部氏ゆかりの宝物も多く蔵していたでしょうが、大正年間の大火で焼失し、今は元親が画工真重に命じて作らせたと伝えられる三十六歌仙の画額14枚と、出陣の際に使用したという天正4（1576）年8月吉日の銘のある1升入りの盃、百足蝶蜂漆絵椀（ともに南国市指定文化財、高知県立歴史民俗資料館保管）があるのみとなっています。

建造物にも元親の功績を不朽に伝える文化財となって残るものがあります。

土佐国分寺の金堂《こんどう》は永禄元（1558）年元親の再建

百足蝶蜂漆絵椀
（南国市岡豊町高知県立歴史民俗資料館蔵）
土佐統一の翌天正4年、岡豊別宮八幡宮に土佐統一の御礼と四国制覇の戦勝祈願奉納。百足は不退、蝶は不死・不滅、蜂は生命力

土佐神社本殿（高知市一宮）国指定重要文化財
本殿正面三間の向拝の部分、方柱で整然と並ぶ繁棰や魚や龍の彫刻、あざやかな極彩色

です。桁行《けたゆき》5間、梁間《はりま》5間の平屋建てで、こけら葺きの寄せ棟造りの質素な建物ですが、屋根の木割りの大きい軸組や、和様の三斗組、二重の吹き寄せ棰《たるき》の軒など、清楚で風雅な天平の気風を今に伝えています。

土佐神社は、土佐の総鎮守で、一の宮として皇室や武門の崇敬信仰も厚いものがありました。しかし永禄6（1563）年5月5日、土佐中央部を長宗我部氏に奪われた本山氏は、一挙に岡豊攻略の策にでてきます。そして一宮の在家にかけられた火はたちまち広がり土佐神社も焼いてしまいます。長宗我部元親は四国統一の成就を祈願して、永禄10（1567）年に社殿の再建にとりかかります。元亀2（1571）年の春には本殿、幣殿、拝殿を完成させました。本殿（国重文）は桁行、梁間ともに5間で、入母屋の屋根はこけら葺き。赤・青・緑・黒と極彩色で優美で絢爛《けんらん》な

国分寺本堂（南国市国分）国指定重要文化財
こけら葺き屋根に吹き寄せ棰、桁行梁間ともに５間、位置は創建当時と変わらない、清楚で風雅な天平の気風伝える遺産

建造物になっています。拝殿と弊殿（ともに国重文）は本殿とうって変わって素木《しらき》の建造物、平面は十字形でトンボが羽を広げて本殿に飛び込む形の「入りトンボ」式で、元親が凱旋を報告するのにふさわしい全国でも珍しい様式の建造物となっています。

「入りトンボ」式に対して「出トンボ」式の建造物は、高知市長浜の若宮八幡宮です。若宮八幡宮は源頼朝が吾川郡を京都の六条左《さ》女牛《めがい》八幡宮に寄進した時勧請したもので、武家の守護神として崇拝されてきた社です。長宗我部元親も永禄３（１５６０）年初陣の時以来尊崇し続けています。浦戸に移ってからも「西宮《にしのみや》」として社殿の造営や社領の寄進もしています。天正14（１５８６）年、豊後出陣の祈願に際し、旗の笠標《かさじるし》が鳥居の冠木《かぶき》あたりにちぎれて落ちました。元親は縁起が悪いと気遣いますが、家来たちは敵を落とす吉兆として出陣しました。しかし戦いは島津軍に大敗し信親までも失います。鳥居は海中に投げ捨てられたといいます。弊殿を比較的長く作って、トンボが羽を広げ、飛び立つ形の十字形の社殿配置で、通称「出トンボ」式と呼ばれています。出陣戦勝祈願の社殿配置ということです。

竹林寺《ちくりんじ》は、寺伝では行基が創建、空海が中興、更に藩政期には土佐藩主祈願寺として興隆したと伝えられています。本堂の文殊堂は文明年間（１４６９～１４８７）に建立されたと伝えられますが、その様式が元親建立の土佐国分寺に類似する事から元親の建立ではないかともいわれています。桁行・梁間とも5間の入母屋造りで、廻縁を巡らせた独特の扇棰《おうぎたるき》は注目されます。本堂正面の大師堂の右上に、鎌倉時代初期の様式をもつ五重塔も近年建立されています。

それぞれに土佐の誇る文化財と評価され、いまも光彩を放ち続ける重要文化財となっています。

＃『天正式目』『元親百か条』は元親制定の分国法

＃夢窓疎石　＃吸江庵　＃長宗我部元親　＃土佐神社　＃若宮八幡宮

次第に消えた新しい堀

堀川には無数の木材が浮いています。新しい堀をはさんで、南北両町筋からは、木材問屋か、大鋸《おが》挽《ひき》の人たちでしょうか、朝も早くから威勢のよい会話が聞こえてきます。菜園場から北にのびる横堀、幅は10間ほどでしょうか。この横堀から西へ紺屋町の東の端、魚の棚通りまでおよそ2町、新しい堀は深く入り込んでいます。堀の幅は6間はあるでしょうか。堀には南北両町筋を結ぶ2本の橋も架かっています。南北の横堀に東西の新堀、ここに浮かぶ木材は、はるか上仁淀から新川川を流され、また奥物部から舟入川を運ばれてきた木材もあるでしょう。ここで材木問屋に引き取られ陸揚げされるものもあれば、また大坂市場の土佐堀まで運ばれるものもあったでしょう。

慶長の頃、このあたりには山田や野地、後免、中島など各地から商人たちが集まり、赤岡町、樽屋町、佐賀町の3町が作られていました。ここに住む町屋の人達が、自費で新堀を開鑿《かいさく》しました。

寛永2（1625）年12月25日、2代藩主忠義《ただよし》から褒美として、町屋の人達に材木専売の折紙が下されました。それ以来この町域には木材問屋や大鋸挽（製材業）、大工を職とする人達が集まり住むようになりました。材木町のはじまりです。

長宗我部元親は大高坂山に城を構え、香美郡山田村の郷民をここに移して山田町を、そして岡豊城

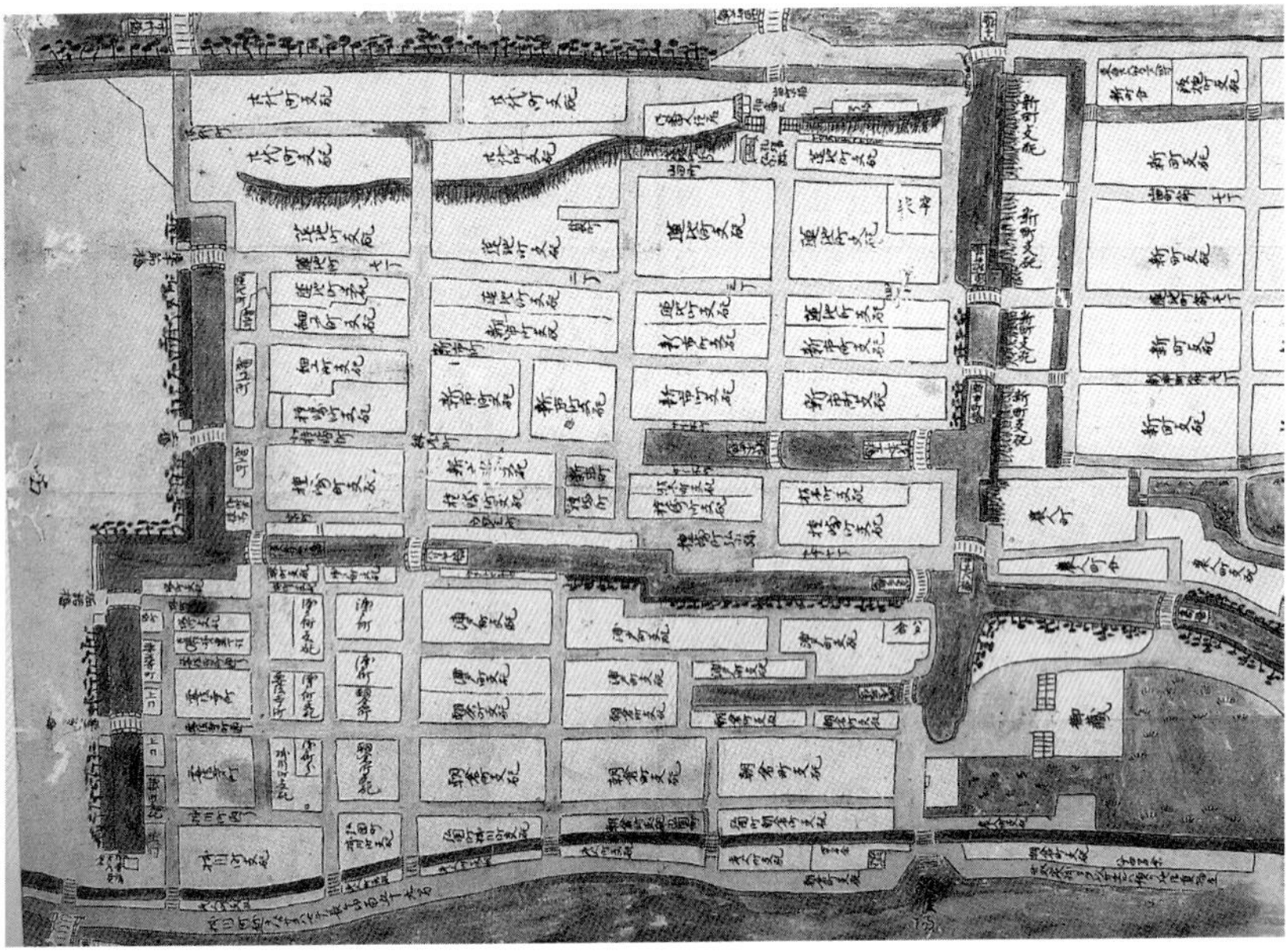

「高知街図」天明８戊申年９月書写部分（安芸市立歴史民俗資料館所蔵）
高知街下町絵図、郭中を囲む南北の堀、東西の堀川、北に新堀、南に納屋堀、二つの堀を横堀が結んで江ノ口川に

下の新市の住人を移して新市町をたちあげます。山内氏は内堀川をはさんで、北に山田町・蓮池町・新市町・種崎町、そして南に浦戸町・朝倉町・弘岡町・唐人町・掛川町をおいて城下町を整備していきました。

寛文年間の古図では、堀詰からの内堀の流れは、菜園場で南におれ、横堀となって鏡川堤防の際までのび、そこから東におれて鏡川の下流に通じています。城下に出入りする船舶はすべてこの水路を利用しました。種崎町と浦戸町の東端の横堀沿いには、船着き場や米蔵、水主《かこ》の屋敷などが並びました。

寛永７（１６３０）年、朝倉町と浦戸町の境にあった悪水の溝を付近の町屋の人達が開鑿してここにも堀川を作りました。忠義は町屋の人達に塩や塩魚類の問

新堀石垣調査風景

屋を開くことを許します。塩や塩魚類貯蔵の小屋を納屋といったのにちなんで、この堀を納屋堀《なやぼり》と呼びました。北に木材を商う新堀、南に干魚や乾物を商う納屋堀ができました。こうして下町は湊町兼商人の町としてにぎわうようになりました。

材木町から南の堀川沿いの弘小路《ひろこうじ》への通りがありました。棺屋町《かんやまち》です。寛文年間、野中兼山は火葬を禁じ儒葬《じゅそう》の励行を命じました。材木が入手し易いこの地に棺の工匠《こうしょう》を居住させ、そしてこの町以外での棺の製造売買を禁止しました。いまの八幡通りです。

貞享３（１６８６）年には、菜園場に堀川が掘られ内堀と農人町堀川が通じ、城下から三ツ頭《みつがしら》に直通の堀川が開通しました。この時、新堀からの横堀も北にのび、山田橋川下が掘り通され刎橋《はねばし》が架橋され、江ノ口川と横堀はつながりました。

城下から三ツ頭への堀川の開通によって、南の横堀は次第にその機能を失い埋め立てられていきます。新堀もまた同じ運命をたどって行くことになります。明治になって新堀の西数十間が埋め立てられ、北町集議所と学校が建築されました。明治8年それが焼失したのを機に東数十間も埋め立てられるなど、埋め立ては続いていきました。寛永2年の忠義の折紙「新堀川法度」の墨書《ぼくしょ》も次第に薄れ消えていきました。

新堀は消えました。貞享年間以来江ノ口川まで通じていた横堀も次第に狭くなり、一部は伏せ込まれ、その上は車が走るようになりました。そこを永久の住み処と考えていたのであろう絶滅を危惧される植物や生き物も強制移動が命ぜられました。移動先で生きながらえる保証もないままに……そしてまた城下町の歴史景観も伏せ込まれていくことになりました。

堀詰、新京橋から使者屋橋《ししゃやばし》、そこから播磨屋橋、土佐橋を流れた堀川は、やがて四ツ橋に流れます。幡多倉橋をくぐると北側に木屋橋、南に納屋倉橋、そして東には菜園場橋《さえんばばし》と水の十字路の真ん中。そこを通ると目の前に大鋸屋橋《おがやばし》、その先は三ツ頭の番所です。流れに沿って広小路や船着き場はじめ、もろもろの施設がならびます。商人たちの威勢良いかけ声は耳に響きます。堀川には立錐《りっすい》の余地なしの表現が当てはまりそうに材木や船が浮かび、高知城下の東玄関にふさわしい賑わいの歴史の風景が展開されていました。

#新堀　#城下町旧町名　#下町

兼山の治水土佐を潤す

野中兼山の治水遺構として名高い吾南《ごなん》水路は、慶安元（1648）年から慶安5（1652）年にかけて、一木権兵衛《いちきごんべえ》を普請奉行《ふしんぶぎょう》としての事業でした。仁淀川の流れを八田堰《はたぜき》でせき止め、この水を弘岡井筋《ゆすじ》にひきこんで、井下《ゆのしも》9か村を水田の村にしました。また新川からの流れを利用し村々を通過して、長浜から高知城下へと通じる内陸の水運路ともしました。

野中兼山の治水事業のなかでも、この八田堰と弘岡井筋の事業は、野市堰と上井《うわゆ》・下井《しもゆ》、山田堰と上井・中井《なかゆ》・舟入《ふないれ》の水系、鎌田堰と鎌田井筋とならぶ4大治水事業にかぞえられ、土佐の灌漑史、水運史、そして土佐藩政史のなかでも意味大なる事業でした。

八田堰や、弘岡井筋の工事にかかわる挿話や口誦《こうしょう》は今も数々残りますが、事業の経過や工法などを明確にする資料はありません。明治18（1885）年頃の調査によって松野尾儀行《まつのおぎこう》は『南海の偉業』でその記録を残しています。それによると、各々の井筋、井流《ゆる》、閘《こう》、切抜《きりぬき》、底圦《そこいれ》、水門、掘割、樋《ひ》、堀などその規模や構造、用途にわたって細かく記しています。構築から230年の年月が過ぎてはいますが、兼山事業の跡はかなり原形を留めていたものと思われ興味深いものがあります。

松野尾儀行は、弘岡井を諸木井、川窪井、南川、北川に代表させ、この用水による滝漑の面積を

837町歩とし、延長は4里あまり、船楫《ふなかじ》の便《びん》ありとしています。弘岡中、森山、弘岡下、西分、秋山、諸木、長浜に至る地域ですので、きわめて平坦な地域でレベル差は少なく、この地域に水を流すのに可能な傾斜を保つには、かなり高度な水盛《みずもり》技術が要求されたはずです。兼山はこの解決策として、世にいう提灯《ちょうちん》測量によって設計したとも伝えられます。堰をはるか上流の八田に構えて落差を確保し、弘岡井筋の取水口の底と、西諸木の雀《すずめ》ケ《が》森《もり》の山頂を同じレベルとしたといいます。（これで水が流れるようになったかどうかは疑問です。）

このころの堰堤築造技術は、戦国期の築城術に由来するといわれます。近年まで弘岡上の人々によって伝えられてきた「固盤枠《こばんわく》」「片固盤枠」「土台枠」といわれる「沈枠《しずめわく》」による堰の構築技術は、武田信玄の創案によるとされています。近江国穴生《あのう》に生まれた石工や石垣の技術は、戦国大名に抱えられ各地の築城によってその技術はすでに認められていました。土佐藩でも穴生の役は存在していました。築城術の発達とともに進んだ石工の技術、水盛の技術、さらには城や砦の構築用材の役を受け持った大鋸引《おおこび》きの技術が、いま堰や用水の構築に、また枠や胴木としての巨大な松材伐採に生かされたということです。

用水路建設のもつ近世的意義を、横川末吉《すえきち》氏は「一つは技術であり、他はその規模」と言い、「中世までの小河川―大河の支流の堰き止めによる潅漑から、大河川の本流を横断して堰を構え、水を延々と2～3キロの遠方に流し、井筋ごとに数百町の耕田を養い、さらに川幅、水深ともに船筏を通じるものにしたこと」（『伊野町史』）と言います。八田堰・弘岡井筋はまさにこの近世的意義の象徴的なものと言えるでしょう。

八田堰＝弘岡堰（吾川郡いの町）
大井流から弘岡井筋に流れる水は吾南の農業を支え、内陸水路は上仁淀と高知城下をつなぎ流域の繁栄を呼ぶ

行当《ゆきとう》の切抜、弘岡上の八幡《やはた》の掘割り、大瀬《おおせ》、西分小路唐音《こうじかろと》、長浜切抜などの切抜工事、漏水防止の「千本突き」などの労働はすべて田掛《たが》かりの農民達はもちろん、周辺の農民達も動員され過酷な労働に従事したとおもいます。「古糞の皮剥ぎ」や「春兎通ったあとが百貫目」などの口誦が今もその苦しさの証として残っています。

春野地方における稲作の発祥は弥生前期にさかのぼります。しかしそれ以後、兼山の事業までは、仁淀川の自然流路にそって形成された自然堤防の帯状低地に、「樋」などを通じて周辺山地からの湧水による自然潅漑で、わずかな水田耕作を続け、それ以外の河岸などは、畑地や採草地、林地として利用するにとどまっていました。兼山の事業はこの農業経営を一変させ、自然堤防上のほとんどを水田にし、水田の村とした画期的なものでした。井下9か村、いわゆる弘岡上・中・下、森山、西分、東諸木、西諸木、秋山、甲殿《こうどの》の村々の本田高《ほんでんだか》の8560石2斗9升、その内5102石1斗1升1合の水田が誕生したということです。つまり、856町のうち510町の水田が生まれたことになり、本田の約60パーセントが完全に水田化され、吾南繁栄の基盤がつくりあげられたことになりました。

一方水運路の構築も時代の要請に即応したものでありました。当時藩は財政窮乏のたてなおし策として、土佐木材を中心に上方市場への搬出をめざしていました。山田堰と舟入川をもって物部上流と城下を結び、八田堰、弘岡井筋、新川川と結んで、上仁淀と高知城下を結んだのもそのあらわれです。

慶安5（1652）年、弘岡井筋が新川川と接続して水運路として完成しました。従来、上仁淀の物資は仁淀川を下り、仁淀川河口からは外洋を通って高知の城下に運ばれていました。ところが「八田堰ニハ筏越シコレナキ関所」となり「山分筋ヨリ出候諸物産、竹木板類諸仕成物、保佐、薪、起

八田の大井流周辺
仁淀川の流れに大堤防、そして弘岡井筋はそれぞれの役割をもって春野に向かう

シ炭、船筏、陸持トモ向後新川通」ることにし、仁淀川の水運を転換させました。また外洋の航行困難な筏が、この内陸水路を通過することになったことも高く評価されなければならないことです。

平野部の水田への潅漑のための用水路は、その水位の高いことがのぞまれますが、一方舟運あるいは排水の効率から考えると、新川川の水位は低いことがのぞまれます。これを調節するために、森山村字大坪に「おとし」が構えられました。この「新川のおとし」は、「高サ九尺幅五間長サ十二間三尺、構造大石、木材ヲ用イ下地ヲ大石ニシテ畳シ　上ヲ松板ニテ蒸廻ス水ノ低落スルトコロ左右ニ波止メリ　長各八間根置三間　馬踏一間　大石蒸廻シ」たもので、高度な土木技術が生かされて構築されたものです。やはり藩外からの輸入した技術を生かしての構築であったでしょう。この「新川のおとし」

を中心に新川も大きく変貌して発展の一途をたどることとなります。

従来の仁淀川河口の分一《ぶいち》役所は浦戸、長浜に移され、河口甫淵《ほぶち》の人々も新川に移り住むようになりました。新川の町衆には各種の特権も与えられました。浅い川底でも、航行可能な「艜船《ひらだぶね》」が93艘も許され、それらの船は城下の堀川への自由な乗り入れや横付け、そして船中炊事も許可されました。その上「山分筋ヨリ乗下リ申ス船筏トモニ水門（新川閘）限」りとされ、仁淀上流からの船荷物はいったんここで降ろされ、筏は解かれ、新川より下流への運搬は、新川の舟方衆に譲らねばならなかったのに対し、「新川船ハ山分筋トモ通船在リ」とあるように、新川の者は上流まで船を自由に漕ぎのぼることも許されるという保護策がとられました。これらの策によって、新川の町は元禄末には「川を挟んで人家六十余り、東西三町余」であったものが、幕末には200軒近くの戸数を数えるほどの盛況ぶりでした。木材や薪炭はくだり、塩や魚などの生活物資は奥仁淀にのぼっていく、それらの物資の中継地として、在郷町《ざいごうちょう》新川は繁栄をきわめ、昼間から三味線の音が聞こえる繁栄ぶりだったといわれます。

しかし時代は交通機能を変えました。国道敷設は、水運路の衰退を招くと、新川通過の道路新設に反対します。船からトラックに、水上交通から陸路にと変化した近年、新川の集落は江戸期の繁栄、殷賑の面影はなく、落としを流れる水音が、かすかにその昔を思い出させるのみとなっています。

#野中兼山　#八田堰と弘岡井筋　#新川おとし　#鎌田井筋

日本最初の本格的掘り込み港手結《てい》港

高知県香南市夜須町手結、南を半島によって囲まれ、港口を西に向けて、海岸の岩礁地帯の入り江を掘削して、夏の暴浪を防ぐこともできる土佐藩屈指の良港です。

石積は往時を偲ばせ、日本最初の本格的掘り込み港湾として名高く、野中兼山の唯一原形をとどめる遺構として貴重な港です。

慶安３（1650）年着手し、明暦３（1657）年竣工ですから、築港以来歳月は流れ、石積み護岸や船揚場など部分的には改修もされ、石積みの方法もその年代によって変わっているところもありますが、水面下の根固め部分である腰巻は、兼山築港当時の原形を留めて今日まで伝えられています。欧州を代表するフランスのシェルブール港（1821着工）や、イギリスのプリマス（1812）より早く、我が国の近代築港技術の高さが誇れる港です。

吸江五台は仏の島よ、並び高知は鬼の島

寛文3（1663）年7月1日、藩主忠豊《ただとよ》に、彼の叔父である深尾出羽重昌《ふかおでわしげまさ》と、その子である因幡《いなば》重照《しげてる》、それに重昌の女婿の山内下総豊吉《とよよし》の3名が連署した弾劾《だんがい》書が提出されました。民衆の不満を利用して兼山の失脚をねらってのものでした。

訴書の題目は一国上下困窮に及ぶとして、

第1条に家中の侍達が兼山の施政下に身上の不安を感じていること。

第2条に農民達が近年時を選ばず、夫役《ぶやく》過分に召し仕わされ、諸掛り物の多く堪忍できないと嘆き、村方・浦方ともに逃げ出す者が多くなったこと。

第3条に専売制のため商売はまったく止まってしまい、商人は礑《はた》と餓命《かつめい》に及んでいる。

と言うのでした。

兼山の大規模な新田の開発はじめ藩内開発の諸事業は、土佐全域におよんでいきました。こうした事業にいうまでもなく農民の夫役負担は過重となり、金銀の支出が必要となります。農民の過重夫役は「吸江五台は仏の島よ、並び高知は鬼の島」という俗謡はじめ、かずかずの逸話を残しています。

幕府も兼山の事業によって土佐藩の国力振興には関心を持ち、松山藩の松平定行に監視させていたという状態でした。兼山の理解者であった藩主忠義も高齢となり、中風を患い家督を譲り、また協力者小倉小助《しょうすけ》・三省《さんせい》親子もすでにこの世を去っていました。すべてが3代藩主忠豊とその側近によって、極秘裏に進められたものでした。

訴書を受け取った忠豊は、忠義とも相談の上、生駒木工《いこまもく》と孕石頼母《はらみいしたのも》を使いとして兼山のもとにおくり、訴書の内容を伝え、彼らと相談の上、少し緩やかな政治にあらためるよう説得します。しかし兼山はこの申し入れを受け入れず職を辞任しました。こうして兼山の免職と直仕置《じきしおき》（藩主の親政）が決められ、兼山にも伝えられました。訴書が提出されてわずかに10日の短期間の決定であったことは、逆にそれまで慎重に計画が進められていたものと推察させられます。

野中兼山肖像

兼山の施政30年間の業績には大きいものがあります。それを打ち消し、兼山の失政・失脚を人々に説得できるだけの理由が藩には必要です。藩は町方、村方、浦方の庄屋等に命じて、兼山の政治に対する存分の苦情を申し上げさせました。藩政に対して領民の苦情を申し上げさせることは、当時の政治体制からすれば異例のことです。藩は兼山の失政を正当化する必要があったわけです。その時提出された城下町方の『御訴申上差出帳』や、安芸郡浦方からの『上灘草臥《くたびれ》申覚』がいまに残り、藩の兼山の失政合理化

一木神社（室戸市室津）

兼山を支えた一木権兵衛を祭る。命を懸けた室津の港を見下ろして眠る。参道に「一木権兵衛君遺烈碑」もある

の策が明確に見えます。

藩としてはこれらの苦情への解決策を急がねばなりません。世に言う「寛文の改《かい》替《たい》」でこの苦情にこたえました。藩主中心の合議的政治の実施、夫役その他課役の減免、そして商業活動における束縛干渉の緩和などでした。大幅な兼山路線の転換です。諸負担は軽減され、厳しい統制も緩められ、踊りも相撲も解禁され「一国の士・農・工・商、老・若共朝倉・鴨部・雁切川原辺へ集まり、田畑明所なく踊り狂い」喜んだといいます。解放された民衆の喜びの姿が浮かびます。

寛文3（1663）年9月14日、兼山の隠居願いが聞き届けられ、古槇《ふるまき》次郎八《じろうはち》らわずかな家臣とともに、香我美郡中野の邸に引退しました。その3か月後、持病の痰喘《たんぜん》（心臓喘息）が悪化して死亡したといいます。

「伯耆」兼山自筆の署名という

比島の宿所で自殺したとも、薊野《あぞの》村天王前で自殺したとも、毒を仰いで自殺ともいわれます。遺骸は城内の本邸に連れ帰ろうとしましたが追手門通過が許されず、愛臣であった古槇次郎八宅に置き、12月17日雪の中、密かに潮江高見山に葬られました。古槇次郎八も18歳の若さで殉死しました。兼山の死に死をもって抗議した一人でした。

わかれ行く名残は露も残らじぞ連枝の中をやわらげてすめ

兼山辞世といいます。兼山の死の時刻には、高知城三の丸忠義居所の上に怪火が回ったとか、怪異な伝説もつきまといます。改替後の不安な世相や人々の人情を物語る伝説でしょう。

#野中兼山の祖母は山内一豊の妹　#野中兼山失脚の原因　#寛文の改替

幽閉40年

寛文4（1664）年3月3日、兼山が死んで3か月の後に野中家改易《かいえき》の断が下されました。兼山に謀反《むほん》の企てありと、武力をもって野中家を取りつぶすと野中邸は包囲され、本領の本山への道の入り口である穴内口《あなないぐち》には、警備の者が派遣《はけん》される物々しさであったようです。

兼山については、「重々不届千万《じゅうじゅうふとどきせんまん》重科之段々」「言語にも筆紙にも述べ難」としその理由を

一、私欲依怙《しよくえこ》による政治。
一、忠義、忠豊の離間《りかん》を策《さく》したこと。
一、御蔵銀《おくらぎん》の恣《ほしいまま》な消費。
一、改替《かいたい》に反対して流言《るげん》を放ったこと。
一、金銀を貪《むさぼ》り他国まで商売をやらせたこと。
一、諸法度《しょはっと》を厳しくしながら自分はこれを守らなかったこと。

このほかにも郷士にかってに知行《ちぎょう》を与えたことや、江戸上り下りの船などで、分《ぶん》を越した奢《おご》りがあったことなどを挙げています。また「今少し存命仕《つかまつり》候《そうら》はば申付様《もうしつけよう》も有べく候所、相果《あいはて》候《そうろう》故是《ゆえぜ》

非《ひ》に及ばず」という憎悪《ぞうお》に満ちた忠豊の書状を見ても、藩の兼山への姿勢をうかがうことができます。

野中家改易後の処置については山内左衛門佐《やまうちさえもんのすけ》の邸で、深尾帯刀《ふかおたてわき》・山内彦作・山内左衛門佐の3人から倅《せがれ》の清七に申し付けられました。

清七と兼山の妾4人と8人の子は、22人の家来とともに2艘の舟に分乗して宿毛の地におくられました。兼山の長女米《よね》は、高木四郎左衛門に嫁して、一女をもうけていましたが、「親の罪逃れが足し」と離婚させられ宿毛におくられました。また別居していたかつての妻市は、兼山の罪には関係なしとされましたが、宿毛山内左衛門佐に寄寓《きぐう》して余《よ》生《せい》を送りました。こうして兼山の一族は、彼らは厳重な監視下で罪人として監禁される悲惨な生活となりました。改替派といえども子どもたちに死罪を与えることはできなかったようです。一時は土佐からの追放も考えたようですが、一族多しと警戒し、常に監視下において、結婚も許さず一門根絶《こんぜつ》という冷酷《れいこく》な処置で片付けました。

獄中40年間、米の死、一明《かずあき》、そして欽六《きんろく》、ついで継業《つぐなり》、貞四郎《さだしろう》と死し、元禄16（1703）年

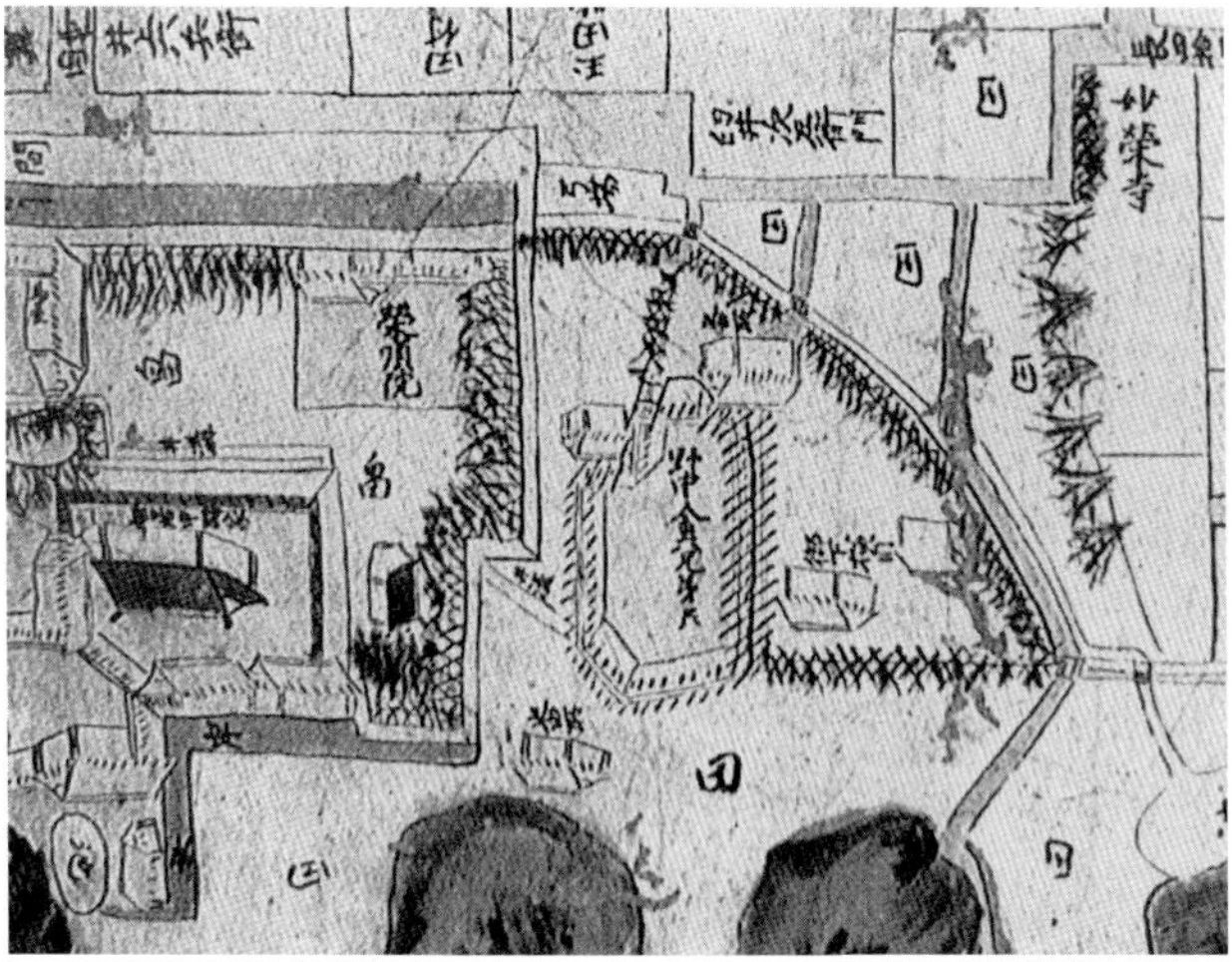

野中兼山遺族幽閉地
（宿毛市「宿茂土居絵図」（江戸時代初期　安芸市蔵）
竹矢来に囲まれ「野中金六兄弟共」と書かれる

野中兼山一族幽閉之地碑（宿毛市桜町）
宿毛小学校の東南隅部の巨木の下にあり、「婉の歌」が刻される

に男系は根絶しました。生き残った3人の娘寛《かん》、婉《えん》、将《しょう》の赦免は元禄16（1703）年9月でした。最年少の将もすでに40歳を超えていました。赦免された3人のうち、寛と将は宿毛に残りましたが、婉は母と乳母とともに旧臣井口氏を頼って土佐郡朝倉村に居をかまえました。婉は兼山の娘であることを誇りとし、胸を張って生きました。しかしその生活は貧しく、母と乳《う》母《ば》を養うためには医を業としなければならなかったし、冷酷な仕打ちを受けた藩から扶持米《ふちまい》はいったんは断りますが、それでも受けなければならなかった彼女たちの生活の貧しさがしのばれます。

　しかし婉はこうした貧しさの中でも、次々と肉親を失っていった配所の40年、野中家廃絶による先祖の祭祀までもが失われる悲しみの中で、香我美郡西野田村に先祖の祠堂《しどう》を建てています。また潮江村高見山《たかみやま》の墓地には先祖の墓も建て、独身のままで65歳、数奇《すうき》な生涯を閉じました。

　墓は潮江村の先祖の墓地にあります。

　享保14（1729）年寛の死によって野中家は完全に絶えてしまいます。

#野中家改易　#野中家一族宿毛に幽閉　#男系の根絶　#婉は兼山の娘を誇りとして生きる

龍馬　夢はてしなく

街の喫茶店、差し出されたコップに書かれた「坂本龍馬と北海道」の文字が私をひきつけました。道央空知《そらち》のほぼ中央に当たる浦臼《うらうす》の町でした。龍馬の夢を追っての旅の初日、北の小さな町浦臼に一歩踏み入れた途端にもう龍馬に会った思いがしました。

観光船咸臨丸
坂本龍馬記念館リニューアル記念クルーズに来航

文久3（1863）年5月2日、越前敦賀《つるが》の港から北海道をめざした土佐勤王の志士がいました。北添佶《きたぞえきつ》磨《ま》、能勢達太郎《のせたつたろう》、小松小太郎《こまつこたろう》、安岡《やすおか》斧太郎《おのたろう》の4人でした。ロシアの北方侵攻への危機感が彼らを蝦夷地《えぞち》にやったのでしょう。佶磨らは函館から中富江《とみえ》、江差《えさし》、さらに南部、仙台藩の視察も終えて江戸に帰ったのは7月8日でした。江戸では剣道修業で縁のあった千葉重太郎のところに身を寄せ、勝海舟《かつかいしゅう》にも紹介され、北方での見聞を大いに語る機会にも恵まれたことでした。龍馬もこのときか、あるいはのちに京都であったか、彼らの語った「北地の談」が蝦夷地への夢の萌芽《ほうが》となったでしょう。蝦夷地の防衛、開拓と貿易への夢はのちの海援隊約《かいえんたいやっ》規《き》の「海外ノ志アル者」に通じるものでしょう。

元治元（1864）年6月、この構想はもう実現されようとしていました。龍馬は黒龍丸《こくりゅうまる》で江戸に向かい勝海舟は幕府船長崎丸で上京の途中下田に寄港していました。それを知った龍馬は下田に勝海舟を訪ねます。京都や大阪の過激な志士への弾圧《だんあつ》は日ごとに厳しさを加え、龍馬は同志をこの危機から救う必要に迫られていました。志士たちの熱いエネルギーを蝦夷地につぎ込むべく幕船黒龍丸で移送する計画をもっていたからです。

しかしこの計画は池田屋騒動《いけだやそうどう》と禁門《きんもん》の変《へん》によって砕かれました。いずれも尊王攘夷派の勢力挽回を焦った志士たちの過激な行動の結末でした。池田屋騒動で北添佶磨と、蝦夷地移住を最も楽しみにしていた望月亀弥太《もちづきかめやた》を失い、禁門の変では能勢達太郎を失いました。すでに小松小太郎は病死、安岡斧太郎は天誅組《てんちゅうぐみ》に加わり斬首《ざんしゅ》と、多くの同志や蝦夷地視察の人材を失い計画は頓挫《とんざ》せざるをえなくなっていました。

しかし龍馬は諦めませんでした。池田屋騒動、禁門の変そして海軍操練所《そうれんしょ》の廃止とあわただしい時勢の中で、薩摩に接近し、亀山社中《かめやましゃちゅう》を組織して活動を始めました。北方移住についても鳥羽藩士河《かわ》田左久馬《だざくま》や長府藩士印藤肇《いんとうはじめ》などに「新国を開き候ハ積年の思ひ一世の思ひ出」「一人でなりとてもやり付」と熱い思いの書面を送っています。また「北行きの船」の準備も万端で土佐海援隊長として

「いろは丸」をもって海運業と蝦夷地行きも考えていました。慶応2（1866）年には「大極丸《たいきょくまる》」も購入しました。しかし「いろは丸」は4月23日に紀州軍艦「明光丸《めいこうまる》」と衝突し沈没。「大極丸」も購入にまつわる悶着《もんちゃく》がその計画実現を妨げました。

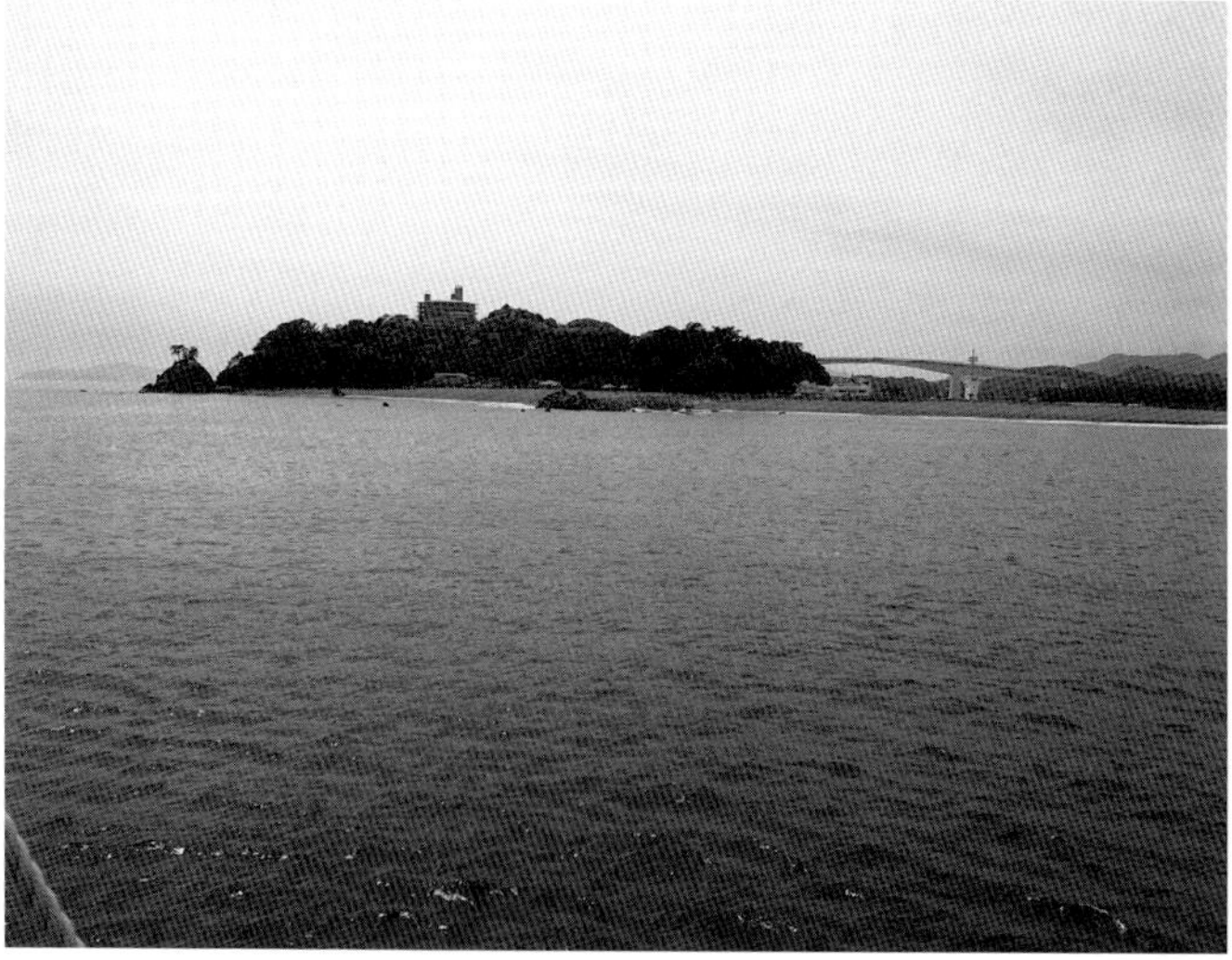
沖合からみた桂浜

「いろは丸」の遭難、「大極丸」の悶着と計画中断を余儀なくされた龍馬は、「大極丸」に乗り込む予定であった林謙三《けんぞう》に、慶応3（1867）年11月10日、計画実現の不調を悔《く》やみつつ、なお目的達成の方法があればとその実現に執着《しゅうちゃく》する心を伝え、翌日には若い命が国内戦でむなしく消えていく現実を惜しみ、蝦夷地に送って将来の海軍に役立つ者の養成が急務であると念を押しています。龍馬の胸に3度目の計画を読み取ることができます。しかしその4日後、龍馬自身の命が奪われてしまいます。

「北海道ですか、アレはずっと前から海援隊で開拓するといっておりました。私も行くつもりで北海道の言葉をいちいち、手帳へ書きつけて毎日稽古《けいこ》して居りました」（川田雪山聞書『千里駒後日譚』）

と語る妻お龍の言葉にも、龍馬の蝦夷地への情熱がうかがえます。

龍馬の蝦夷地への夢は実現を見ずに終わりましたが、土佐には龍馬の遺志を継いだ男たちがいました。龍馬と神戸塾や海援隊として活躍した龍馬の甥高松《おいたかまつ》太郎《たろう》は、明治維新後に函館府権判事《ごんのはんじ》となり府知事に蝦夷地開発の建白書を提出し龍馬の意思を継いでいます。また坂本直寛《なおひろ》や澤本楠弥《さわもとくすや》は北見に、武市安哉《あんさい》や前田駒次《まえだこまじ》らは浦臼にと次々にその夢を結実させていきました。

浦臼の町が坂本家とかかわったのは、明治29（１８９６）年8月、坂本直寛がここに立ち寄った時にはじまります。北見での北光社《ほっこうしゃ》農場創設の事前調査と応援を浦臼聖園農場に求めるためでした。直寛は明治30（１８９７）年5月、開拓団を率いて北見に入りましたが、翌年には妻子とともに浦臼聖園農園に入地しました。さらに同年11月、龍馬の養嗣子《ようしし》坂本直《なお》が逝き、その妻留と次男直衛《なおえ》が直寛を頼って浦臼に移住してきました。このとき龍馬の遺品が多く浦臼に持ち込まれたといいます。

浦臼町役場には龍馬銅像のミニチュアが立ち、町長室には大きな龍馬肖像のポスターが飾られていました。郷土資料館には龍馬関係資料が広いスペースを占め、浦臼が目指す日本一のブドウ園、浦臼ワインのラベルは龍馬「夢、はてしなく」と、人口は３０００人足らず、「浦臼龍馬会」会員は１６０余人と聞きました。

浦臼の人たちの、未来を見つめた坂本龍馬と自分たちを重ね、夢とロマンを追い続ける姿勢がしっかりと伝わってきました。

#龍馬の北海道開拓計画　#龍馬は北海道行を3回計画するが実現せず

五島　龍馬ゆかりの地にて

「龍馬ゆかりの広場」（長崎県五島）
龍馬やワイル・ウエフ号遭難者を偲んで作られる

「船は波打ちぎわのナタ（鉈）瀬にたたきつけられ、長い2本のマストを山に差し掛けるように倒れた。浦田運次郎ら4人はすばやくマストを使って山に逃げた。しかし次に来た大波はマストを海側に引き倒した。このとき残りの者は皆船とともに荒波の中に姿を消した」と瀬渡《せわた》し船の船長は舵輪《だりん》を回しながら話してくれました。五島灘の荒波に挑戦するかのように海にせまる岬の岩肌は、五島列島独特の黄褐色をあらわにして波を白く砕いていました。

慶応2（1866）年5月2日、亀山社中のワイル・ウエフ号遭難《そうなん》の地は、長崎県五島「有川掛江ノ浜村ノ内潮合岬《しおやざき》」でした。陸からの道はなく、人の訪れを拒み続けている岬でした。岬の岩礁に砕ける白波は、激浪と苦闘しつつ散華した亀山社中の若人にも似て、痛恨の叫び耳に響く岬の光景でした。

慶応２（１８６６）年４月28日、亀山社中の木造２本マストの風帆船ワイル・ウエフ号は、長州藩蒸気船ユニオン号にひかれて長崎を出帆しました。薩長連合成立による親善と船の新たな命名、また亀山社中練習の航海でもありました。

５月１日、東風は両船を激しくゆすりはじめ、はては暴風雨となり船の南下を拒みました。両船は衝突を避けるため、つないでいたロープを切断します。風帆船《ふうはんせん》ワイル・ウエフ号は激波と風にもまれ北に流されます。船将黒木小太郎は腰の太刀を海中に投じて神々に加護を祈りますがかなえられず、荒れる風波はワイル・ウエフ号を五島潮合岬の岩礁にたたきつけてしまいました。

遭難船の知らせは村人によって有川代官近藤七郎右衛門に、そして五島藩にも急報されました。以来１か月半にわたって、８７５人の村人と舟23隻、海士２０３人、羽差《はざし》72人が動員され、生存者の看護、水死体の収容、海中の積み荷の引きあげ、収容物の薩摩藩への引き渡し作業などが進められたといいます。いわゆる「潮合騒動」と呼ばれるものでした。友住の遠見番役《とおみばんやく》安永惣兵衛《そうべえ》は『薩州御手船異国形帆船難船之始末』に、また江崎作兵衛は『薩州様帆前船之記』に事の経過を克明に書き残していました。残念ながら前書の原本は散逸していますが後書は『江崎文書』として今も読まれています。

龍馬は遭難の悲報を鹿児島で受けました。後日五島を訪ね溺死《できし》者の冥福を祈って碑文と資金を村役人に託し建碑を依頼して去ったといいます。江ノ浜共同墓地にある多くの墓石の中にただひとつ、五島灘をみはるかして立つ墓石がありました。刻み込まれた12人の溺死者の名前も歳月がその刻影を薄めましたので、土地の教育委員会はコンクリートの覆屋でそれを防いでいますが、民家が海と墓石を

五島民宿の庭に展示されているワイル・ウエフ号の舵棒
（平成17年５月撮影）

遮り、墓石は聞こえる潮騒と語るより術なき様になっています。人々も近くの「龍馬ゆかりの広場」までは足を運びますが、墓石まで訪ねる人は少ないといいます。

昭和52（１９７７）年のことです。祖父がワイル・ウエフ号の荷揚《にあげ》作業に携わったという田中康弘さんのお家の屋根裏から、コモにまかれた４メートルもある木材が発見されました。日本産の木材ではなく樹種やその大きさからいっても遭難船ワイル・ウエフ号のものに相違ないとされ、ワイル・ウエフ号の舵取り棒と推測されて島人たちは沸きました。江ノ浜の武村克安さんがそれをもらい受けたようです。全長は４メートル足らず、やや弓なりに反った自然木で、元部分幅24センチ、長さ49センチ、厚さ12センチ程の枘《ほぞ》が細工されています。ワイル・ウエフ号の舵につながる細穴にはめ込まれ、４メートルに近い自然木の重さに耐えうる十分な工作と思われます。また先端部には、結ばれたロープのズレや移動を防ぐためであろうか、幅３センチ程の溝が両側面に彫られています。私の力量では、この木材が舵といかにつながり、

長崎県五島有川町寄贈の舵棒のレプリカ
高知県立坂本龍馬記念館出口に展示

船の行く手を定めていたかを断定することはできませんでした。

　木材の表面は限りなく白に近いピンクと表現した方がよさそうな樹色であり、遭難の日から１３０年の時の経過を感じさせなく、切り口は木芯から外に向かって、また表面には木目に沿ってするどく走るひび割れが、硬質の材であることを容易に理解させます。いずれにしても正確な実測図の作成と産地、および樹種の同定《どうてい》、そして同時代、同型船設計図等による部位や機能などの詳細な調査研究によってより確かな歴史資料としてよみがえる日を待ちたいと思いました。展示公開されている場所も、所有者の民宿の軒先であり、五島灘から吹き寄せる潮風が、日夜容赦なく梶棒に当たっています。民宿を訪ねる釣り人たちが、龍馬ゆかりの資料と感動はしても、島の多くの人々や全国の龍馬ファンが、龍馬と語り歴史に触れる機会はそう多くは望めない環境であることだけは確かでした。貴重な歴史資料としてスポットライトを浴びる場所の設定もいそがれると思いながらその場を去りました。

後日、有川町の中山倉光町長のメッセージとともに、有川町からワイル・ウエフ号の舵棒のオブジェが送られてきました。現在坂本龍馬記念館の出口に設置され、訪れる全国の龍馬ファンに、龍馬ゆかりの地有川町潮合崎とそこで展開された歴史の一コマを雄弁に語り続けてくれています。

中山倉光町長のメッセージは以下の通りでした。

「龍馬は青年たちに大志を抱かせる人物だ。龍馬のような若い人たちが集まり、日本の将来を談じ合う姿には感激する。いま私たちが贈ろうとしているワイル・ウエフ号の舵棒のオブジェがご縁となり、龍馬を通じて有川町の青年たちと高知との交流が深まり、新しい有川のまちづくりに青年たちのあつい思いと情熱的な行動を期待している」

#ワイル・ウエフ号舵取り棒　#五島「潮合騒動」　#五島龍馬ゆかりの地

少年龍馬と継母伊与

水泳に興じる少年龍馬（高知市月の瀬）
月の瀬橋欄干の「月の瀬橋と周辺について」の説明版に龍馬少年が築屋敷日根野道場で剣術修行したことや水泳練習の話が紹介されている

高知市の鏡川にかかる月の瀬橋の中ほどにベンチがあります。腰を下ろし東を見ると、筆山を借景《しゃっけい》とした鏡川の清流が眼下をゆったりと流れます。目を北に振ると、幼い龍馬が通ったという日根野弁治《ひねのべんじ》の道場跡とされる築屋敷《つきやしき》の石垣も見えます。橋の欄干《らんかん》には周辺の歴史と龍馬に関する説明板がはめ込まれ、周辺の歴史の風景を盛り上げます。鏡川で水遊びに興じる少年龍馬のイラストの脇に、「坂本龍馬は築屋敷で小栗流を教えていた日根野弁治に師事し、和術を主にした柳生流の剣法《けんぽう》、居合《いあい》、槍術《そうじゅつ》、長刀《ちょうとう》などを修行し、たくましい青年に成長していきます。また、水泳が好きで、夏ともなれば鏡川で泳いでいますし、時折、乙女《おとめ》姉さんと此処から小舟に乗り、浦戸湾口にある仁井田の川島家（継母の実家）へも遊びに行っています。それに、近くにいた画人河田《かわだ》小龍《しょうりょう》からジョン万次郎の漂流《ひょうりゅう》話などを聞いて大いに啓発されたようです」と。読むうちに川面に幼い龍馬の姿が映って見えそうな風景です。

幼年期から少年期にかけての龍馬については、なぜか愚童《ぐどう》とする逸話が多く残ります。寝小便をするよばれたれであり、はなたれだったとか、あるいは12歳の頃、小高坂の楠山庄助《くすやましょうすけ》の私塾に通ったが、ここでも成績がふるわず、友人たちにいじめられ、泣きながら家に帰ったこともあったなど。そんな龍馬を、母が亡くなった後には、3歳違いの姉乙女が、母親に代わって、龍馬の身の回りや学問武芸など躾《しつけ》や教育にあたったなど、伝記作家や小説家たちによって面白く話が描かれています。

山田一郎氏は『坂本龍馬――隠された肖像――』で、乙女と龍馬の教育と成長のかげに、龍馬生母である幸《さち》亡き後の継母として坂本家に入った伊与《いよ》の力が大きかったと、綿密な調査と豊富な資料をもって詳細に記されています。

龍馬が12歳の弘化3（1846）年、母の幸は49歳で病死します。父の八平は50歳で後妻に伊与を迎えます。伊与は下士《かし》ではありますが武家の出であり、薙刀《なぎなた》の名手だったともいいます。伊与が嫁いだ頃、坂本家を訪れた人の目撃談として「躾のためか、何かわけあって龍馬に反省を求めるために板の間に端座《たんざ》させたまま、食事もおあずけにしているという厳しさであった」ことなども紹介されています。伊与は龍馬に対して厳しく武家式しつけでのぞんだようです。

1、相手にやられたらやり返せ。
2、自分から進んで手を出したらいかん。
3、男は強くて、やさしくないといかん。

伊与の教育方針であったようです。

生母の幸が死んだのは龍馬12歳のとき、最初の江戸行きは19歳。新しい母が来たのが何歳の時かは正確にはわかりませんが、少年期から青年期へと成長していく時期の龍馬にとって、伊与の存在は軽視できないと思います。龍馬が築屋敷の日根野弁治の道場に通い始めるのは14歳とされますので、おそらく伊与が来てからのことでしょう。日根野弁治から「小栗流和兵法事目録」（京都国立博物館所蔵）を得たのが19歳の嘉永6（1853）年といいます。目録を得ると同時に、さらなる剣術修行のため江戸に向けて旅立ちます。龍馬の剣道修行にも伊与の存在は大きいものがあったと思われます。

乙女と龍馬はよく舟に乗って、種崎の伊与の里である川島家に遊びに行ったり、仁井田神社の神祭に行ったりしたといいます。新しい母と子たちの円満な関係が察せられます。そうした家族関係があってこそ、江戸へ剣術修行に行くまでに熟成《じゅくせい》された龍馬の姿をみることができたでしょう。

父八平は龍馬が上京するにあたって、「修行《しゅぎょう》中《ちゅうの》心得《こころえ》大意《たいい》」（京都国立博物館所蔵）を手渡していたのは有名な話です。それには、片時も忠孝を忘れず修行第一とせよ、諸道具に心移り銀銭を費やしてはならない。色情に溺れて国家の大事を忘れるなとの3か条が記され、文末に「老父」と重い署名がありました。

江戸行きは陸路でした。平尾道雄氏は『龍馬のすべて』で、溝渕広之丞の養嗣子として家をついだ溝渕守氏からの伝聞として、「溝渕広之丞が同行し、東海道の道中を二人とも下駄履《げたば》きで歩いたそうで、気楽な旅を続けたらしい」としています。下駄履きの東海道中は興味もありますが、はるか後年の伝聞ですべてが確かとは信じがたいですね。

江戸で龍馬は北辰一刀流の千葉定吉の門に入ります。

#龍馬の幼少時代　#龍馬の継母伊予　#修行中心得大意

龍馬最後の船路

海は龍馬の仕事場でした。脱藩から暗殺されるまでの5年、2万1000キロの龍馬の海の軌跡がそれを物語ります。

慶応3（1867）年9月24日龍馬は震天丸《しんてんまる》に1000挺のライフル銃を積んで浦戸湾に入ります。龍馬は脱藩後2度目の帰郷となります。2か月前、イギリス船イカルス号水夫殺害事件の嫌疑《けんぎ》が海援隊にかけられました。イギリス公使パークスは、その責任を問うべく土佐藩との談判《だんぱん》交渉にのぞみます。舞台は須崎湾でした。龍馬も期せずして須崎湾まで来ていましたが、そのときは藩船夕顔《ゆうがお》の船中に潜んだままでした。

思わぬ国際問題化したイカルス号水夫殺害事件は、龍馬にとっては大政奉還運動を一時中断する羽目となり、その間龍馬の胸中は不安と焦燥《しょうそう》の渦巻く時であったでしょう。長州木戸孝允《きどたかよし》は龍馬の案に不安をもち、薩摩は倒幕に戦備を整え、陸援隊長中岡慎太郎も薩長の動きに先駆けようとの態勢であったからです。新しい日本建設に戦いだけはくい止めなければならない。だが万一、大政奉還の建白が不調なら、薩長への面目にかけても土佐藩の武力強化は必要でした。龍馬は土佐藩に銃を買い取らせ、和戦両用の姿勢で大政奉還論に藩論をまとめあげねばなりませんでした。

脱藩後初めて踏んだ故郷の地は、「浦戸沿岸種崎の一民家に投宿」といわれています。司馬遼太郎は「桂浜に着き、松林の中の漁師の営む旅館にいり、焼魚で晩飯を」と楽しく読ませています。当時種崎、浦戸、御畳瀬《みませ》の海域は、土佐藩海軍の根拠地であり、特に仁井田、種崎付近には広い御船倉《おふなぐら》がありました。「土佐藩御船倉図」などにも、菱垣《ひしがき》に囲まれたなかに、多くの御倉をはじめとする建物が軒を並べる様子が描かれています。仁井田神社にかかる藩船夕顔の絵馬にも、「夕顔丸運用方　奉掛」とあり、仁井田神社も御船倉とも関係の深かったことを物語ります。

浦戸湾風景
はるかに龍馬停泊の「袂石」方向をのぞむ

　龍馬は幼い頃姉乙女と種崎の継母伊与の里である川島家に、浦戸湾を船でよく遊びに来たと言われます。川島家は藩船倉の御用商人であり、安政の地震後、仁井田の現在地に移転するまでは種崎でした。その4、5軒東に隣りしていたという中城家は、当時の位置そのままに現存し、いまも大廻船御船頭《だいかいせんおんせんどう》だった家柄の雰囲気をそのままに残しています。中城家は龍馬にとっては幼い頃からなじみ深い家であったでしょう。この家に残る『随聞随録』には、龍馬来宅の様子がつぶさ

中城家（高知市種崎）
龍馬最後の船旅で身を潜めたという。大廻船御船頭の家柄を今に伝える

に記されているといいます。佐幕派の目が光る高知城下では龍馬らは自由な行動はできません。一旦はこうして種崎の中城家に身を潜めたのでしょう。

龍馬に同行したのは岡内俊太郎と中島作太郎でした。岡内は長崎在住の大目付《おおめつけ》佐々木三四郎の随員であり、土佐藩上士の勤王派参政《さんせい》渡辺弥久馬や、大監察《だいかんさつ》の本山只一郎に働きかけ、龍馬の活動を援助することを目的に、佐々木が同行させた人物でした。龍馬からの書簡で、渡辺や本山は切迫した状況に驚きました。龍馬との交渉は、早速に松ヶ鼻の茶店を皮切りに、浦戸湾岸の吸江寺や、下田川畔の半船楼《はんせんろう》などで繰り返されます。松ヶ鼻《まつがはな》は高知城下への東入り口で、番所もあり、松並木が続く船着き場でありました。吸江寺は夢窓国師開祖の名刹《めいさつ》であり、寺には会談の記録はありませんが、本山只一郎の書簡にその記録は残されています。渡辺弥久馬の邸は大川筋、中の橋を渡って江ノ口川に面していました。邸裏の江ノ口川から船で龍馬らとの会談に臨んだといわれます。

五台山小学校前の下田川に架かる橋は「百《も》々《も》軒橋《のきばし》」といわれます。ここは五台山竹林寺への参道入り口にあたり、当時は多くの商家などが軒を並べた名残の橋名とおもわれます。宿屋も料亭も2軒ず

五台山南麓坂本付近
「半船楼」もこの付近にあったという。「百々軒橋」の名が商家や宿屋、料亭など軒を並べた名残を残す

つあり、半船楼はその料亭の1軒だといいます。土佐勤王党の謀議もしばしばここで行われたこともあったと聞きました。そういえば下田川上流の吹井《ふけい》は武市瑞山《たけちずいざん》の生地でもあります。

9月27日、土佐藩では山内容堂、山内豊範以下藩の要人すべて集まり、銃の買い取りばかりでなく、大政奉還への藩論もまとめあげました。龍馬は10月1日、震天丸で浦戸を出港します。

出港に先立って、一夜龍馬は5年ぶりに兄権平や姉乙女の待つ上町の生家に足を運びました。久しぶりの対面に喜びの盃を交わしましたが、それが訣別《けつべつ》の盃ともなりました。龍馬が暗殺の刃に果てたのは45日後の11月15日のことでした。この故郷への船旅が龍馬最後の船旅となるとは、龍馬をはじめ誰しも予想し得ぬことでありました。

#龍馬2万1000キロの海の軌跡
#龍馬土佐藩に銃を準備
#龍馬の宿種崎中城家　#龍馬5年ぶりに生家へ

坂本龍馬と幕末土佐

文久2（1862）年3月坂本龍馬は脱藩します。藩という窮屈《きゅうくつ》な枠の中での運動を考えず広い天地を求めての脱藩でした。藩では山内容堂のもと参政吉田東洋が藩政の主導権を握り、公武《こうぶ》合体の路線を強力に推進していました。上士《じょうし》と下士《かし》の歴然とした階級規制は厳しく、上士は世襲《せしゅう》によって藩政を牛耳っていきます。一方武市瑞山を盟主とする土佐勤王党《とさきんのうとう》は、一藩勤王を貫こうと藩政に働きかけますが、上士は耳を貸しません。両者の対立は次第に激しくなり、ついに吉田東洋の暗殺も辞さない情勢となってきました。

坂本龍馬は土佐勤王党には加わりましたが、将来の日本のあり方については攘夷倒幕《じょういとうばく》にはやる人々とは違った深い考えをもっていました。差別への怒りや、身分・門地《もんち》にかかわらない実力主義による人材の登用をはかり、テロリズムに頼らず幕府や藩といった枠を越えた日本の近代化をめざしていました。自由と平等、平和的、近代的な考えです。脱藩以来、物的・人的ネットワークの構築に努め、それを巧みに生かしながら自己の信念にそって行動を続けていきました。

文久3（1863）年8月18日の政変、翌年の禁門の変、そして長州再征とその失敗、慶応2（1866）年の薩長連合と、激しい時の推移は土佐藩の情勢も次第に変わっていきました。倒幕の機運は

多くの人たちに愛され慕われ続ける坂本龍馬像

ますます高まり、幕府勢力の衰退は目に見え、両者の激突は避けられない情勢となってきました。土佐藩も従来のような公武合体による事態収拾は不可能で、生存の道はなくなると判断し、開成館《かいせいかん》を中心に富国《ふこく》強兵《きょうへい》・殖産興業《しょくさんこうぎょう》政策へと転換していきます。当時土佐藩内には武力で倒幕すべきという考えと、言論で説き政権を朝廷に返上させようという考えの二つがありました。前者は乾《いぬい》（板垣）退助、後者は後藤象二郎に代表されます。乾は中岡慎太郎と京都で接近し、後藤と坂本龍馬は長崎で理解し合う仲となります。龍馬は脱藩の罪も許され藩公認の海援隊隊長ともなり、大政奉還を実現し、土佐藩を歴史の表舞台に押しあげる大きな役割を果たしました。しかし慶応3（1867）年11月、中岡慎太郎とともに京都近江屋《おうみや》で命を落としてしまいます。

中岡慎太郎像（安芸郡北川村）

龍馬の生涯は短かったですが、その行動の柱は自由と平等、差別への怒りと実力主義を求めてあざやかでした。「海援隊約規」の冒頭にうたった入隊の資格を、土佐藩および他藩を脱する者、海外への志ある者としています。これは幕藩体制の否定であり、幕府や藩を越えた大きな枠を考えた自由な人間の集合体をめざしたもので、「船中八策《せんちゅうはっさく》」では王政復古、公議体制の採用や官制の改革の憲法制定など、日本の将来を見据え、日本の近代化の方向を明確にし、維新回天《いしんかいてん》の秘策《ひさく》が列挙されています。

龍馬の生き方や行動の中には、時代を推進していくリーダーの条件が示されています。それはまず〝先見力〟であり〝情報収集力〟です。次に〝判断力〟と〝決断力〟と〝行動力〟、そしてそれらを貫徹できる〝体力（健康）〟です。すべては〝スピード〟と〝コミュニケーション能力〟の裏付けが必要ということです。龍馬は国家や政治の語れる最高の人物との出会いがありました。その人たちや多くの同志等の意見にも対応する聞き上手といわれる謙虚さを忘れませんでした。情報を得てそれを活用し今を正しく理解し、今後を推察して行動を続けました。

この姿勢こそ現代の人々が龍馬再現を期待する所以《ゆえん》でもあるといえるでしょう。

#龍馬の目指した将来の日本のあり方　#龍馬に学ぶリーダーの条件

坂本龍馬歴史散歩

人間龍馬形成の礎《いしずえ》　～坂本家一族の人々～

「波乱重畳《はらんちょうじょう》のその生涯　陽気で自信にみちた挙措《きょそ》や手紙などは国民が心中に求めていた志士の映像とまさにぴったりだった。そのするどい機智《きち》、実行力、地位や権威への無関心、金銭問題での鷹揚《おうよう》さ、危機にのぞんで動ぜぬ沈着さなど物語る数々の逸話は、同じく彼の智勇兼備《ちゆうけんび》の英傑《えいけつ》たる役割に似つかわしかった」とマリアス・B・ジャンセンは書いています。

坂本家初代坂本太郎五郎の墓（南国市才谷）

　坂本龍馬先塋《せんえい》の地は南国市才谷《さいたに》です。高知自動車道南国インターから国道を北に1キロ程の道わきに先塋の地を教える碑があります。そこから2・5キロほど谷を登れば初代太郎五郎の墓があります。二代彦三郎、三代太郎

坂本家墓地（高知市丹中山）

左衛門の墓は、少し離れて整備された龍馬公園にあります。

四代八兵衛は寛文年間高知城下に出て才谷屋《さいたにや》を号し酒造業をはじめます。五代、六代と資産を蓄え、明和7（1770）年に分家して郷士となったのは七代坂本兼助で、龍馬は坂本家郷士三代の八平直足の次男でした。豪商才谷屋跡や龍馬誕生地は高知市上町の電車通りの南側。人間龍馬をつくりあげた一族は高知市丹中山《たんちやま》の坂本家墓地に眠っています。龍馬をきづかった長姉《ちょうし》千鶴は、嫁ぎ先の安芸郡安田で、夫順蔵とともに眠っています。一族を偲んで訪れる人も多く案内板も整備され誘導してくれます。

#マリアス・B・ジャンセンはアメリカの大学教授の坂本龍馬研究家
#先塋とは先祖の墓のこと

龍馬飛騰・世界へ飛ぶ　～脱藩の道～

「10月11日、坂龍飛騰《ひとう》」は樋口真吉《ひぐちしんきち》の日記です。龍馬が剣術詮議《せんぎ》と丸亀をめざした時でした。龍馬の足は丸亀から萩に向いていました。武市半平太の密書を携えて長州の同志と通じるためでした。長州藩士の信念が若い龍馬の情熱をたぎらせ、薩長間を奔走する起因ともなる旅でした。文久3（18

風雲児坂本龍馬脱藩、維新の道
第一歩の韮ヶ峠

坂本龍馬脱藩の道（梼原町三島神社前）

63）年3月、吉村虎太郎らは脱藩、3月24日には龍馬も脱藩し維新回天の奔流《ほんりゅう》に身を投じました。

脱藩を決意した龍馬は高知市神田の才谷屋守護神和霊《われい》神社に詣でたと伝えられます。龍馬を朝倉まで見送った河野満寿弥《こうのますや》の誕生地は龍馬誕生地のすぐ北にあります。龍馬脱藩の道は維新の道と称して今も多くの人々が龍馬を偲んで歩きます。佐川町川ノ内から朽木《くち》峠《き》を越えて津野町姫野々《ひめのの》から梼原に通じます。その夜龍馬は梼原の那須《なす》俊平《しゅんぺい》父子の邸に泊まります。梼原太郎川公園の維新の道碑は、「龍馬が翔ける虎太郎が決起する維新を夢みて……」とたたえます。その道沿いに那須父子の邸が、わずかな石垣と池跡を残してあり、すぐ上には父子招魂《しょうこん》の碑《ひ》もあります。梼原町入り口の化粧坂《けしょうざか》には梼原6志士の墓が並び、少し降りると茅葺《かやぶき》の掛橋和泉《かけはしいずみ》の邸がありま す。前方の丘上には、維新の門の群像が立ちます。志士8人の銅像が黄金の光を放って見えます。宮野々《みやのの》の番所跡には、ここを通過した志士12人の名が刻された碑もあります。那須父子の案内で龍馬らは高階野《こうかいの》から韮《にら》ヶ《が》峠《とうげ》を越えて伊予路《いよじ》に入ります。「風雲児坂本龍馬脱藩、維新の道、第一歩の韮ヶ峠」を越えての伊予路となります。

#和霊神社　#龍馬脱藩の道　#韮ヶ峠

不安と焦燥、そして訣別　～須崎湾から浦戸湾へ～

国際問題化したイカルス号水夫殺人事件は、龍馬の大政奉還運動を一時中断させる羽目になりましたが、期せずして須崎湾まで来てしまった龍馬の心中は、夕顔丸に潜伏の間も、また長崎への航海途上でも不安と焦燥が渦巻いていたでしょう。龍馬の案に不安をもつ長州木戸、戦備を整える薩摩、薩長にさきがけしようとする中岡陸援隊の動きなどを勘案しながら、龍馬は戦いを未然に制して、新日本の建設をめざしますが、万一建白不調なら薩長への面目にかけても土佐藩の武力強化が必要でした。須崎湾に碇泊した夕顔《ゆうがお》、空蟬《うつせみ》、回天《かいてん》、三邦《みくに》そして英艦バジリスク号。須崎の砲台は今にも火を噴く様相でした。「英艦の帆船のマストに提督旗《ていとくき》を揚げぬのが戦意のない証拠だ。それにあの騒動は迂闊千万《うかつせんばん》」と龍馬に言わせた陸の騒動ぶりでした。須崎砲台跡は国の史跡指定を受けて今も残ります。

「御国の勢いはいかに候や、また後藤参政はいかに候や、乾氏はいかに候や、早々拝顔の上、萬情《まんじょう》申述度《もうしのべたく》一刻《いっこく》を争《あらそい》て奉急報候《いそぎしらせたてまつりそうろう》」、龍馬が土佐藩重役渡辺弥久馬にあてた手紙の一文です。慶応３（１８６７）年9月24日、１０００挺の銃を積んだ震天丸は浦戸に入りました。一時は種崎の藩御船手方の中城家に身を隠します。継母伊与の里、川島家の隣でした。龍馬の呼び出しに応じた渡辺弥久馬は、屋敷裏の江ノ口川から船で龍馬との交渉にでむきます。密会は吸江寺や半船楼で繰り返し行われ、土佐藩は１０００挺の銃を手に入れます。

9月29日龍馬は生家に足を運びます。５年ぶりの家族との対面に喜びの盃を交わしたことでしょうが、それが最後の盃でもありました。

偉人讃えて　～銅像の人たち～

「あなたはこの場所を気に入っておられるようですね。私もここが大好きです。世界中であなたが立つ場所はここしかないのではないかと私はここに来るたびに思うのです」司馬遼太郎は銅像龍馬に語りかけています。「高知県青年」の手によって昭和3（1928）年5月20日、桂浜龍頭岬に完成しました。死して68年の歳月が流れた日でした。

中岡慎太郎の銅像は室戸岬に立ちました。安芸郡下の青年たちの手で昭和10（1935）年4月の建立でした。

安芸市にはその生誕地に岩崎弥太郎の銅像もできました。故郷に帰り、和服姿で海に向かって立つ弥太郎をイメージしたと作者浜田浩造《こうぞう》さんは語ります。

姉妹愛とともに龍馬、覚兵衛《かくべえ》を記念にと琴《こと》が浜《はま》に建立されたのはお龍君枝《りょうきみえ》の銅像です。龍馬の妻お龍は、妹婿覚兵衛のところに身を寄せたことがあったからこの地に建立と聞きました。

武市半平太像は須崎市横浪《よこなみ》スカイライン沿いに立っています。龍馬も慎太郎もあるのに、リーダー格の半平太がないのはと昭和54（1979）年12月に建立しましたが、その像があまりにも不評で、今は男前の2代目の銅像となっています。

津野町の吉村虎太郎《とらたろう》の銅像は、昭和43（1968）年、明治百年志士顕彰《けんしょう》事業《じぎょう》での建立でした。巖《がん》

吉村虎太郎像（高岡郡津野町）

頭烈風《とうれっぷう》に立ち、動を感じさせる風雲児虎太郎の勇姿をイメージしたといわれます。

檮原町には、町ゆかりの8志士の群像維新の門があります。掛橋和泉、那須俊平父子に龍馬、惣之丞《そうのじょう》、虎太郎に前田繁馬《しげま》、中平龍之助らの偉業《いぎょう》・偉徳《いとく》を後世にと建立したものでした。

足摺岬は中浜万次郎です。はるか黒潮の流れる果てアメリカをのぞんで昭和43（1968）年7月に建立されました。

高知城追手門内には討幕挙兵《とうばくきょへい》の「薩土密約《さつどみつやく》」を結んだ板垣退助の銅像もあります。晩年の自由民権運動を顕彰した銅像です。

#龍馬の残した足跡を追う　#幕末維新期の銅像の作者はほとんどが浜田浩造　#坂本龍馬像、中岡慎太郎像、旧板垣退助像は本山白雲　#旧板垣退助像は第二次大戦の金属回収令で回収された　#坂本龍馬・中岡慎太郎像は海援隊長・陸援隊長であったから回収されず残った

古道を歩くということは

草生える古道（長岡郡大豊町）

高知県長岡郡大豊町のNPO法人定福寺《じょうふくじ》豊永郷《とよながごう》民俗資料保存会が豊永郷民俗資料館建築をめざして行ってきた「豊永郷文化講座」が、高知市文化プラザかるぽーとから飛び出して、豊永郷の生活の実態に触れようとする企画でした。お堂をめぐり、尾根越えの古道を歩く郷愁《きょうしゅう》誘《さそ》うコースを設定しました。「古道を歩く」、それは過去への旅であり、つきない歴史への興味をかきたてます。このコースは私にとって全く未知のコースであり、魅力あふれるコースでした。

行程表によると大滝のお堂から地蔵尾根へ、そして八川のお堂から太郎尾根を経由して、途中休憩をはさみ16時には定福寺着という計画でした。早速開いたのは前田和男氏の著された『定福寺の歴史と文化財』でありました。大滝の地蔵堂、そこには木造の地蔵菩薩と弘法大師の像が報告されていました。八川にも地蔵堂と大師堂があり、地蔵堂の木造地蔵菩薩像と雛菊花《ひなぎくはな》図柄《ずがら》の鏡の写真も鮮やかに報告されています。大師堂の16センチと小さな石造りの弘法大師像には、またひとしおの親しみを感じるのも不思議です。閑寂《かんじゃく》な古道に、誰かを待つかのようにひっそりと立つ小さなお堂、そこに安置されている像たちもみな素朴で静かです。いずれも大人から子どもまで、村人たちに敬われ親しまれ続いてきたお地蔵さんでありお大師さんです。これらのお堂はすでに『長宗我部地検帳』にもその名は記され、『土佐州郡志』、『南路志』などにもその存在は示されております。残された多くの棟札《むなふだ》の数にも、土地の人たちの時を越えてのひたむきな信仰の姿と、それらに刻まれた歴史が切々と伝わってきます。

　平成14年、道ばたの草むらの中に倒れたままになっていた目的地までの距離を記した丁石《ちょういし》を、住民たちの手でたて直したのがきっかけに広まった「土佐塩《しお》の道《みち》」活動でした。住民たちはこの道こそ、すばらしい歴史と文化が刻まれた宝物である。これを再現し、次世代への継承が私たちの責務であると固い決意の炎となったと聞きました。以来香南市赤岡町から香美市物部町 塩峯《しおのみね》公士方《くじかた》神社までの30キロの道の再生と整備に多くの時間をかけ汗も流し、ガイドブックやウォーキングマップの製作、ホームページによる発信、全行程の解説案内人も整えるなど、新しい発想とアイディアを生かし、魅力あふれる塩の道へ人々を誘い続けました。平成16年には日本ウォーキング協会の「美しい日本の歩きたくなる道５００選」にも選ばれ、多くの人たちを迎え楽しませ感動させています。関係者たちのひたむきな努力と熱意は、道への関心を高め続けています。

昔の面影遺す土佐北街道

道は人間の最もすばらしい創造《そうぞう》の一つの「モノ」であるといいます。数千年間を通じて人間とともに発展し、人間を助けてその生活の領域を拡大し、お互いの生活領域を連結する役割を果たし、土地と人間とのあいだを目に見えるかたちで結んで生きてきたものです。縄文人たちは狩猟《しゅりょう》の道として、弥生の頃ともなれば人々は山の幸、海の幸の交換の道として生きるために往来した生活のルートとして、またある時は信仰の道、民俗芸能祭りの道としての役割を果たしたこともあったでしょう。戦国期この道は武将たちの興亡《こうぼう》のルートであったかも知れません。またある時は芸術・科学のルート、食文化のルートであったこともあるでしょう。そこに刻まれた歴史に想いをはせながら古道を歩く。ひと足ごとに移り変わる景色や地形、沿道の史跡に触れてさまざまな歴史の道の輝きを体感しつつ、道が担ってきた意義を考えてみる。道はそれぞれ時代の盛衰《せいすい》や変化の中で、役割もまた変わりつつ人々の多種多彩《たしゅたさい》な交流を無数に知って生き残ってきています。しかしその事実を文字で雄弁に語ってくれる史料は多くはありません。それ故に昔ながらの沿道《えんどう》の風物や史跡の風景の中に、残された祖先の足跡を自ら踏みしめてたどる歴史の体感と味わいは、古道を歩く醍醐味であり「足で学ぶ歴史」の愉《たの》しさでもあります。

古道を歩く尾根越えのルート。その豊かな自然や素朴な周辺の風景は、歩く人たちの心を引きつけ、人たちは新しい発見に心躍らせ、身体はリフレッシュされ心は癒されます。足元から伝わる感触もまた、忘れかけている土の道の快《こころよ》く懐かしい感触を呼び起こしてくれます。

#豊永郷民俗資料館　#定福寺　#土佐塩の道

土佐近代化への胎動のシンボル的存在

高知市九反田《くたんだ》の開成館《かいせいかん》跡を、経済産業省が近代化産業遺産群として認定しようとしましたが、高知市はそれをあっさりと辞退したことがありました。

経済産業省は、我が国産業の近代化に大きく貢献した近代化産業遺産を、全国の行政や企業関係者の助力を得て検討し、「近代化産業遺産群」として、地域史、産業史を軸にストーリー化しようとする構想でした。そのうえで構成する近代化遺産を地域活性化に役立つものとして認定しようとしたのです。開成館跡もその対象とされましたが、高知市は「跡地には碑以外何も残っていない。見に来た人をがっかりさせてはいけない」と辞退しました。がっかりしたのは地元の人たちでした。

開成館調査報告書
（平成19年３月　高知市教育委員会）

開成館は、土佐藩が慶応２（１８６６）年九反田に創設し、洋式帆船《はんせん》や蒸気船などを輸入し、近代造船業の基礎を築くとともに、洋書の翻訳《ほんやく》や西洋医学の導入、産業奨励などに取り組んだ場所でした。高知市教育委員会の開成館調査報告書も「幕末土佐藩が困難をのりこえて建てた金字塔《きんじとう》と言うべきものであり、その跡もまさしく輝かしい土佐の歴史の集積地」とし、「土佐近代化への胎《たい》動《どう》のシンボル的存在であり、幕末に海洋への発展を夢みた証の建物だ」と評価もしています。辞退は歴史という大きな遺産の存在を忘れていました。史跡には過去の人々の生活や活動の痕跡《こんせき》を示す空的広がりがあり、歴史を実感させ、未来へのカギでもあります。過去と未来のかけはしを断ち切ってはいけません。

経済産業省は近代化産業遺産群についてのストーリーの冒頭で、「海防を目的とした近代黎明期《れいめいき》の技術導入の歩みを物語る近代化遺産群」をテーマにしました。その中で「わが国の南西部に位置し異国船来航に直面することが多かった西南雄藩では、高い危機感のもとで先進的な取り組みが行われた」とし、佐賀藩鍋島直正《なおまさ》の反射炉《はんしゃろ》や、薩摩藩島津斉彬《なりあきら》の西洋技術導入策、それに長州藩の青銅・鉄製大砲製造の為の反射炉建設等について述べてはいますが、ここに土佐藩の開成館活動の軌跡《きせき》がないのは、我が国の「近代化技術導入事始め」のストーリーとしてはきわめて寂しいものとなっております。近代化への胎動のシンボル的存在である開成館の活動を忘れるとは、これ以上恥ずかしいことはないと思いました。

話題を教育機関としての開成館に変えましょう。

開成館は、「開物成務《かいぶつせいむ》」を意味しています。土佐藩は富国強兵、殖産興業の指導育成を目標として取り組み、土佐の近代化の拠点としました。しかし開成館は富国強兵、殖産興業の指導育成だけでは

開成館・寅賓館・立志学者・海南私塾（東京）分校・海南学校・憲政館・憲政記念館と続いて平成16年撤去、「開誠館跡」となる

なく、西洋文明を取り入れての教育機関として、又技術の教導機関として、新しい時代に即応した教育の使命を果たしてきました。こうした意味からも教育機関としての開成館の位置も重視しなければなりません。

開成館は後藤象二郎を奉行として館務を総理させ、その下に頭《とう》取《どり》を任命し、館内各局、即ち軍艦局、勧業《かんぎょう》局、貨殖《かしょく》局、税課局、捕鯨局などの10局のほかに、洋書の翻訳を担当し外国語教育に携わった訳局《やくきょく》と、主として西洋医学の導入を担当した医局《いきょく》がおかれ、活動してきました。しかしこれら12局の中で、軍艦局、訳局、医局は、特に西洋文明を取り入れての教育機関であり、先進技術の教導機関であったことも忘れてはならないことです。

まず、軍艦局ですが、ここは藩の購入した洋式汽船や洋型帆船の保管や航海の管理を担当する局であることはいうまでもありませんが、ほかにも重要な業務として、海兵学や蒸気機関学、航海学、海軍砲術の技術教育も担当しました。頭取には由比猪内《ゆいいない》と百々茂猪《どどしげい》という藩の重役を当てて、その下に軍艦士官事務役という役を置き、その元で、航海訓練や、蒸気機関学教授、船具運用教授、算術測量学教授、海軍砲術教授など各学科には専門技術家を当てるという力の入れようでした。確かに土佐が短期間にあれほどの多くの汽船を購入所有したことには大きな意義があり、日本の近代化への遺産としてこれらの船の果たした役割は大きいものがありました。その事実から見ても、その処遇《しょぐう》に力点が置かれたのも当然であったでしょう。さらに後には、軍艦諸作配役や、海兵並開成館練兵取立役なども任命され、砲術や太鼓、ラッパ吹奏の指導までも行われるようになりました。しかし航海訓練をはじめとする中心的なものは、士格の当主子弟養育人のうちから希望者を募ったり、砲術、太鼓、ラッパ吹奏らは下士の職掌《しょくしょう》であるとされていたことは、正しい配慮とは言えないことです。いずれにしても軍艦局は土佐藩の海軍兵学校としての重い使命も担っていたわけです。

次に医局は医学教育を担当したものです。慶応元年、1865年には横山蕙作《けいさく》が医局教授に任命され、教育活動が開始されます。横山蕙作は早くから江戸や横浜に出向き西洋医学を学び、帰郷後も医業を開業する傍ら、私塾も開き門人達を養成していたようです。多分それが医局教授に抜擢された理由でしょう。ついで教授になったのは山内容堂の側医でもあった山川友益《ともます》です。彼もまた江戸の石川桜所《おうしょ》に師事し、西洋医学を収めたその道の権威者です。

土佐藩でも医学の教育は早くから識者の間では論議はされていましたが、これを実現したのは、12代藩主山内豊資《とよすけ》の時世でした。文政8（1825）年疱瘡《ほうそう》が広く流行したときの頃ですが、豊資は療病に特別の関心を持った藩主であり、天保3（1832）年7月に、教授館に医学席を置き、後に医学館と改称して医学修行の機関としました。さらにそれは13代の豊熈《とよてる》によって受け継がれ、規模を拡充し整備して沢流館《たくりゅうかん》としました。しかし沢流館は講学機関として学術尊重が優先され、治術を軽視する傾向になっていき、世間の批判を浴びるようになりました。そのため一時は医学の講習だけを取り上げ、治術修行はそれぞれの師家にゆだねることにしましたが、結局安政6（1859）年、創設以来15年間続いた土佐藩の医学教育は惜しまれながら廃止の運命となってしまいました。そこに登場したのが開成館医局でした。廃止された藩の沢流館のあとを引き継ぎ、西洋医学を主として学び、後の吸江《ぎゅうこう》病院のさきがけともなるものとして評価されています。

次に訳局ですが、西洋医学の修行においても、外国の原書を理解しなければ進展はありません。英語か、オランダ語か、それを読解する語学力が必要なのは当然です。したがって医局と訳局との関係はきわめて密接なものであります。その訳局は細川潤次郎が開成館頭取加役となって着任します。細川潤次郎は文久2（1862）年土佐藩の致道館《ちどうかん》で蕃書《ばんしょ》教授として洋学を教えていました。慶応元（1865）年には開成館頭取加役というから、致道館の洋学課が開成館に移されたものと考えねばなりません。訳局では洋学修行生が募集され、専ら英文訳読指導が行われました。細川潤次郎は土佐藩における語学の権威者として、外国人との対応や往復の文書の全てを彼の力に頼らなければならなかったといいます。そういう人物の担当する英語教育はさぞかし徹底したものであったことでしょう。

また土佐と英語教育を考える時忘れられない人に中浜万次郎がおります。慶応2（1866）年、帰郷した万次郎は後藤象二郎の要請で開成館の創設に参加します。しかし記録の上では万次郎が高知の城下に滞在したのは慶応2（1866）年3月30日から7月7日と3か月余りとなっています。さらに開成館への「出勤はじめ」は5月2日よりと記録されているところから判断すると、直接開成館の仕事をしたのは2か月余りの短期間ということになります。その間に彼の及ぼした影響がどれほどのものがあったかは疑問ではありますが、門下生の細川潤次郎を土佐に呼び戻し、訳局の重職につけたのは万次郎であったとも言われ、また後藤象二郎と共に長崎に向かったのは、開成館の軍艦局の仕事のためであったが、その時も西洋医学の知識もある立花鼎之進《ていのしん》を、英語指導の代理として高知に残したと言われています。

　こうして育っていった開成館の訳局を中心とする英学教育部門が、やがて興ってくる自由民権運動の苗床となって明治に開花することにもなるのです。

　以上のように、開成館の活動は土佐藩が富国強兵、殖産興業の指導育成を目標としたのみならず、土佐の近代化の拠点にふさわしい、西洋文明を取り入れての教育機関としても重要な役割を背負い、新しい時代に即応した教育の使命を果たしてきたとも言えます。まさに開成館教育は、西洋の科学と技術とを高知に導入して、その近代文化に大きく貢献した機関であったと声高く叫ぶことができるものでしょう。

開成門（高知県立高知小津高等学校西正門）

#開成館　#開成館に医局が置かれたため土佐の西洋医学は進んだ
#開成館の広さはひろめ市場ほどの大きさであった

明媚な景色、穏やかな湾内、苦労と危険

種崎をすぎると浦戸湾は大きく弧を描いて広がります。種崎側80mの高さから北西に眼をやった構図です。宇津野の峰は長く西孕に延び、西は鷲尾山、烏帽子山、柏尾山、三瀧ケ森そして根木谷山と続きます。眼下はすでに御畳瀬、狭島の跡は過ぎて袂石、ここは慶応3（1867）年、坂本龍馬がライフル銃をもって土佐への最後の船路、この付近に震天丸を止め、密かに種崎の中城家に宿所を求めたといいます。クルスの名は文禄5（1596）年、イスパニア船サン・フェリーペ号座礁説を生みました。衵崎《あこめさき》には縁結び縁切りの神深浦神社があり、そこからゴオシ山や裸島を経ると瀬戸の入り江、湾に点々と浮かぶ衣が島（ツヅキ島）に玉島と、明媚な景色に穏やかな湾内、かずかずの逸話や伝説、信仰にまつわる伝承があっても何の不思議もない風景です。しかしここは苦労と危険な船頭泣かせの海の交通路でした。潮の干満、夜昼異なる風向き、冬は独特の季節風に加え、鷲尾山の南山腹を吹きぬけてくる西からの強風、舟は風に流されて櫓は役にたたず、西孕から仁井田の岸まで流される。舟の転覆や溺死者の話題は尽きません。船頭たちはそれを恐れまた教訓としたといいます。

春野 歴史を歩く

春野には3000年の歴史があります

縄文後期のころ、この地にはじめて人々の生活がありました。
この人たちこそ、私たちの生活のもとをつくった人々なのです。
以来、滔々《とうとう》と流れた歴史の中に生きた私たちの祖先。
その人たちの生活にふれ、
その生きざまを学んで、
自分たちの明日を考えていきたいと思います。

春野の歴史は山根石屋敷遺跡から

北に新川川が流れ、西には吾南の平野をへだて仁淀川から土佐市も見えます。中央の広い草原《くさはら》は野中兼山の業績をたたえた公園「春野兼山の郷」。兼山の銅像と、用水路改修の功績を讃えての勝賀野泰長氏の胸像もあります。

公園の南に山根石屋敷遺跡は広がります。昭和48年10月からの調査によって、縄文後期（およそ3000年前）の人々の生活の跡を発見しました。縄文人たちは遺跡の西、標高10mほどの残丘の舌状部に住居を構えていたでしょう。しかし仁淀川の大洪水はその生活を一瞬にして押し流し、3000年を経ていま生活の用具が発見されました。当時、仁淀川は吾南平野を流れ、今のこる残丘や遺跡の南側を流れていたでしょう。数回の大洪水の跡も発掘調査は確認しました。弥生時代の中頃には南側の自然湿地では水田稲作も行われていたようです。

春野での人々の生活の始まり、春野の歴史の始まりもここからでしょう。

春野の夜明け、山根と増井

春野の夜明けを明確にした発掘調査報告書

春野の夜明けを告げる人々の生活、それは縄文後期のころ、山根《やまね》と増井《ますい》ではじまります。

縄文時代といえば、今からおよそ1万2~3000年前から2千数百年前まで、およそ1万年の長い間続きました。そのため草創期、早期、前期、中期、後期、晩期の6期に分けて考えられています。土器の表面に縄に巻き付けた縄、あるいは縄を巻き付けた棒などを転がし押し付けて描かれたような紋様の土器に象徴される時期であり、木の実や貝を拾い鳥や獣を狩り、魚を捕って暮らすという、主に食料採集を生活の基盤にしている時代でした。

昭和51（1976）年3月、春野で初めて縄文時代後期の土器と石錘《せきすい》（石のおもり）が発掘されました。この時まで春野では、縄文期の遺跡も遺物も発見されておらず、この

大寺遺跡発掘風景（昭和49年８月）

増井遺跡発掘風景（平成元年９月）

発見が、春野の歴史を３０００年前までさかのぼらせた画期的なものでした。

山根で発見された縄文後期の土器と石錘は、洪水によって流されて堆積したものとみられる砂礫層《されきそう》の中で発見されました。いったいどこから流されてきたのでしょう。縄文人たちの生活の場はどこだったでしょう。

彼らの集落はすぐ近くの山根山の南麓、ややうちあがった舌状の土地にかまえられていたと思われます。このことも含めて、彼らの生活や付近の地形、自然環境も考えることもできる資料として重要なものが石錘です。

なぜでしょう。

先にも言いましたように、縄文人は木の実の採集や狩猟《しゅりょう》が生活の中心でした。もう少し詳しく言うと、木の芽や実などを採り、貝を拾い食料とし、そして土器をつくりました。土器づくりは主に女性の仕事、狩猟や海での漁業は男の仕事で、それに必要な道具は男が作りました。しかし近くの川での漁は男女共同の仕事であったといわれます。石錘の発見は山根縄文人も網による漁法を行っていたことを物語るものです。それも石錘の大きさから言って、かなり大きな河川での淡水魚網《たんすいぎょもう》とみなければなりません。いま山根のすぐ北を流れる新川川のような小さな川ではだめです。もっと大きな河川での漁法、それこそ３０００年ほど前に、山根遺跡の近くを流れていた大きな河川を考えなければなりません。

山根遺跡の発掘調査の結果から、現在民家のある山根周辺は、縄文期から弥生時代にかけて4回の大きな洪水に見舞われていることがわかりました。ところがその洪水はすべて南側から勢いよく流れ込んでいます。これはどうしてでしょうか。この理由を探るためには、付近の地形から考えていかねばなりません。いまは削られて「あじさい会館」が建てられ、わずかしか残っていませんが、そこには標高13・9メートルの小さな山丘がありました。３０００年ほど前、元の仁淀川の流れは山根山と、この小山丘の間、今の新川川《しんかわがわ》の流れている部分をさらに広げた幅広い川幅で流れていたでしょう。ところが大洪水になるとこの間が狭いため、流れは山根山の西麓に突き当たりさらに南麓をえぐって南から渦《うず》を巻いて山根に流れ込んでいったのです。このとき山根山の南麓にあった縄文人の集落も押し流され、彼らの使っていた土器や石器も砂礫の中に巻き込まれて流れたものです。

1片の土器、1個の石錘から縄文人の生活もまたその自然地形や環境までも推理していく。ここに考古学の醍醐味《だいごみ》もあるといえるでしょう。

山根の縄文人たちが洪水に流され苦しんでいた頃、もう一団の縄文人がすぐ近くの増井にも住んでいました。

#春野町秋山山根・石屋敷遺跡は春野町最初の発掘調査　#縄文時代後期の遺物発見（石錘）
#縄文期から弥生にかけて4回の大洪水山根を襲う

西分増井遺跡群
発掘された竪穴住居跡

増井に住んだ縄文の人々

増井で縄文人たちの生活が確認されたのは、平成元（1989）年8月から行われた発掘調査でした。

現在の耕作土のすぐ下という浅いところから、243片の土器を中心に磨製《ませい》、打製《だせい》の石斧《せきふ》（土掘り用具）や石鏃《せきぞく》（石の矢じり）、石錘《せきすい》（石のおもり）などが発掘されました。住居や炉《ろ》の跡などは見つかりませんでしたが、土坑《どこう》やピット（いろいろの形をした穴）がありました。これらの遺構は縄文人たちがどのように使っていたかはっきりわかりませんが、特に土坑（ピットに比べてやや大きい穴）については9つも集まっており、それがすべて細長い形をしているところから、お墓ではないかとも考えられました。いずれにしても確実に縄文人たちの村があり生活が営まれていたことは裏付けられました。

縄文時代の村人たちの暮らしですが、この頃の村は直径10メートルから100メートルほどの丸い広場を囲んで、10軒足らずの家がならんでいたようです。ひとつの家族が2軒の家に分かれて住み、一つの村は3家族、6軒でできていたという説もあります。中の広場は共同の作業場であったり、祭りや宴会《えんかい》、相談ごとなどの集まりなどに使われていたようです。生活していた家は竪穴《たてあな》住居といい、地面を円や四角、楕円や長方形などに数十センチから1メートルほど掘り下げた半地下《はんちか》構造《こうぞう》で、直径や一辺はほぼ5メートルから10メートルほどの大きさです。ほぼ真ん中に炉があり、そこでたいた火は、煮炊《にた》き、暖房《だんぼう》、採光《さいこう》に使い、煙は燻製《くんせい》を作ったり、害虫を防ぐのにも役だっていました。その構造から冬は暖かく夏涼しい生活が送れたようです。増井や山根にもこのような村があったはずです。

この村で、彼らは春から夏にかけては、野山で山菜の類やミツバチ、鳥などを探し、川や海では貝や魚を獲って食べたでしょう。一年のうちで一番大切な狩りの時期である秋から冬にかけては、脂肪《しぼう》のついた獲物を懸命に追ったことでしょう。縄文人というと、すぐに狩人を連想し肉食が中心の食生活を考えがちですが、普通は植物性の食物をよく食べていたようです。縄文人たちが食べた木の実には、クリ、クルミ、ドングリ、トチ、アケビ、ヤマイモ、ヤマブドウなどがありますが、なかでもクリ、クルミ、ドングリ、トチなどは大切なもので、パンにもしていたようです。木の実や肉で作ったハンバーグやクッキーなども食べていたことが最近の科学的研究方法で分かるようになりました。

ここで注目されるものは土掘りの道具として使っていたと思われる石の斧《おの》がみつかったことです。もうすでにこのころ、縄文人たちが土を耕し何かを栽培することを知っていたことに驚きました。し

西分増井遺跡群
遺跡は発掘現場から東に大きく広がる

かし、何が栽培されていたとしても、それはあくまでも補助的なもので「食料採集」が縄文人の生活を特徴づけていたことは言うまでもありません。増井でもほかの石器に比べて石鏃が大変多く見つかっていることも、まだまだ食生活の中で、狩猟《しゅりょう》による獲物《えもの》にウエイトが重くかかっていたことを物語っているものです。

縄文時代の石器には、うちかいただけの打製《だせい》石器と、きれいに磨いた磨製《ませい》石器があります。

普通磨製石器の方が進んだ石器と考えがちですが、実際そうはいきません。矢じりでも動物の毛皮や肉を切るナイフでも、打製の刃のほうがずっと優れています。それぞれの用途によって、使い分けられていたのです。増井からも打製も磨製も出土しています。またこれらの石器の中で、サヌカイト（香川県産）や本県ではとれない安山岩などで作られたものもあります。また200余りの土器のなかには瀬戸内や近畿地方の影響を受けたものも多く、この時代、増井とこれらの地域とのかかわりや、文化の流れができていたことを物語るもので、大変興味深いものがあります。

縄文人たちは、厳しい自然にうち勝って生きる勇気と知恵をもって生きていました。彼らの生きた社会は、貧富の差ない平等平和な社会でした。特に縄文人たちは人を殺傷《さっしょう》する武器は作っていません。木を切り倒す斧や狩猟の弓矢はあっても、それが凶器《きょうき》となって殺されたのではないかと推定できる人骨は、発見されている数千体の縄文人の人骨でわずか10人足らずといわれています。縄文時代には戦争はありませんでした。縄文人たちは、総じて豊かでつつましく、平和に生きていたとされています。

山根や増井の縄文人たちもきっとそのような生き方をしていたでしょう。

#西分増井遺跡群の発掘　#縄文時代の村人達の暮らし　#縄文時代人の食生活

すべては一粒の籾から始まった

「あれはまだ、私が娘のころじゃったが、ひょっこりと見たこともない男がここへ来た。何でも九州とかいう所から来たらしいが、黄色い穀物の粒の入った壺を大事そうにかかえちょった。何をするかと思って見よったら、泥みたいにじめじめした所の水や草をぬいてその粒を蒔いた。そんならススキみたいなものが生えてきて、秋風がたつころ、蒔いたがと同じ粒々がいっぱい実った。それを摘んで殻を取り、白い卵みたいなもんを炊いて食べよらよ。不思議に思うたき、のぞきにいった。ハンサムな若いしが、ひとつかみくれた。くちにいれたらいつも食べよるドングリよりずっとうもうてのう。それが縁で間ものう結婚、そのうち周りの人らあも教えてもらい、みんなが米作りをするようになった。」（『弥生と邪馬台国』「朝日新聞」）

弥生時代に娘たちを集めて土器作りを教えていたバアさんは、こんな話をしたでしょうか。2300年～2400年前のコメ作りが始まったころのことです。

コメの原産地は、アッサム、雲南といわれ、そこから揚子江を下り、朝鮮半島から北部九州へ伝わります。中国から日本に伝わるまで6000年かかりましたが、日本に伝わってからは、ずいぶん早く青森まで広がっていったとされています。

田村遺跡群（南国市田村）
発見された弥生前期の水田跡

遺跡を発掘していて、米作りが行われていたと判断できる条件は、水田跡があればいうまでもないことですが、そうでなくても土器に籾痕があったり、炭化《たんか》した米や、穂苅り用具の石包丁《いしぼうちょう》の発見、それにプラントオパール（米の水晶体）を土の中から探しだすことなどがあります。

春野町でも作りかけの石包丁や、磨製の石包丁が発見されています。付近の地形から、山根の自然湿地に水田をかまえ、そこで米作りの風景が想像できます。

西分増井遺跡群には直接稲作とつながる遺跡や遺物はありませんでしたが、ほかの遺跡の同じ時期の住居跡からは炭化米《たんかまい》が発見されていることを考えれば、増井の弥生人たちも稲作を行っていたことは確実です。どちらも約２１５０年ほど前のことです。

弥生人たちはカエルの鳴き声は春の知らせと、用水路を整備し、モミ蒔きをして、村の広場で豊作を神に祈る春祭りを行います。弥生のころ、モミは直蒔《じきま》きか、苗代《なわしろ》で育て田植えをしたか意見が分かれていましたが、今は田植えをしたと思われる遺跡も発見されています。夏は稲も育ちますが草も大きくなり、村人たちは大忙しの時です。秋はもう収穫、石包丁で穂だけを摘み取っていきます。収穫した稲穂はそのまま乾燥し、はじめは穴倉で保管しましたが、のちに高床倉庫《たかゆかそうこ》を考えだし蓄えるようになります。そこから必要なだけ取り出し、竪杵《たてきね》や竪臼《たてうす》で脱穀して食べていきます。収穫の秋には村では豊作を祝って盛大な秋の祭りが行われます。豊作や凶作は台風や大雨、そして日照りの連続などその年の天候によって大きく左右されます。だから稲作の神は何よりも大切な神です。つい最近まで行われてきた、各村々の鎮守《ちんじゅ》の森の祭りが、村人にとって大切なものであったのも、そこからきたものです。この豊作信仰も、稲作技術とともに大陸から伝わってきたものといわれます。また、占いや予言《よげん》も大切であったでしょう。それができた人が超能力者《ちょうのうりょくしゃ》として人々から尊敬されています。邪馬《やま》台国《たいこく》の卑弥呼《ひみこ》などはそうしたひとりでしょう。

こうして弥生人たちはともに木を切り、水路をつくり、田をつくり、田を耕し、苗を植え、草をとり、稲を刈り、祭りを行い、ともに豊作を喜び合いながら稲作を次第に村々に定着させていきました。しかしこのことは、弥生人たちの生活も大きく変えてしまいました。争いのなかったところに争いが生まれ、貧しいものと富めるものが生まれます。強いものが弱いものを助けて生活していたのが、強いものが弱いものをしいたげるようになってきます。人々は武器をつくり、集団と集団が数多く殺しあうという意味での戦争も行われるようになります。

すべては一粒の籾《もみ》から始まります。

春野の弥生も同じ経過をたどったことでしょう。

#稲作が伝わった　#石包丁は稲の収穫用具

#収穫物は高床倉庫に

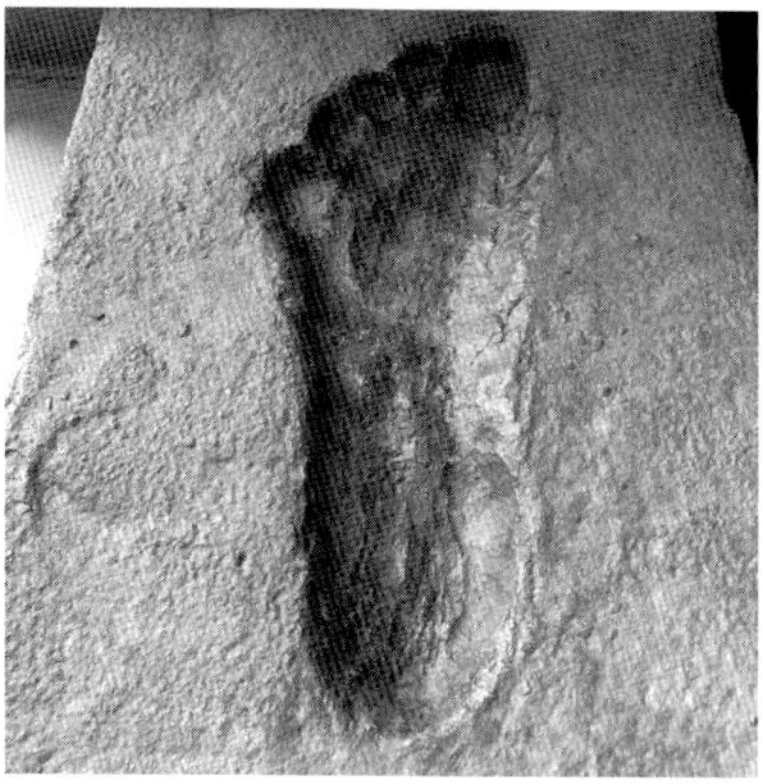

弥生人の足跡（弥生時代前期）

水田跡からは、100個ほどの弥生人の足跡がみつかりました。足跡には大小があり、親子連れの姿も推測できます

（南国市 田村遺跡群）

捨てられた鏡が語る新しき時代

平成元（1989）年11月、西分増井遺跡の発掘も終わり、遺物を洗い観察する調査員の手を一瞬止めた青黒い光沢を放つ小さな土の塊《かたまり》がありました。

「もしや鏡の破片では？」

弥生時代、北部九州の国々の王たちは、中国の皇帝に使いを送って、印や銅鏡《どうきょう》をもらい、国内での争いの中で自分の権威を強調していました。邪馬台国の卑弥呼が「親魏倭王《しんぎわおう》」の金印《きんいん》と銅鏡100枚をもらったという話は有名です。鏡は宝であり、祭りや儀式《ぎしき》には絶対のものであり権威のシンボルでした。

高知県でも、このころ中国からの鏡（舶載鏡《はくさいきょう》）が3面発掘されています。南国市田村遺跡の2面と、西分増井遺跡からの1面です。3面とも完全なものではなく割れた破砕鏡《はさいきょう》（破鏡）ですが、その割れ口が磨かれたものさえあります。完全な鏡を意図的《いとてき》に割ったものでしょう。田村の2面は裏側の図柄《ずがら》から、1世紀の初めごろ中国の後漢《ごかん》で作られた「方格規矩四神鏡《ほうかくきくしんきょう》」でした。西分増井遺跡のものは腐りがひどく、小さくて図柄も見えませんが、中国製の鏡であることは間違いありません。厚さも非常に薄く鏡の中心部に近い部分でしょう。遺物整理の中で発見されたもので、どのような状態で埋まっていたかはわかりませんが、ST5とされる竪穴住居を埋めていた土の中にあったようです。ところがこの住居址は南四国では初めての発見という珍しいものでした。一辺が4・5メートルほどで、隅を丸く丸めた隅丸方形《すみまるほうけい》の住居で、床の周りを1メートルほどの幅で、15センチほどベッド状に高くしたものです。この種の住居はよくありますが、珍しいのはこのベッド状遺構は「貼《は》り付《つ》け方式」というものです。いままでは「削《けず》りだし方式」といって、竪穴を掘るときそのまま高く残したものでしたが、ここでの遺構はいったん床面全体を平坦に掘り下げたのちに新たに粘土を盛って、ベッド状に作る方法です。西分増井遺跡ではこの種の住居跡が3棟もありました。ベッド状遺構は北部九州を中心に広がりますから、この住居址もその流れを北部九州に求めることはできますが、検討の余地は残します。ベッド状遺構は文字通りベッドだとする考え方と、この遺構の有無が階級差を表すとする考え方もあります。西分増井遺跡を見る限り、階級差ということだけはなさそうです。

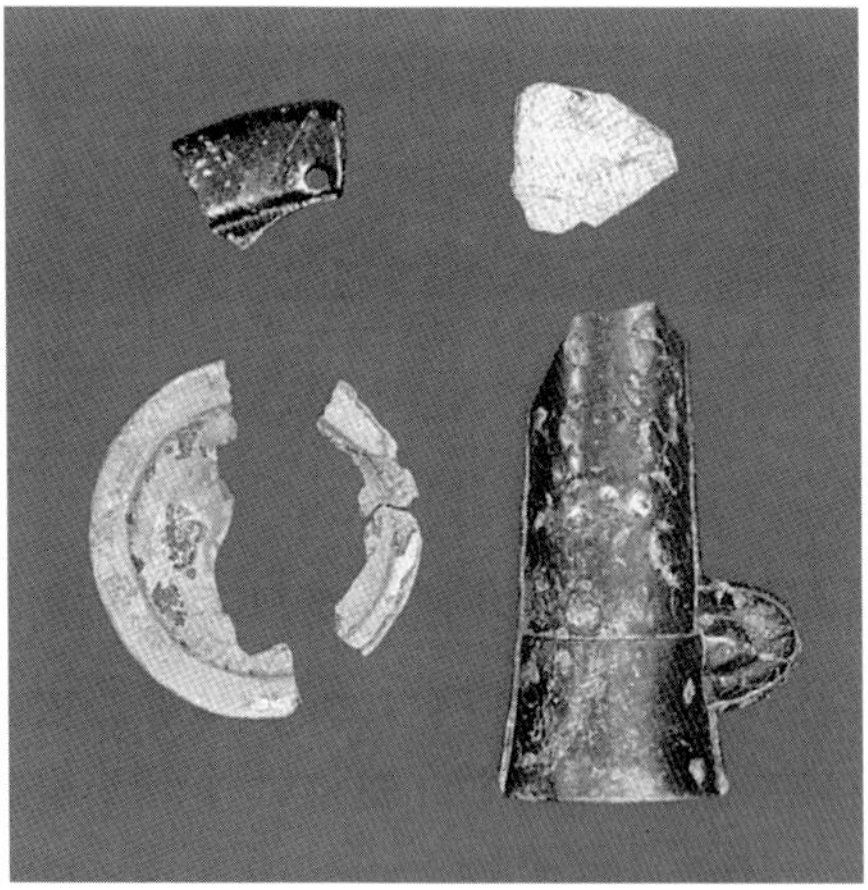

増井遺跡出土の青銅器片
銅鐸（右上）銅矛（右下）懸すい鏡（左上）小型仿製鏡（左下）

鏡に話を戻しましょう。

完全な形で表は輝き、裏側には素晴らしい図柄がある鏡は権威があふれますが、小さく割られたものとなると権威も薄らいでいくように思われますが、実は割れたものでも、完全なものと同じ権威をもつ「モノ」であったようです。大陸から北部九州へ渡った鏡は、何といっても絶対数は少ないものでした。これを手にした首長は、配下となった集落の首長に鏡を順次分けていましたが、次第にその数が不足してきます。ついに割って配らなければ足りなくなってしまいます。もらった首長は破砕鏡《はさいきょう》でも完全な鏡と同じ力をもち、権威のシンボルとして代々譲り継いでいきました。ところがこの鏡が水たまりや、住居址の床面に捨てられた状態で発見されます。これはなぜでしょう。

破砕鏡の発見は、九州から近畿、北陸まで及びますが、なぜかすべてが捨てられた状態です。権威のシンボルがこのような姿で出土することは、その集落に大きな変化が起きたか、はたまた権力が何かの理由で失われたものと考えざるをえません。事実南国市田村周辺では、破砕鏡が捨てられていた頃から、その後一時期この地から人々の生活が消えています。それに代わって北部の長岡台地に、鉄製品をたくさん持ち、土器も近畿地方の影響を受けたものをもつ集落ができてきます。新旧の交替でしょうか。いままでの権力者が没落し新しいものが生まれるとき、これまで権力のシンボルであった破砕鏡はもう必要なくなり、捨てられたものとみるべきでしょう。海を渡り、幾多山河越えて中国から北部九州に運ばれ、それも割られて西分増井までたどり着くという長い旅路のロマンの中に、その鏡片《きょうへん》を権威のシンボルとした集落の首長。そしてその鏡の力を必要としなくなった集落の出現という歴史展開が、貼り付け方式のベッド状遺構と、そこから出てくる近畿地方の影響を受けた古墳時代初めの土器がどうかかわりあって、次の新しい歴史をつくっていったのでしょう。

掘ってわかる歴史の醍醐味《だいごみ》はたかまってきます。

#鏡は権力者のシンボル　#割られた鏡も権威は同じ　#ベッド状遺構の竪穴住居跡

縄文後期から中世への歴史が追える西分増井遺跡群

街中を流れる水路は兼山開鑿の「諸木井筋」、その北側全面に遺跡は広がります。中央部分の草生える土地は４世紀末から５世紀前半の馬場末式土器が大量に出土した「馬場末《ばばすえ》遺跡」。その西の耕田部分は百済系瓦「有《ゆう》稜線《りょうせん》素《そ》弁八葉蓮《べんはちようれん》華《げ》文鐙瓦《もんあぶみかわら》」が発見された「大寺遺跡」。その北には瓦や須恵器をやいた大窯《おおかま》の存在を思わせる「大用《たいよう》（大窯）遺跡」。それ以外全区域はほぼ４万平方メートルの広さをもった「西分増井遺跡群」です。井筋の南にも「竹ノ内遺跡」から「岡の瀬遺跡」と新川川まで続きます。

「西分増井遺跡群」からは37棟の竪穴住居や方形周溝墓などが発掘され、それに「鉄器をつくるムラ」であり話題となりました。写真全画面に広がる広大な遺跡、周辺の遺跡も含めて、縄文後期から中世に至るまで、連続して発展の過程を追うことが可能であり、吾川郷の中心地を想像させる春野自慢の重要遺跡群です。

ここは鉄器をつくるムラでもあった

春野町西分の増井遺跡群、それは高知の市街地と春野を画《かく》する北山から流れ出る長谷川《ながたに》によって作られた自然堤防上にひろがる遺跡です。

この春野町西分の増井遺跡群は圃場整備《ほじょうせいび》や河川改修などによって、二次にわたる発掘調査が行われました。その結果、竪穴建物跡が37棟、土坑《どこう》が数十基、そして県内では最初の方形周溝墓《ほうけいしゅうこうぼ》などが見つかっています。出土した遺物も土器・石器の他、たくさんの鉄器・鉄片、青銅器など多くの種類があるばかりでなく、土器には他の地域で作られたものが増井に持ち込まれたものもたくさんありました。このことはここに住んだ人たちの、広いネットワークと交流があったことを物語るとともに、この集落が周辺の中心地であった証拠でもあります。遺跡の広がりもほぼ4万平方メートルと考えられ、弥生後期のころから古墳時代前期のころには、遺跡範囲のほぼ全域に広がる全盛期であったと考えられています。

この集落を特徴づけるのは、多くの種類の青銅器《せいどうき》が出土したことと、大規模な鉄器製作の遺構が見つかったことです。金属製品である青銅器や鉄器は弥生時代、稲作技術とともに日本に伝わりました。青銅器は朝鮮半島から日本に伝わった最初の金属器ですが、次第に大型化して、鳴り物や祭りの用具となって、伝わったころの機能を失っていきます。一方、鉄は硬く切れ味もよく、刃物や農耕具など実用品として使われていきます。

高知県内で出土が知られている青銅器には、銅剣《どうけん》が10点、銅矛《どうほこ》が55点、銅戈《どうか》が8点に銅鐸《どうたく》11点、そ

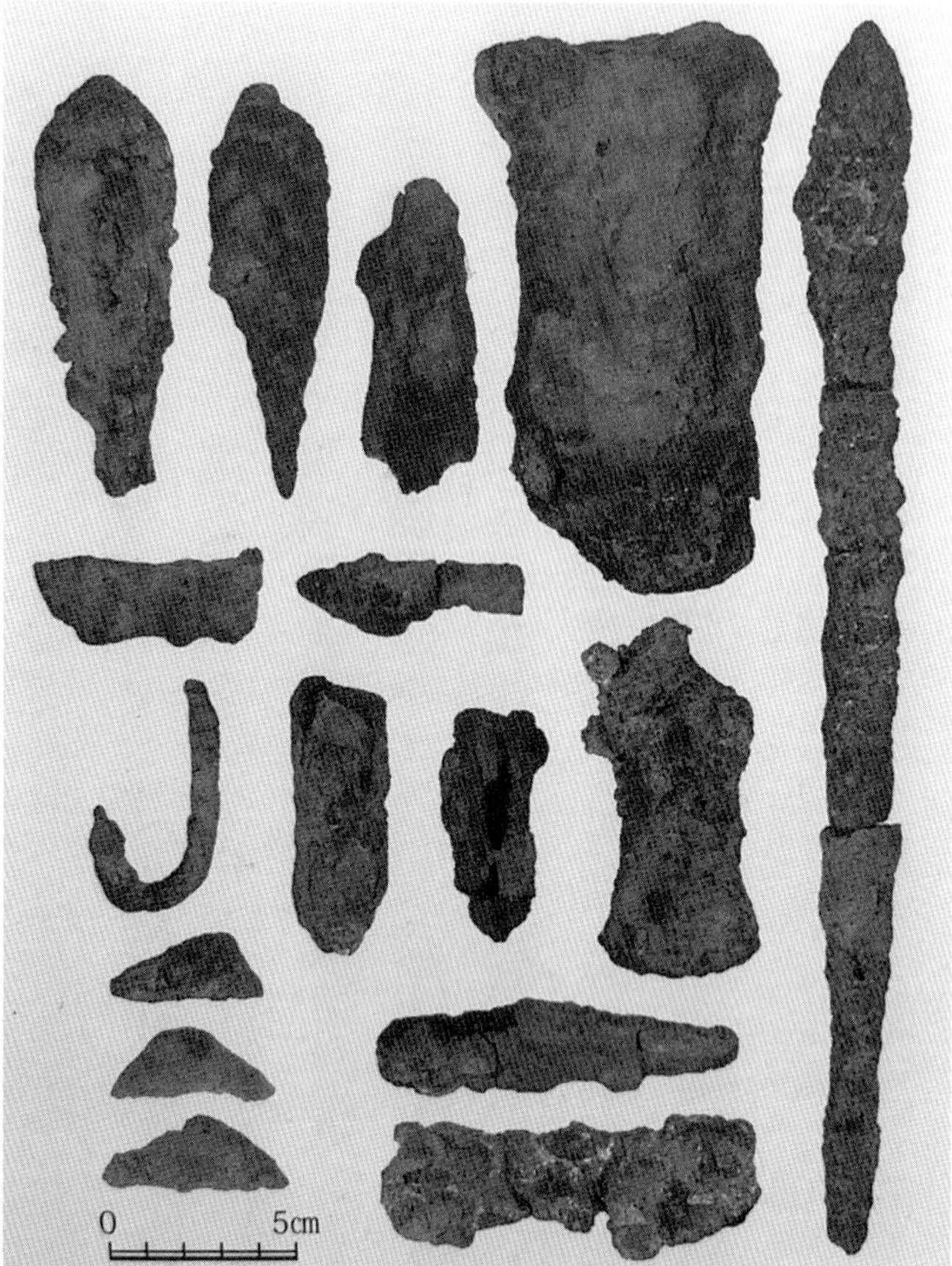

鉄器をつくるムラで発掘された鉄器類
袋状斧・鉄鏃・鑿・錐・刀子・釣針など
（『遺跡が語る高知市の歩み』高知市）

のほか銅舌《どうぜつ》、小型仿製鏡《こがたぼうせいきょう》、破鏡《はきょう》、有鉤銅釧《ゆうこうどうくしろ》、銅鏃《どうぞく》などが知られています。増井遺跡で出土した青銅器には、銅矛・銅戈・銅鐸・中国鏡・小型仿製鏡《こがたぼうせいきょう》などがありますが、いずれも小さな破片でした。それをもう少し細かく見ると、銅鐸の鈕《ちゅう》、銅矛の基部《きぶ》、鏡片、小型仿製鏡などの破片というところです。かつて権威の象徴であったこれらの青銅器が、こんな小さな破片でしか出土しないのはなぜでしょう。これも面白い研究の対象です。

さらに広型銅戈《ひろがたどうか》の「闌《らん》」の破片が注目されましたが、それは長さが16・4センチで、復元すると40センチ程度の長さの広型銅戈となるようです。銅戈は全国的にみても300点近くの出土例がありますが、うち広型銅戈は7点しか知られておりません。それが西分増井遺跡群以外はすべてが九州といいます。破片ではあっても九州以外の唯一の資料として、高知と戈の深いつながりを示す事例として研究者の間でも話題となっています。

この遺跡群を特徴づけるもう一つの鉄器製作に話を進めましょう。

鉄器製作が始まるのは、土器型式から判断して弥生後期前葉《ぜんよう》のころと言います。はじめは簡素な鍛《か》冶《じ》炉《ろ》による小規模で、それも屋外炉《おくがいろ》から始まっていました。調査員の表現をお借りしますと、「タタキ目土器（ヒビノキ1式）に変わる時期に、鍛冶遺構が3基に増加する。2基の屋外炉に加えて屋内炉をもつ竪穴建物跡が登場した。屋外炉が床面を直接作業面とした鍛冶炉であるのに対して、新たに出現した屋内炉は、深く掘り込んだ土坑に炭と土を互層《ごそう》に埋没《まいぼつ》させる手の込んだ構造になっている。より本格的な操業《そうぎょう》の開始を思わせる現象である」と報告されています。

こうして鉄器製作が始まりますが、そのころには、もう青銅器はほとんどがその役割を終えた状態になり、またこの時期は、東部で栄えた田村遺跡群も終焉を迎えたころであるといいますから、いよいよ西分増井遺跡群での本格的な鉄器製作操業の始まりでしょう。その後鉄器の出土量は格段に増加しており、西分増井遺跡の存在感はますます大きくなっていったと考えられています。

　こうして弥生時代後期から古墳時代初頭にかけての鍛冶遺構が11基発見されました。出土した鉄器、鉄片は5000点を越え、また製品としても袋状斧《ふくろじょうおの》・鏃《やじり》・鑿《のみ》・錐《きり》・刀子《とうす》・釣針《つりばり》など種類も豊富となっています。そして鉄器製作過程で出る切断片《せつだんへん》も多く、石槌《いしつち》や砥石《といし》も含めて鉄器製作の痕跡《こんせき》がはっきりと確認されました。また鉄素材から鉄器を作るには、加熱高温に耐える炉には炭が敷かれ（カーボンベッド）、熱せられて赤く変色した土が焼土層として残り、鍛冶炉もあざやかに確認されていきました。この鍛冶炉は単独で発見されるものと、竪穴建物跡内部に付設されたものの2種類で、前者は屋外炉、後者は屋内炉と区分されました。いずれの場合も周囲から鉄片を中心とした多量の遺物が出土していることは言うまでもありません。

　西分増井遺跡群は鉄器をつくるムラでもありました。南には新川川が流れ、隣接して馬場末《ばばすえ》遺跡があり、隣りあわせて大用《たいよう》遺跡や白鳳《はくほう》の大寺廃寺跡《おおでらはいじあと》があります。まさに吾南地域の中心地であり、悠《ゆう》久《きゅう》の歴史と、そこで育まれたロマン漂《ただよ》う春野の誇る地域です。

#西分増井遺跡群は鉄器をつくるムラであった　#県内最初の方形周溝墓が発見された
#権威の象徴であった青銅器がすべて小さな破片となって発掘された

大寺廃寺跡出土の鐙瓦と丸瓦（高知県立歴史民俗資料館蔵）

春野に残る渡来人《とらいじん》の足跡

土の中にうずもれた遺物が、知られざる歴史を教えてくれる考古学の醍醐味は、たびたび味わってきましたが、ここでは春野で最も古い瓦の語りに耳を貸してやってください。

我が国に仏教が伝わって間もないころ、西分増井に立派な寺院がありました。仏教の教えが伝わったのは552年、あるいは538年ともいわれるので今から1480年くらい前ということになります。

寺院についての記録はありませんので寺の名前も、どの場所にどんな伽藍の建物があったかはわかりません。だから、今も残る「大寺」という地名を借りて「大寺廃寺跡《おおてらはいじ》」とよんでいます。

瓦が屋根に整然と並ぶ本瓦葺《ほんかわらぶ》きの美しさは、日本

有稜線素弁八葉蓮華文軒丸瓦（鐙瓦瓦頭）

建築象徴の美として讃えられています。

この瓦文化の始まりは2300年ほど前に中国で始まり、朝鮮半島から6世紀には日本にも伝わってきたようです。このころ日本も中国や朝鮮半島との交渉はありましたので、新しい技術や知識をもった人々が日本にも渡ってきました。この人たちを「渡来人《とらいじん》」とよびますが、この人たちが日本文化発展に果たした功績は非常に大きいものがありました。設計をもとに測量し、あの巨大な古墳をつくった技術も、鉄製の武器や農具も、木や竹に文字を書いて残すことも、金銀製の装飾具《そうしょくぐ》、美しい模様の織物、固く丈夫に焼き上げた須恵器《すえき》の技術も、この「渡来人」たちの伝えた技術でした。春野でも、この「渡来人」たちの足跡が歴史に鮮明に刻まれ残っています。

「大寺廃寺」に葺かれていた瓦は、考古学では「有稜線素弁八葉蓮華文軒丸瓦《ゆうりょうせんそべんはちようれんげもんのきまるがわら》」というむつかしい呼び名のものですが、この瓦が朝鮮半島からの渡来人たちの活躍を語り伝える貴重な遺物です。

古代は「平瓦《ひらかわら》」と「丸瓦《まるかわら》」を組み合わせて葺き、軒瓦は「丸瓦」を「軒丸瓦《のきまるかわら》（鐙瓦《あぶみかわら》）」、「平瓦」を「軒平《のきひら》瓦」とよび、先端の「瓦当《がとう》」には模様が作られています。この模様が特に大切で、先に書いた大寺の「有稜線素弁八葉蓮華文軒丸瓦」というのもこの模様をいったものです。蓮華文《れんげもん》は蓮《はす》の花の模様で、仏教界では清浄《せいじょう》のシンボルとされているものです。また「軒平瓦」にもインドやエジプトでもよくつかわれる「唐草文様《からくさもんよう》」や「重孤文《じゅうこもん》」といわれる模様があります。考古学ではこの模様に特色を認め、その変化を時代判定の物差《ものさ》しとして考えています。

「大寺廃寺」の「有稜線素弁八葉蓮華文軒丸瓦」は朝鮮半島の「百済《くだら》」という国から日本に伝わったものです。「百済」は663年、北からの「高句麗《こうくり》」に滅ぼされますが、この瓦は「百済」滅亡のころ、北から入った「高句麗」文化の影響を受けたものとされています。作ったのは「百済」が滅び、国を追われた朝鮮の人たちだったでしょう。日本では白鳳《はくほう》（645~710）時代にあたります。

「大寺廃寺」は果たしてどんな人たちによって作られ、この地でどんな役割をもった寺であったでしょう。どれほど大きく、どんなお堂が並ぶ伽藍配置《がらんはいち》で、どんな人たちが出入りしていたことでしょう。興味が興味を呼びながら、遠く白鳳ロマンの世界にひきこまれていきます。

これに関連して、岡本健児先生の「大寺廃寺」研究を紹介しておきましょう。先生は、現在実物が奈良の正倉院《しょうそういん》に残っている、天平勝宝《てんぴょうしょうほう》7（755）年の年号の入った絁《あしぎぬ》（絹）を「土佐の国吾川の郡《こおり》桑原郷《くわはらごう》の郡司《ぐんじ》、秦野勝国方《はたのすぐりくにかた》が朝廷に差し出した」との記録をもとに、「大寺廃寺」にかかわった人たちをおっています。「桑原郷の郡司、秦野勝国方」という人物、秦野勝国方の「勝」は身分を表す姓《かばね》でこの人の姓名は「秦国方《はたのくにかた》」です。「勝《すぐり》」の姓は朝鮮から渡来した人や、その子孫の豪族にあたえられたものです。そして桑原郷というのは、現在のいの町八田《はた》から春野町弘岡を含む地域です。だとするとこの地域には当時渡来人たちが住んでいたのだろうということが浮かんでくるというものです。

春野町に県下最古の寺である「大寺廃寺」があり、それもこのころ、朝鮮半島から日本に渡来してきた新しい技術や知識をもった人々が住み、寺の建立にもかかわったことがわかります。

土の中にうずもれた瓦が語る歴史の事実、もっと知りたい、もっと探ってみたい、好奇の心はますます高ぶります。

なお「大寺廃寺」と同じころ、奈半利《なはり》に「こごろく廃寺」、南国市に「野中廃寺《のなかはいじ》」と「比江廃寺《ひえはいじ》」、高知市に「秦《じん》泉寺廃寺《ぜんじはいじ》」跡がそれぞれ史跡として残されています。このうち「野中廃寺」、「比江廃寺」、「秦泉寺廃寺」は、発掘調査も行われ、伽藍配置やその規模の研究も次第に解明されつつあります。「大寺廃寺」だけは地中に眠り続けています。「西分増井遺跡群」「馬場末遺跡」「大寺廃寺」は一連の遺跡として、高知市春野発祥の縄文から古代にかけての貴重な遺跡です。貴重な遺構がまだ地中に眠っています。その解明と保存の策を考えていくことが大切でしょう。

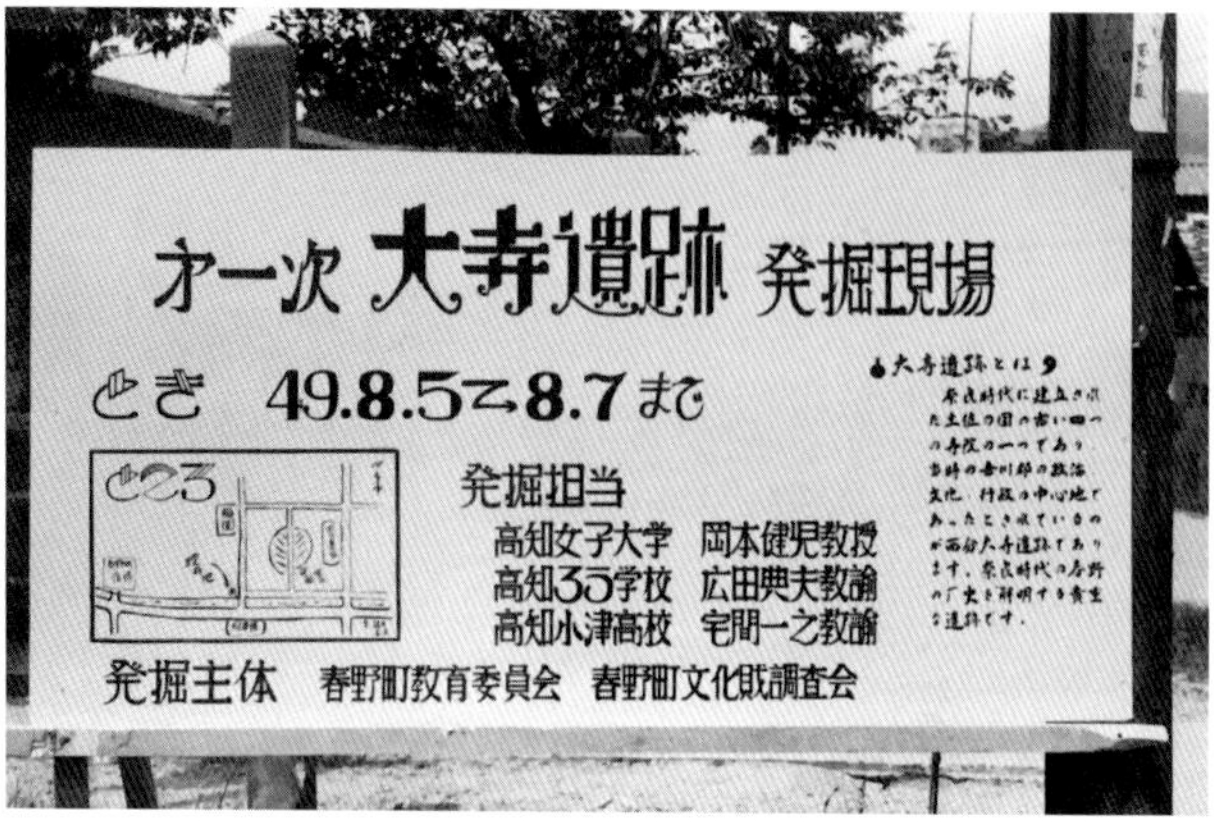

発掘調査現場を広く町民に告知する看板

※令和2年7月11日の新聞には安芸市瓜尻《うりじり》遺跡でも古代寺院跡が発見された記事がありました。

#春野町に古代寺院「大寺廃寺」があった　#渡来人が春野にも住んでいた
#正倉院御物「絁《あしぎぬ》大幡芯裂《おおばんしんぎれ》」は春野から送られたものだった

奈良正倉院に春野の絁《あしぎぬ》が

奈良東大寺の正倉院に、今から1240年ほど前に、税として納められた「絁《あしぎぬ》」が保存されています。「絁」というのは絹ですが、あまり上等ではないのでこれを緑に染めたものです。

正倉院といえば、聖武《しょうむ》天皇の使った品々をはじめ、東大寺（奈良の大仏様）の大仏開眼《かいげん》の儀式のときや、東大寺で使った調度品《ちょうどひん》や、楽器、武具、仏具、薬、書物、農耕具のほか税として農民たちが納めた布などが保存される天平文化の宝庫《ほうこ》とされているところです。

春野からのものの正式名称は「正倉院御物緑《しょうそういんぎょぶつみどり》　絁《あしぎぬ》　大幡断片《だいばんだんぺん》」（「絁《あしぎぬの》　大幡芯裂《おおばんしんぎれ》」）というものです。「幡（はた）」は頭を三角形にし、長方形の錦《にしき》や絹綾《きぬあや》などの布で作り、仏殿の柱や壁につるして、厳《おごそ》かな雰囲気にする仏具です。春野からのものはこの「幡《ばん》」の「芯《しん》」に使われています。

それは「土佐国吾川郡桑原郷戸主日奉夜恵調絁壱匹長六丈廣一尺九寸」と書いています。「土佐の国の吾川の郡《こおり》桑原の郷、戸主、日奉部《ひまつりべ》の夜恵《よめぐ》の調の絁壱匹、長さ六丈、広さ（幅）一尺九寸」と読んでください。

当時の吾川郡には、大野《おおの》郷、桑原《くわはら》郷、次田《すいた》郷、仲村《なかむら》郷の4郷が置かれていました。大野郷は現在のいの町、桑原郷は弘岡、次田郷は秋山、森山、仁西で、仲村郷は西分から長浜までが一応充てられています。それから考えるとこの「絁」は弘岡あたりに住んでいた「日奉部の夜恵」という戸主の男性が納めたものということです。

貢納《こうのう》といえば、当時の農民たちに課《か》せられた税は大変なものでした。6歳になると皆それぞれに口《く》分田《ぶんでん》という土地が与えられますが、その土地からは「租《そ》」として稲（米）が取り立てられました。そして21歳から60歳までの男性には「庸《よう》」「調《ちょう》」が課せられました。「庸」は1年に10日の労役《ろうえき》ですが、これは布での代納《だいのう》もできました。「調」はその地方の産物や手工業品の納入のことです。その上年間60日以内国司の命令で働かされる「雑徭《ぞうよう》」や、「兵役《へいえき》」までもありました。なかでも「庸」と「調」

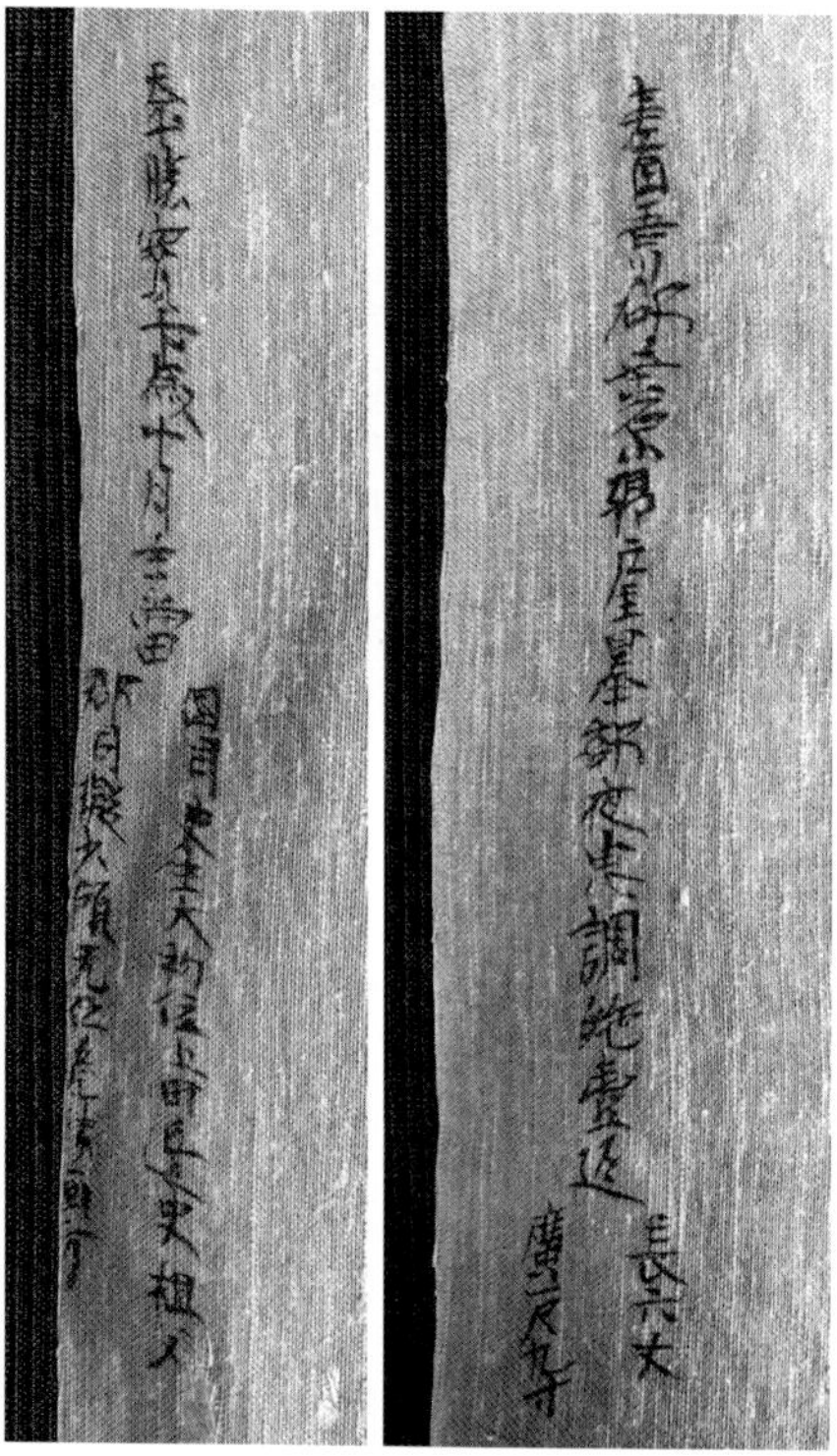

「絁大幡芯裂」に書かれた文字

はそれぞれ都まで運ばなければならない義務があったからたまりません。だから農民たちの生活は苦しく、掘立柱の小さい家に、土間に藁《わら》や草を敷き、衣服は粗末な麻《あさ》などをつけての生活でした。食事は米を蒸《む》したり、粥《かゆ》にして食べましたが、米は不足がちでしたので粟《あわ》や稗《ひえ》での辛抱でした。狩りに出てはイノシシヤシカなどを捕ったり、川や海で魚や貝、海草を採っての暮らしでした。あまりの生活苦から、土地を捨てて逃げ出し行方をくらます者や浮浪者《ふろうしゃ》も出たようです。都は「咲く花の匂うがごとく」と謳《うた》われ、貴族たちの生活は華やかでしたが、地方農民の苦しみは想像をはるかに越えたものでした。

「絁」を納めた「日奉部の夜恵」は弘岡のどこに住んでいたのでしょう。彼は屋敷の中に機織《はたお》り場をつくり、家族や奴婢《ぬひ》（奴隷として使われていた者）に織らせていたでしょう。良質ではなくても、絹といえば蚕《かいこ》も飼わねばならず桑畑《くわばたけ》も必要です。家の周りで桑をつくり、自分は麻や楮《こうぞ》の皮で織った質素なものを着て、せっせと納めなければならない「絁」を織ったことでしょう。

　このほか春野から都に運ばれたものに「年魚《あゆ》」があります。腐らないように製造処置し、宮中の贄《にえ》殿《どの》（台所）に納めたようです。仁淀川の「によど」はこの贄殿からきたものともいわれます。

　また大野郷が東大寺の「封戸《ふこ》」にあてられた記録もあります。「封戸」というのはその郷内《ごうない》の「庸」、「調」がすべて封戸主《ふこぬし》である東大寺にそっくり納められる仕組みになった制度です。絹、米、油、綿等の他、仕丁《しちょう》といって、はるばる東大寺に行って雑役に服さねばならないものもありました。当時土佐から奈良までは片道30数日かかったと言うからたまりません。

　遣唐使《けんとうし》たちによってもたらされた唐やイスラム、インドなどの品々と並んで春野からの「絁」が、正倉院にあるという歴史の事実には感嘆の声が上がります。しかしそのかげの農民たちの労苦を思えば、その声はうすらいできます。

＃桑原郷、戸主、日奉部夜恵の調　＃春野から宮中の贄殿（台所）に「年魚」が送られた

＃律令時代農民にかけられた税金は？

役人乱れ、海賊暴れる！

「土佐国に胤間寺《たねまじ》という山寺がありました。当時の役人たちが相語らい大般若経《だいはんにゃきょう》の書写《しょしゃ》を寺僧に頼みました。大般若経の書写という大事業は相当の費用も必要でしょう。役人たちは費用は、書写完成後に奉納ということで始まりました。月日はたち書写も完成いよいよ完成供養《くよう》のその日のことでした。突然辻風《つじかぜ》が吹き、大般若経を大空にまき上げました。集まっていた人々もこの不思議な光景を怪《あや》しんで見上げるうちに、しばらくして経巻はすべて白紙となって舞い落ちてきました」鎌倉時代の古典『十訓抄《じっきんしょう》』のなかにある秋山種間寺に伝わる白字《はくじ》大般若経の説話《せつわ》のひとつです。これはひとり種間寺の話ではなく、腐敗した当時の政治、役人たちの乱れへの人々の怒りが象徴された説話といえるでしょう。

このころ中央での政治の実権《じっけん》は、藤原氏が独占し、出世はその一族だけでした。そのため中下級の貴族たちは、中央での出世をあきらめ、争って地方役人の地位を求めました。これは国司として地方に赴任《ふにん》して立派な政治をめざすのではなく、農民たちから徴収《ちょうしゅう》する税収入が目的でした。国司のなかには自分は中央にいて、代理を派遣して収入だけは抜け目なくしっかりと取り立てる者もありました。国司はもっぱら重い税を農民からむさぼり取って、私腹《しふく》を肥《こ》やした時代でした。この種間寺の説

紫陽花咲く南川井筋からの種間寺遠望

話のなかの役人たちも、大般若経の書写費用くらいは持ちながらも、初めから支払う意思のない腹黒い役人たちでした。そのことは天上《てんじょう》の仏にもわかっており、力に任せてずるいことを繰り返す役人たちを懲《こ》らしめるため、大般若経を白紙にして舞い落としたものです。役人たちの乱れを怒る人々の声を代弁《だいべん》した説話でしょう。

もう一つ当時を語る歴史の証言者《しょうげんしゃ》を紹介しましょう。「若一王子宮《にゃくいちおうじぐう》」という神社です。土佐で国司の任を終えて京都に帰国する紀貫之の『土佐日記』は有名です。それには、海賊たちの追撃《ついげき》を恐れながらの航海の様子がつづられています。当時海賊の取り締まりは国司の役、その仕返しを恐れながらの帰国であり、当時の海賊たちの横行《おうこう》と無警察状態の海の様子がうかがえます。時は律令時代、中央集権の時代です。中央の命令は直接地方に、そして地方の産物は直接京に運ばなければなりません。交通路の安全性は欠かせません。中でも海上交通は何よりも大切でした。政府の行った海の神13社への海賊追討祈願《ついとうきがん》の文書がありますが、それには土佐の高賀茂神《たかかもじん》（一宮の土佐神社）や紀州の熊野神社の名が見えます。熊野神社は最高位であったようです。修験《しゅげん》として山々に荒《あら》行《ぎょう》を展開する熊野の神を、海上安全の味方にと各方面から厚い崇拝《すうはい》を受けました。「人まねのくまのもうて」とか「蟻《あり》の熊野《くまの》詣《もうで》」などといわれるほど、熊野の信仰は貴族から庶民にまで浸透《しんとう》していきました。「若一王子宮」という神社は芳原にも、西諸木にもあります。これこそ熊野神社そのものです。弘岡にある「ワウジノ前」や「若王子」のホノギ（小字）もすべて熊野とのかかわりのあるホノギです。古代末期、先達《せんだつ》――修験によって春野に伝えられた熊野の信仰と、その背後にある海賊たちの横行に苦慮した人々の願いが見えてきます。その願いは従来の神々とともに祭られ、あるいは新しい社となって祭られて崇拝されて今日に至ったものでしょう。村人たちのなかには先達に伴われ、はるばると熊野参詣の道を歩いた人もあったでしょう。

芳原坂本の若一王子宮
鎮守の森背後の柏尾山山頂近くに修験の寺、柏尾山観音正寺跡がある

　古典のなかの春野の説話、それは春野の歴史にとどまらず日本歴史の大きなうねりをそのままに語ります。また隣の鎮守《ちんじゅ》の森が、古代からの由緒ある信仰の森であることを知って歴史を学ぶ。こうして培われる心こそ、歴史を通して今日を見つめ、明日を考える目となり姿勢となって育っていくことでしょう。

#地方政治の乱れ　#海賊の横行とその追討祈願　#熊野神社、若一王子宮の信仰

源頼朝と春野

都では権勢を誇った藤原氏の勢力もようやく衰え、それに代わって院政《いんせい》の時代となりました。しかし天皇と院との対立。それに絡《から》む貴族の対立が、世に不穏《ふおん》な情勢を漂《ただよ》わせ、その中で、源氏、平氏、という武士の台頭が次第に戦乱の危機を高めていきました。その戦いが保元《ほうげん》の乱あり、平治の乱で武士の世の到来を決定づけました。勝利をえた平氏の棟梁《とうりょう》清盛は武士として初めて政権は握りましたが長続きはせず、東国の武士に支えられた源頼朝を中心にした源氏にあっけなく滅ぼされます。

ここに展開された源平の争乱は、春野の歴史のなかにも残ります。平治の乱に敗れた源義朝《みなもとのよしとも》は斬《き》られますが、その子頼朝は伊豆《いず》に、そして弟希義《まれよし》は土佐に流され、ともに20年間配所《はいしょ》の月を眺めます。治承《じしょう》４（１１８０）年、頼朝は伊豆で平家打倒の兵を挙げます。希義も兄に呼応して土佐で兵を挙げますが、これは平家方にあっけなく敗れて果てます。

さて本論はこれからですが、弘岡にあって、戦国時代の名君とたたえられ、繁栄し、南学《なんがく》奨励など春野の歴史を彩《いろど》った吉良氏の遠祖《えんそ》がこの希義という話が残ります。

吉良氏の起こりにかかわる資料は少なく、唯一の記録とされるものに『吉良物語《きらものがたり》』があります。これによりますと希義は、土佐における平家方の中心武将である平田俊遠《ひらたとしとう》の弟、三郎経遠《つねとう》の娘を恋して通い、娘は懐妊《かいにん》し、希義の死後ほどなく男子を産んだといいます。これが吉良八郎希望《まれもち》だとしています。平田俊遠は希義を討った平家方の武将であり、その弟の娘に産ませた男子ということですからことは複雑です。ほかの書物にも、「希義に八郎殿という一人の男子がある。これは希義が配所のつれづれのあまり、一人の美女を愛しうませた男子である。希義が討たれたのちは民間に養なわれていたが、成長して武将の器量《きりょう》ありとされ、吉良の城主となって以来、吉良駿河守《きらするがのかみ》に至るまでも続いた」というのです。『吉良物語』は後世につくられたものであり、その記録には多くの疑問《ぎもん》はもたれていますが、また逆に、これを積極的に否定する史料もありません。これはこれとし、疑《うたが》わしきは疑わしきものとして残しながら、吉良の起こりについては今後の研究の成果を待ちましょう。

六条八幡宮（高知市春野町西分）
近年はあじさい神社で親しまれる

　春野と源頼朝のかかわりのもう一つは、西分の「六条八幡宮」や、春野各地にある八幡宮のことです。頼朝は文治元（1185）年、京都六条左女牛《さめがい》八幡宮の荘園《しょうえん》（社領）として吾川郡を寄進《きしん》しています。頼朝は平家を討ち終え、特に平家の支配地が多かった吾川郡を京都六条左女牛八幡宮の荘園として寄進《きしん》したのでしょう。

八幡宮といえば、源頼義《よりよし》・義家《よしいえ》父子以来武家の守護神《しゅごしん》として中世以来大いに尊信《そんしん》されています。だからこそ、八幡宮の勧請《かんじょう》は争って行われ、今まであった神社にとってかわることになってしまいます。仁ノにも、森山にも東諸木にも八幡宮はありますが、これらの社《やしろ》も古くからその集落の守護神として祭られてきたものが、ここに至って八幡宮が、今までの神にとってかわったものでしょう。特にこの地が、六条左女牛八幡宮の荘園であればこそ、その動きは一層活発であったでしょう。かつて西分「六条八幡宮」の由緒にも「京都、六条左女牛八幡宮から御分霊を移し迎えた社」であり、「御祭神は応神《おうじん》天皇、仲哀《ちゅうあい》天皇、神功皇后《じんぐうこうごう》であります。その武神的《ぶしんてき》性格から源氏並びに武士に崇信《すうしん》されましたが、後には庶民の間にも信仰されました。文治元（１１８５）年12月には、頼朝が土佐国吾河《あがわ》郡の地を寄進し、別当職《べっとうしき》を補任《ふにん》し同年より鎌倉の鶴岡八幡宮とともに8月には放生会《ほうじょうえ》を行わせています。以後この放生会は八幡宮の著名な行事となりました」と鎌倉との関連なども記されていました。

頼朝が政権を握った鎌倉期の春野、頼朝と春野、日本歴史の流れの中に春野の歴史もはっきりと浮かんで流れています。

#春野と源氏　#春野吉良氏の先祖は源希義か?　#吾川郡は京都六条左女牛八幡宮の荘園

地名が語る開発の軌跡

自分の住んでいる土地、そこには必ず地名があります。その地名はそれぞれに意味をもち、歴史があり祖先の生活が今も息づいています。

鎌倉時代、春野の土地も開発が進みます。その開発の過程もまた地名が証人となって語ってくれます。

「ヒノクチ」「ヒノシリ」「井ノ前」そして「高樋《たかひ》」これらの地名はすべて水にかかわりをもつ地名です。水こそ開発を決定づける条件です。「ヒ（樋）」を通し、上流の水を受け、それを流して土地の水田化を進めていきます。「樋」の始まるところ「ヒノクチ」から水は樋を流れて、その末端の「ヒノシリ」に至ります。村人たちは水の神、農業の神「神母《いげ》」を祭り、ともに汗した牛馬の守護神「ノッコ」を祭ることも忘れませんでした。「神《いげ》田」「神母田《いげだ》」「神母ヤシキ」などの地名は今も健在です。「ノッコ」もまたしかり、「ノッコ屋敷」「ノッコノハナ」などの地名は各地に散在し、牛馬の力を借りて開発し、そして耕して耕作する。それもかなり普及していたことがこうした地名の広がりからも想像できます。

ではこの開発の主体となったのは誰でしょう。これも地名から探ってみましょう。皆さんの住んでいる周辺、あるいはよく知っているところに「土居《どい》」というところがあるでしょう。「土居」とか「土居ヤシキ」の地名こそ、当時この地の開発の中心となった人たちの存在を示す地名です。

「土居」というのはもともと城や館の周りに築かれた土手、あるいは土塁や土堤《つちつつみ》をさして言われるものですが、土佐などでは土地の領主屋敷《りょうしゅやしき》の呼び名となっています。つまり、その土地の開発の中心となって成長してきた土地の有力な者（土豪《どごう》）が、戦いの世、中世という社会の要請《ようせい》から武装《ぶそう》すると同時に、堀や土塁を周囲にめぐらした屋敷に住んでいたことに由来する呼び名です。春野でも人々の力をある程度結集できる有力者が出てき、その人たちが中心となって、開発を進めていったものと考えてよいのでしょう。

吾川４郷図（『春野町史』）

では一体それがどのような人たちであったか、それを明確にする史料は何もありません。しかし、その人たちがどの付近を中心に開発を進めたかは知ることができそうです。その手掛かりとなるものは、長宗我部元親の行った検地《けんち》の記録『長宗我部地検帳《ちょうそかべちけんちょう》』でしょう。ただ検地が行われたのが、天正15（1587）年からですので、時期的には「土居」の形も崩れていく時期になりますので、中世開発の推進者の姿を定めることは、やや困難なところもあります。しかし研究には欠かせない記録です。これに加えて春野町には明治18年作成で、明治20年再度実地に調査した『一筆繪圖《えず》面帳』が保存されており、この研究を助けます。これに現在

地検帳の「土居」の分布（『春野町史』）

の「字図《あざず》」などを参考にして「土居」を追い求めることも大切な作業でしょう。こうしてみると、弘岡上と芳原に3か所、西分、西諸木、仁ノ、森山には2か所ずつ、弘岡中、秋山、甲殿、西畑にそれぞれ1か所の「土居（土ゐ）」が存在します。そして検地のころには、すでにその周辺にはかなりの戸数が記録されています。特に弘岡中の「ツキタノ土居」は81戸、西畑の「ヒカシトイ」は77戸という大集落となっています。鎌倉時代にはこれほどのものではなかったでしょうが、これらの分布の状況から、周辺の人々の力を結集できた土地の権力者が、一つの共同体をつくって開発を進め、次第に田畑や屋敷を拡大し、それが発展して村落にまで成長拡大していったものと考えてよいでしょう。

「地名は歴史の索引《さくいん》だ、証人《しょうにん》だ」とも言われます。まさに化石や土器と同じく過去、歴史を知る貴重な資料です。圃場整備《ほじょうせいび》や改良工事などによって、もとの地名が消えていきました。

「地名は心のふる里」

そのことも忘れてはならないことでしょう。

#地名は歴史の化石　#地名は開発の証人　#土居　#長宗我部地検帳

あたらしき村　ここに誕生

古代以来吾南は、大野郷《おおのごう》と仲村郷《なかむらごう》という二つの郷で運営されてきましたが、中世室町時代になると、この郷《ごう》の伝統を破って村の組織が大きく変わっていきました。それぞれの地域が生活の場としての自然環境の条件によって、新しい地域の枠《わく》ができてきます。大野郷のなかに、弘岡、八田、伊野の枠が、また仲村郷に森山から秋山、甲殿を含む枠、そして仁ノ、西畑の枠、それに喜津賀《きづか》や長浜の枠といったような新しい中世の村の枠組みができあがってきました。新しい村のできあがってくる最大の要因は、農業、特に水利や水防について共同連帯《れんたい》の必要が生まれてきたからです。豊かな水の時はよいとしても、日照りが続くと水争いがおこったことは、歴史のなかでもよくありました。村人たちはいろいろな方法で、水争い防止の工夫をしてきました。こうしたなかで住民たちの間に共同意識が生まれ、連帯の新しい村ができてきたのです。春野にも喜津賀、弘岡、森山、仁ノという中世村落ができ、それぞれはっきりと村境が決められていたことが『長宗我部地検帳』でわかります。村境《むらさかい》がはっきりとひかれているということは、それぞれの村落で、それぞれの住民たちが共同の生活をし、貢納《こうのう》にしても、採草地にしても水利や水害などについても、強い連帯関係がもたれていたことをはっきりと物語るものです。

ここに誕生した新しい中世の村は、どのような人々によって構成されていたのでしょう。村の中で、いつも汗水たらして働かねばならなかったのは百姓とか地下人《じげにん》でした。そして彼らに土地を与えて耕作させ、しっかりと年貢を納めさせた名主とか侍分《さむらいぶん》という地主級の人。侍分はいざ戦争となれば戦う人たちですが、普段は土地に住んでいましたので地侍《じざむらい》ともよばれていました。そして水利や用水管理などの紛争にあたって、農民たちをまとめたり、指図する地域の有力者である国人とか有力な地侍という人たちでした。

弘岡の吉良氏、西分・芳原の木津賀氏、森山・秋山・甲殿の森山氏、そして仁ノ・西畑は小島氏などが有力者でした。こうした村でのそれぞれの人々の生活については別稿に譲り、ここではその最高位にあった国人《こくじん》の生活ぶりを見てみましょう。

これは発掘調査された芳原城から読み取ることができます。芳原城は15世紀ごろの城であり、16世紀中ごろにはもう城としての機能はなくなった城です。このころ周辺の国人は木津賀氏だったはずです。城には多くの建物群がありました。貢納物を入れる蔵もあれば、政務を担当する政所《まんどころ》、武術を鍛錬《たんれん》する弓場《ゆば》、そして守りの堀なども完備していました。また城中では中国産の陶磁器である青磁《せいじ》や染付《そめつけ》、それにこの地ではめったに見ることのできない赤絵《あかえ》の碗《わん》、銅碗《どうわん》も硯《すずり》も使っていました。これら高級品や豊富なものから、国人の相当な生活ぶりと、その姿を想像することができます。弘岡の吉良氏も「西ノ城」「吉良が峯城」をもち、土佐7守護の中に入る土佐ではA級の国人、森山氏も「森山馬屋の城」を中心に中島、森山、秋山、甲殿の広範囲を森山分《もりやまぶん》として指揮し、小島氏もまた「仁ノ城」「西畑城」がありました。

もう一つ国人たちの支配する村内に市場集落があったことも見逃せません。すでにこの頃上層農民たちの間には銭貨《せんか》の使用も進み、年貢《ねんぐ》も銭《ぜに》で納めることも行われていましたので、市場集落があっても不思議ではありません。『長宗我部地検帳』には「喜津賀西分」に「古市」が、弘岡にも「古市東ノ町」「古市西ノ町」が、仁ノには「イチノハシ」などの地名が書かれています。長宗我部氏のころにはもう市場としては衰えてなくなっていますが、かつては漆屋《うるしや》や大工、コビキ、桶屋《おけや》たちも住んで村人たちの需要に応じていたようです。

しかしこうした時もつかの間、社会は戦国という争覇戦《そうはせん》の時代となっていきます。こうした時代の波の中で、国人たちのおおくはより強い力によってたちまちのうちに、歴史の中からその姿は消されていきました。

#新しい村の誕生　#村境を明記した「長宗我部地検帳」　#国人層の誕生　#市場集落の存在

何を訴える527年前の護符は

発掘された芳原城跡（芳原城跡発掘調査報告書）

高知県立春野総合運動公園の南に、水田に囲まれる標高30メートルほどの丸い小山があります。土地では城山とよび、幼い頃にはよく草を分けてうずもれた宝物を探したものでした。

小規模で一見平凡な城跡に見えますが、それは天守もなく石垣もなく、土で作られた15世紀末から16世紀初めの古い城。なかでも城の出入り口である虎口《こぐち》は、全国的にも最も古く、城郭研究の基本資料とされました。そればかりでなく政所《まんどころ》や蔵跡などの建物も整然と機能別に分けられ、『長宗我部地検帳』とも一致します。また堀からの遺物は、呪術《じゅじゅつ》用具や、庶民の生活やまじない、信仰の世界までも語ってくれました。

昭和58年6月、梅雨とはいえ雨も少なく、城山周辺の圃場整備に伴う調査は順調に進んでいました。城下の水田には、「北堀」「東堀」「南堀」の地名も残り、城山を囲む堀の地形もそのままに残していました。周辺は湿田《しつでん》、あちこちに水が湧《わ》く泉があり、腰まで泥につかる深田《ふかた》でした。しかしこの湿田に埋もれていた歴史の証人たちは、発掘する私たちを酔わせました。おびただしい数の赤い土師質《はじしつ》土器はこの地で作られたもの、瓦質《がしつ》の鍋や釜はどこからここに来たのでしょう。備前《びぜん》、常滑《とこなめ》、丹波《たんば》の陶器、遠く中国から運ばれた青磁《せいじ》や白磁《はくじ》に染付《そめつけ》、さらには多くの木製品、椀に箸、まげ物に下駄や大足《おおあし》などは生活に密着したもの、リアルな男性のシンボル「陽茎《ようけい》」、舟形、烏帽子《えぼし》の切込みのある人形《ひとがた》やお札《ふだ》等はまじないや信仰の品。文献では語れない庶民生活の匂い紛々《ふんぷん》とするものばかりでした。

　中世の主役は武将や配下の武士たちです。彼らはおのれの野望に眼を輝かせて、戦いに明け暮れました。しかしそのかげに、戦いの不安と緊張感にうちひしがれた庶民の生活があったことは忘れてはなりません。戦いの恐怖。飢饉《ききん》に盗難、村人はおのれをとり巻く凶事《きょうじ》から逃れ、安寧《あんねい》な生活を願って、祈りやまじないに心の安らぎを求めたでしょう。

　水田の下2メートルほどの地中から1枚の護符《ごふ》（お札）が出土しました。頭部を山形につくり、長さは30センチあまり、幅は3センチ程で厚さは3ミリ足らずの薄い杉板《すぎいた》でした。木の葉や小枝、雑草が入り乱れて埋まる黒土の中から、わずかに反《そ》ったお札は完全な姿でとりあげられました。

　山形の頭部には、金剛界大日如来《こんごうかいだいにちにょらい》をあらわす梵字《ぼんじ》があり、その下に「大般若経一部を転読《てんどく》し奉る」と、続いてその右側に小さく「明応《めいおう》二年七月」、そして左側には「四日」とも読めそうな墨書がかろうじて残っていました。明応2年7月の地中からのメッセージです。これは、この時すでに芳原城が

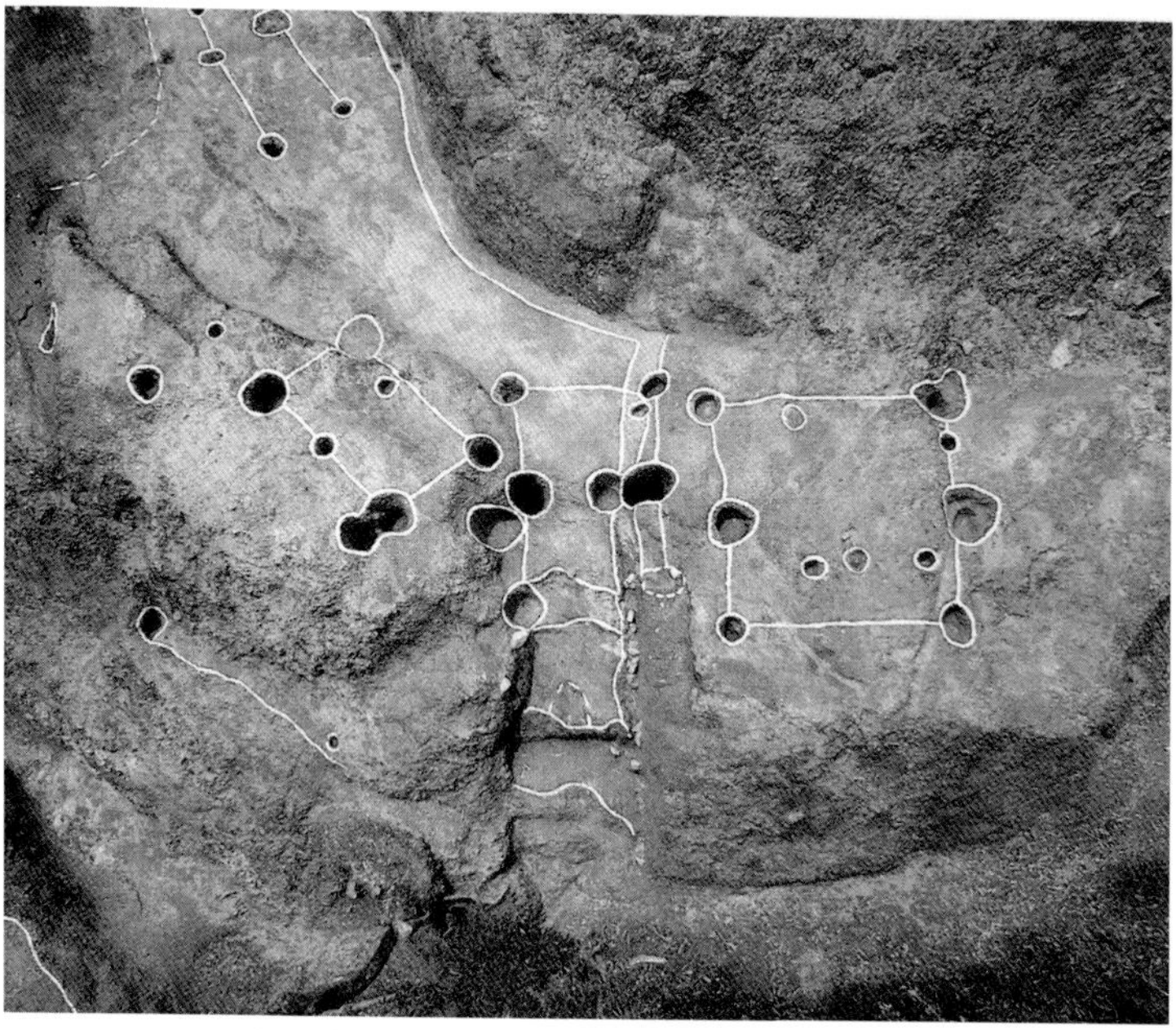

最も古い時期と注目された虎口の完掘状況

存在した証であり、出土品の時期判断も可能となって調査団は色めき立ちました。

お札は、これを持つことによって邪神《じゃしん》、邪霊《じゃれい》から逃れることのできるもの、門口に貼って盗難を防ぎ、田畑に立てて鳥《ちょう》獣《じゅう》の害を防ぎ、台所に貼ると火災の難を防ぐなどその信仰は今も生きています。もとは寺院での祈禱《きとう》のために唱えたお経の名称とか、読経《どきょう》の回数を記したものにはじまり、それを唱えることによって国を守り、疫病《えきびょう》は追い払い、天災からは守り敵にはうち勝つ呪術的効果《じゅじゅつてきこうか》があらわれるとされたものです。大般若経転読の墨書《ぼくしょ》はこれを語っています。

大般若経は600巻という仏典中もっとも大部の経典《きょうてん》です。全巻唱えることは困難ですので、一般には各巻の経題や数行読んで後は省略する転読《てんどく》の方法がよ

出土した護符
明応二年七月の文字も鮮明に出土

くとられています。芳原城下でもこの方法がとられたでしょう。

堀底に埋もれたこのお札は、当時はどのようにして使われ、どんな願いを託したものでしょうか。その推察はむつかしいところですが、面白いことに越前一《えちぜんいち》条谷《じょうたに》の朝倉氏の遺跡から出土のものと、芳原城出土のものにはお札の下の方に4ミリほどの丸い穴があります。この穴からみて、お札は恐らく堀端に立てられた木の棒か何かにくりつけられたものか、あるいは釘のようなもので打ちつけられたものとみてよいでしょう。そして村人たちはお札の前にあい集い、戦いの不安と緊張感からの解放を願い、われらが城と地域の安寧、我が住む里への病魔・悪霊の入らぬことを願い、大般若経を唱えあったものとみてよいでしょう。

５００余年前の７月、その日も夏の太陽は村人たちの背に刺さるような強い日差しであったでしょう。流れる汗もぬぐいもせずに、ただひたすらに大般若経を唱える村人たちの声が聞こえてくるようです。地中に埋まって５００余年、朽ちることなくよみがえったお札は私たちに何を訴えているのでしょう。

#中世山城の発掘調査　#芳原城は15世紀末から16世紀初めの城
#古い時代の「虎口」検出　#明応２年の「護符」発見

吉良宣経の業績たたえる『吉良物語』

戦国時代春野地方を支配した吉良氏、その中で吉良宣経《きらのぶつね》は戦国武将でありながら儒教政治を実践した名君としてたたえられています。

なぜ宣経が名君といわれたでしょう。

その答えはまず「吉良條目《きらじょうもく》」からあげなければならないでしょう。戦国時代の武将たちは、掟《おきて》を定めて家臣たちを厳しく統制しました。長宗我部元親の「元親百か条」は有名なものですが、宣経はこの元親の掟書《おきてがき》より50年早く「吉良條目」を制定していました。宣経は家臣たちに積極的にさせようとした「法式《ほうしき》」、いわゆる督励《とくれい》條項13か條と「禁制《きんせい》の目」という禁止の項目10か條を制定しています。「法式」には「忠節孝行を励み志すべき事」とか「洪水や火事があれば早鐘《はやがね》で知らせる」とか、「諸士は国の藩衛《はんえい》なり」「農民は国を養う本なり」「武勇芸能の士は国の宝なり」などの言葉なども出して、皆それぞれにその実行を督励しています。

また禁止の項目の中には「不孝不忠、あるいは妻を虐《ぎゃく》し下人《げにん》に恩なき輩は咎《とが》あるべし」「博奕《ばくち》大酒するものは科代として不況銭出さしむ」「造言し人をそしり人を罪に落としたり朋友の仲かを妨ぐる輩は追放または斬罪」など厳しい刑罰も決めています。

答えの第2は、「南学発祥」ということです。東小学校の校歌には「わしおの山を背受けて、ここ南学の発祥地」と歌い、西小学校では「歴史は古く南学の、まことの道をつたえつつ」と、そして春野中学校は「南学の育ちし土ぞ、我が父祖の熱き血潮をしかと受け継ぐ」と南学を生み育てた文化的風土の中で学ぶ幸を誇って高らかに歌っています。

時は戦国、戦いに明け暮れ、学問などあまり考えられないとき、宣経は周防《すおう》（山口県）から南村梅軒《みなみむらばいけん》を招いて朱子学を弘岡で講義させたといいます。むつかしい学問であり梅軒の教えを理解したのは宣経と従弟の吉良右近宣義《きらうこんのぶよし》の二人で、宣経の子の宣直《のぶなお》も居眠りしたという話も残されています。梅軒の教えが、春野の地でどれだけ根を下ろしたかはわかりませんが、この学問は後に谷時中《たにじちゅう》や小倉三省《おぐらさんせい》、野中兼山らに受け継がれ、南学として確立、幕末の尊王思想《そんのうしそう》につながり土佐勤王《きんのう》運動の基礎ともなります。

ところがこの宣経の業績とされるものにたくさんの疑問点が指摘されています。まず「吉良條目」ですが、本当に宣経の時に定められたものであるかということです。宣経自身史料の中に出てこないものですから定めようがありません。そして條目の文章自体も相当整備され、その内容からしてもかなり新しい発想、少なくとも戦国時代のものでなく、江戸時代の考えが相当濃いとのことです。また南学の開祖とされる南村梅軒についても「大内氏実録」という書物に有梅軒とあるだけで他にほとんど伝えるものがなく、はたして歴史上実在した人物であったかどうか疑わしいということです。というのも、これらの業績が『吉良物語』だけからの引用によるからです。近世になってから、『元親記』『長元記』『土佐軍記』など主として長宗我部元親のことを書いたものができますが、これに次い

昭和６年３月建立の碑

国道56号線脇の碑（昭和35年５月建立）

で『吉良物語』が出ます。これは元親による土佐が統一される前の吉良氏興亡が主に書かれています。

『吉良物語』の原作者は吉良宣義の子の僧真西堂《そうしんせいどう》といいますが、原作は残っていません。現在あるものは、江戸時代に土佐出身の朱子学者大高坂芝山《おおたかさしざん》によって相当つくり替えられたものといわれています。この『吉良物語』を有名にしたのは、南学の開祖として南村梅軒があったからです。「南村梅軒」とあるのは現在『吉良物語』と同じ大高坂芝山の著した『南学伝』だけです。またこの『吉良物語』に書かれている内容を、当時の信頼度の高い歴史史料と比べてみると、あまりにも違いの大きいところが目立ちます。ここが『吉良物語』を史書として評価するには問題が多いと論議されているところです。しかし春野の小中学校の校歌には歌われ、高等学校の歴史教科書にも、南村梅軒を「土佐の土豪吉良宣経に仕え、南学の祖とされた」と長く記されてきているし、高知県史の主要部分の箇所でもあります。南学や南村梅軒、そして吉良宣経も「吉良條目」も、これらすべての抹殺《まっさつ》もしがたく賛否《さんぴ》半《なか》ばにしたままで現在に至っています。

『吉良物語』の記事は春野の歴史の中で輝いています。これは大切にしながらも、歴史事実の解明も今後一層の努力が必要でしょう。

#吉良宣経は戦国武将であり、儒教政治実践者　#「吉良條目」制定　#南学発祥　#『吉良物語』

討たれる兵800余人、傷つく者その数知らず

16世紀初め、永正の末年ころから吾南にも戦国の風雲が急を告げてきます。西から戸波《へわ》城を攻略した一條氏が、そして北からは朝倉城を拠点とする本山氏の南下がはじまります。緊迫したこの情勢に吾南の支配者吉良氏も、吉良城や西の城を固め、行当《ゆきとう》にも砦《とりで》をつくって必死の防御策をたてて抵抗しました。

天文9（1540）年、本山氏は吉良駿河守が贄殿川《にょどかわ》での漁をする日の情報を入手しました。この日をチャンスとみた本山氏は、700余人の兵を二手に分け、一手を吉良城に向け、一手は贄殿川の駿河守《するがのかみ》を討つ策に出ました。如来堂《にょらいどう》で鵜《う》を使い漁《りょう》を楽しんでいた駿河守は、突然行当の山陰から弓鉄砲の攻撃を受けます。逃れようとしますが流れ矢は彼の眉間《みけん》に刺さりました。吉良城からも鬨《とき》の声は聞こえ、城も落ち、駿河守は腹を切って絶えたといいます。吉良氏滅亡の時を鮮明にする史料はありませんが、天文9（1540）年の荒倉神社の棟札《むなふだ》には「大檀那《だいだんな》清茂」の名があるようですので、すでにこの年には本山氏の支配となっていたのでしょう。しかしこの時期、本山氏の支配はまだ弘岡だけで、森山や木塚は早くからこの地に入っていた一條氏の支配が生きていたようです。それならば当然のことながらこの地が本山、一條の決戦の場となってきます。天文14（1544）年、本山氏は須

崎において津野氏を助けて一條氏と戦いますが敗北。これが一條氏の吾南進出を決定づける本山の敗戦となるやに見えましたが、一條氏も当時、力を入れていた伊予攻略に失敗し、吾南まで手がまわりませんでした。その間隙をぬって本山氏は一條配下であった森山城、秋山城も手中に収め、その勢力を浦戸城までひろげていきました。

永禄3（1560）年5月、長浜戸《と》の本《もと》の戦いは、本山と長宗我部の吾南をめぐる死闘の初戦でした。また元親にとっては初陣《ういじん》でもあり、その勝利は彼の前途を大きく開きました。長宗我部軍の吾南侵攻は激しく、2か月足らずで戦場は春野に移ります。永禄4（1561）年3月には元親軍は東諸木城、本山軍は光清《みつきよ》城でにらみあいます。このころ諸木と芳原の境界付近が両軍の勢力境界でもあったようです。雀が森城や芳原城も含んでの戦いがくりひろげられたことでしょう。戦いは長宗我部軍が日を追って猛威を振るい、本山軍は日増しに不利な形成となって進んでいきます。

森山城
道路工事で消えるための記録保存のための発掘調査中
（令和2年7月18日）

吾南制覇をめざす元親軍はまず木塚城に押し寄せます。城主左衛門太夫《さえもんだゆう》も懸命に応戦しますが多勢に無勢、人質を出して降参します。たちまち秋山、森山、西畑、仁ノの城も攻め込まれ、腹を切るものもあれば城を開けて

空からみる消える部分（令和２年７月22日）

降参するなど次々に元親の軍門に下っていきます。（『古城伝承記』）本山軍も芳原、秋山などの奪回を決意します。本山茂辰《しげとき》の子親茂《ちかしげ》は夜討《ようう》ちに優れた兵２００人でもって、秋山城に夜討ちをかけ奪還《だっかん》に成功します。しかし反攻もここまでで、結局は本山氏の吾南の拠点《きょてん》吉良城をめぐっての攻防戦となっていきます。

両軍勢の戦いは弘岡の野で展開されます。一方が鬨の声を挙げれば一方も負けじと勝鬨《かちどき》の声をはりあげます。人馬に踏み荒らされ、足に触る草さえなくなるほどに両軍は入り乱れ火花を散らします。駆けまわる馬は汗を飛ばし、蹄《ひづめ》の音は重く聞こえます。打ち合う刀のつばの音は鋭く響き、飛びかう矢の音は入り乱れ、山々にこだまして不気味な音となって身に刺さる思いです。この日の戦いは辰《たつ》の刻《こく》（午前8時）より未《ひつじ》の刻（午後2時）まで17回にわたる戦いでした。討ち死にしたもの両軍で８００余人、怪我をした者その数を知らずと言われる激戦でした。（『土佐物語』）

しかし死闘も、永禄５（１５６２）年、本山氏の朝倉城撤退によって終結し、約20年間にわたる本山氏の吾南支配もともに終わります。こうした中、春野で育ってきた国人《こくじん》（土豪《どごう》）であった吉良氏も森山氏も、また木塚氏も没落して消えていきました。

元親は弟の親貞《ちかさだ》に吉良氏を名乗らせ吉良城に入れます。また森山には弟の親泰《ちかやす》を入れ吾南支配を固めます。勢いづいた親貞は蓮池城《はすいけ》も一條氏から奪い、さらに一條氏滅亡後は中村城に移りますが、天正5（1577）年には世を去ります。その子親実《ちかざね》は、元親の子の信親《のぶちか》の死後その後継問題で元親の怒りにふれて切腹を命ぜられます。

戦国転変の世とその悲劇は、これからもしばらくは続いていきます。

#本山氏と長宗我部氏の激しい抗争　#国人層の没落

『長宗我部地検帳』春野を語る

本山氏の20年にわたる吾南の支配が終わり、長宗我部氏の支配となったのは永禄《えいろく》5（1562）年8月の頃でした。元親は弟親貞を吉良城に入れて吾南支配の拠点としました。親貞は謀略家《ぼうりゃくか》であり、たちまち隣の蓮池城をのっとり、天正2（1574）年には中村の一條兼定も追放して中村城に移ります。しかし間もなく36歳で世を去り、その子親実が跡を継ぎますが、彼も元親の怒りにふれて非業《ひごう》の最後を遂げます。戦国のならいとはいえ、中世吉良氏を名乗った3名家は短い運命でした。

長宗我部元親の検地の話を進めましょう。

検地といえば多くの人が太閤《たいこう》検地、秀吉を思い浮かべます。この元親の検地も秀吉の命を受けて行ったものですが、秀吉派遣《はけん》の検地役人によるものではなく、元親自身の裁量で行い、結果を『長宗我部地検帳』として秀吉に提出したものです。検地は田畑屋敷を計測調査して、家臣の所領をはっきりと確定し、農民を土地に縛りつけ、そこからの年貢や夫役という税の取り立てや、戦いのときの動員を義務付ける基準を確定する手段です。御恩《ごおん》と奉公《ほうこう》の封建社会の運営には絶対必要なことです。

元親は天正15（1587）年から18年にかけてと、一部慶長のころに部分的にしなおしを行いますが、成果である368冊の地検帳は今も残り、全国的にも貴重な史料とされ、国の重要文化財として、高

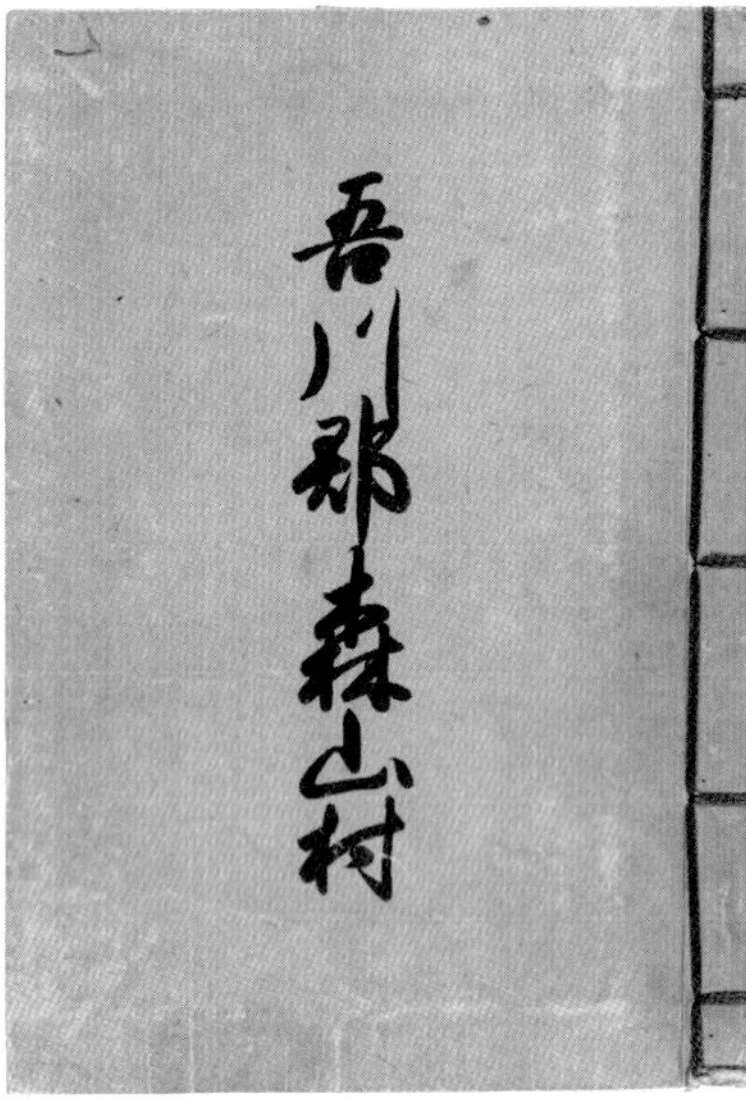

長宗我部地検帳
吾川郡森山村 表紙
（高知城歴史博物館蔵）

知城歴史博物館に保存されています。

地検帳には、土地の所在地（ホノギ＝小字）、面積、種別（田畑屋敷など）、等級（上中下など）、登録人（土地をもらっての耕作者や自作農の別など）が書かれており、土地の現況や所有関係、支配関係など、この時代だけでなく高知県史の研究には欠かせない超一級の史料です。

検地はその土地の有力者（のちの庄屋クラス）の「地引《じびき》」が土地の案内や、雑用人夫の調達などを行い、長宗我部氏の有力家臣である検地役人の立ち合い指導のもとに、「杖」といわれる下級部武士が6尺3寸の竿をもって測り、その結果を「筆者」が記録します。進行状況は「目付」が監視しています。各地の地検帳の巻末には、ほとんどすべてこの検地役人らの構成メンバーの名前が書かれ、ことに検地役人、筆者、目付は署名と花押《かおう》（現在の印鑑に相当）があり、責任の所在をはっきりとさせています。

吾南の検地は天正17（1589）年1月から開始されます。その検地ぶりを森山の地検帳からみてみましょう。森山に検地役人が来たのが天正17（1589）年1月6日で、その翌日に準備を整え、次の日から34日間の検地が行われます。その間に雨と雪のため4日だけ休むという頑張りようです。

検地は計測の結果によっては、年貢や夫役の増加などが考えられるので、耕作者や関係者のいろいろな抵抗があったようです。恨《うら》まれた検地役人が放火されて焼死したり、仁淀川での原因不明の遭難事件などの記録があることなどからして、スムーズな検地の難しさをも語っているようです。

当時の吾南は弘岡村、喜津賀、森山分、仁ノ西畑の4村落に分かれ、その境界は明確に決められています。従来の村（郷村《ごうそん》）のあり方を正して、統一政治をより強化しようとした元親の意気込みが見えます。弘岡村には上之村、中之村、下之村があり、喜津賀の東分に内谷村、東諸木村、吉原《よしはら》村、そして西分に西分村と西諸木村があります。森山分には森山村、秋山村、甲殿村、中島村が含まれ、仁ノ西畑は仁ノ村と西畑村という単位になっています。

『春野町史』では地検帳によって、各村々の屋敷数をまとめ、1屋敷7人として当時の人口1万2000人と推定もしています。

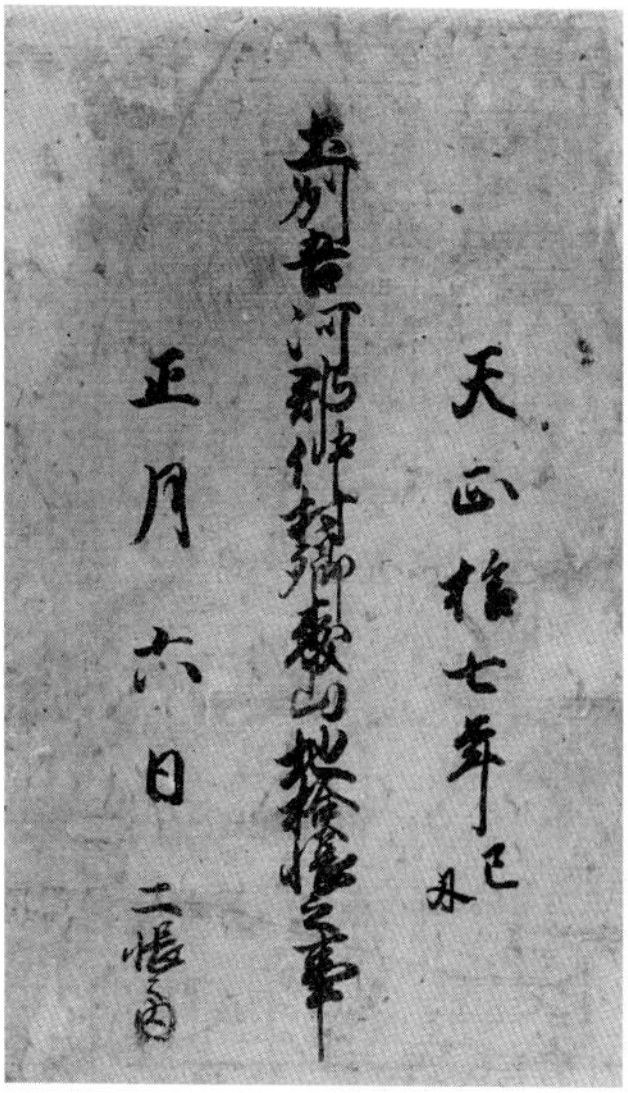

長宗我部地検帳
吾川郡森山村　中表紙

喜津賀	西分	207
同	西諸木	36
同	東分内ノ谷村	83
同	東諸木	87
同	吉原村	144
森山分	森山村	184
同	秋山村	103

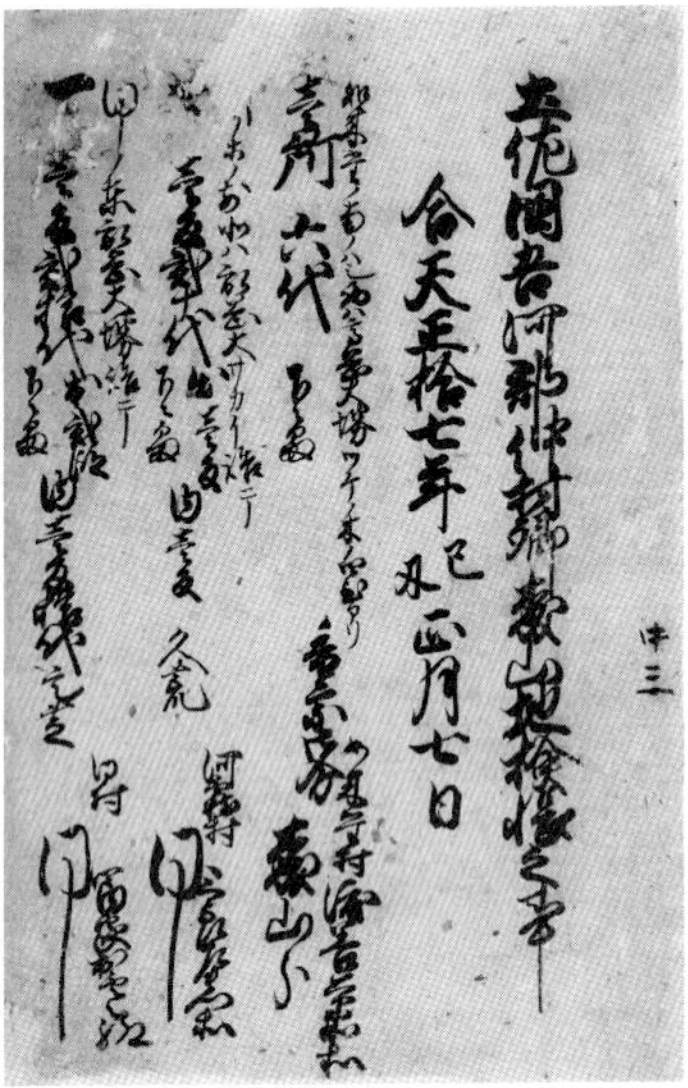

長宗我部地検帳
吾川郡森山村 記載冒頭

同	甲殿村	27
仁ノ西畑	仁ノ村	85
同	西畑	98
弘岡村	上之村	289
同	中之村	189
同	下之村	188
合計		1720

注目すべきことはこの時期は畑地が圧倒的に多いことです。現在の良田でも用水路がなく畑地であったということです。「上々」評価の水田は極めて少ないところを見ても、当時いかに春野が灌漑による水田管理で苦労し、その根本的解決は、野中兼山の弘岡井筋の完成まで待たねばならなかったことを裏付けています。

このほか吾南の開発状況や元親と土地をめぐっての支配関係や所有関係などを含め、地検帳は今も歴史の確実な証言者として正しい歴史を語り続けてくれています。

#長宗我部氏の春野支配　#長宗我部検地の実施

野中兼山、春野の土地を変える

慶長6（1601）年山内一豊が土佐に入国します。山内氏の土佐藩政も年をおって安定していきますが、春野の開発に大きな影響を与えたのは、2代藩主の忠義に抜擢《ばってき》され、30年間執政《しっせい》として活躍した野中兼山であったでしょう。

兼山は慶安元（1648）年から5年間の歳月をかけて弘岡井筋《ひろおかゆすじ》を完成しました。いの町の八田に八田堰（弘岡堰《ひろおかせき》）をつくり、行当《ゆきとう》を切り抜き、弘岡井筋と諸木井筋を幹線にした用水路網は、それまでは仁淀川の自然堤防上の畑地であったものをすべて水田に変えました。ここに米麦の二毛作《にもうさく》が行われるようになり、吾南は農村としての面目を一新し、土佐のデンマークと言われる基盤ができあがりました。

八田堰からの用水は、弘岡井筋によって八田から行当をぬけ小田《おだ》に流れます。ここで東へ諸木井筋として分流させ、本流は南に流します。途中の川窪《かわくぼ》で川窪井筋に水をわけ、本流はさらに南に流して、新川で二分し、ひとつは新川川に落とし、もう一つは南に流し北川井筋、南川井筋へと分流します。こうして分流された水はそれぞれ吾南の平野をぬって、川下へと流れ井下9か村を潤します。ここに井下856ヘクタールのうち、510ヘクタールの水田が新たに生まれたことになりました。

諸木井筋堀池通り（当時は桜堤、現あじさい街道　昭和初年）

兼山の事業のもうひとつには、行当から森山に至る仁淀川の連続した長い堤防《ていぼう》の構築《こうちく》です。堤防のない仁淀川を想像してみてください。洪水のたびに水は思うままに流れ、耕地はそのたびごとに荒れに荒れていたでしょう。この大仁淀川の流れに、初めて本格的に人間の力で対抗しようとしたことになります。およそ4キロに及ぶ大事業ですが、この堤防事業を伝える史料が残っておりません。しかし弘岡上の楠《くすのき》神社の付近を除けば、すべて弘岡井筋に沿っています。このようなところからみれば、堤と用水は密接な関係にあるとみてよいでしょう。おそらく井筋と堤は同時に企画《きかく》され工事は勧められたものとみて間違いないでしょう。ただこの八田堰の構築については、吉良氏の時代、そして長宗我部氏の時代にも工事は行われ、野中兼山の時期に完成したとみる人もいるようです。確かに吉良氏

野中兼山像（本山町帰全山公園）

の時期にも堤防を築いたことは事実ですが、それは現在のところとは違った場所です。やはり堤防も野中兼山の用水路建設とともに作られたものとみるべきでしょう。こうして兼山によって作られた八田堰も弘岡井筋も、そして連続する長堤《ながつつみ》も、その後は井奉行《ゆぶぎょう》を中心に村人たちによって維持管理され、破壊されれば直ちに修理が加えられて、明治に、そして現在に至っていることも忘れてはなりません。

いまひとつには、応永《おうえい》元（１３９４）年のころに森山村に新川町を建設したことです。弘岡井筋は用水路の機能を高めるために比較的高いところを流してきました。この用水を「おとし」によって、吾南平野の一番低いところを流れる新川川に接続させて、仁淀川上流の物資を舟運によって高知の城下町に送ろうというのです。この「おとし」は船や筏《いかだ》はそのまま通行できませんので、舟の荷物はいったんおろして積み換え、筏は解体して「おとし」を流し落とさねばなりません。このため新川が物資集散《しゅうさん》の中継地として、これを取り扱う運送業者や商人を主とする町として大いに繁栄することになります。藩主豊熈《とよてる》が巡遊《じゅんゆう》してきたとき、この新川に立ち寄り、筏を解体した木材に乗って「おとし」を勇壮《ゆうそう》に下る筏師《いかだし》の妙味に感嘆したとも伝えられています。当時新川町には200軒の家が並ぶ在郷町《ざいごうちょう》として繁栄し賑わったといいます。

そして最後に、もと長宗我部氏の家臣であった一領具足《いちりょうぐそく》にも意を注いだことです。一領具足はもともと山内氏の入国にも反対し、山内氏からは冷遇《れいぐう》されてきていましたが、兼山はその子孫を郷士《ごうし》としてとりたてました。吾南地方でも多くの郷士が召し抱えられました。仁ノの小島一族や弘岡上の岡林氏などはその例です。これによってかつての一領具足たちの不満も解消されていきました。

しかし兼山の事業はほとんどが人間の労働力に頼らねばならないものでした。事業が進めば進むほど多くの人間の労働力が強いられ、人々の疲れも想像に絶するものがあり、次第に不満が高まってきました。結局は反対派によって兼山は失脚させられ、「寛文《かんぶん》の改替《かいたい》」という政治改革が行われるという結果となってしまいます。しかし春野地方では兼山の事業によって生産力は増大し、弘岡上を中心にした深瀬一族や、甲殿の島田一族などのような豪農《ごうのう》も誕生してきます。

この時代になるとどうやら農村にも商品経済が浸透《しんとう》し春野にもまた新しい時代が展開されようとしてきました。

#野中兼山の政治　#八田堰と弘岡井筋建設　#米麦二毛作の始まり　#豪農誕生

兼山に教えた〝はるの〟さん

濁流《だくりゅう》は渦を巻いて流れていました。昨夜も遅くまで築いた堰もあとかたもなく流されました。降りしきる雨の中、野中兼山や普請奉行《ふしんぶぎょう》の一木権兵衛《いちきごんべえ》が、蓑《みの》に身をつつんでぼうぜんと眺めています。

洪水に流れる堰を見る兼山と一木権兵衛
（大野龍男「兼山公絵伝」高知県立歴史民俗資料館蔵）

築いては流され、流されては築く、もう何回繰り返したことでしょう。

この時兼山の耳に、隣でつぶやく老人の声が聞こえました。「お奉行様《ぶぎょうさま》らあも、こんな荒い流れの川をせき止めるのに、あんな真っすぐな堰をつくったちいくもんか、堰をつくるがじゃったら、両岸から綱《つな》をこじゃんとがいにひっぱっちょいて、その綱が流れによってどんな曲《ま》がり方をするかようみちょって、その曲がりのような堰をつくったらええに、知らんもんよのう」と。

兼山は早速に堰の構築にかかりました。この方法で完成した堰が世にいう「糸流《いとなが》し工法」、いわゆる「湾曲斜《わんきょくなな》め堰」というカーブを描いた堰だったのです。「山田堰」も「八田堰」も、そして宿毛の「河戸《こうど》堰」も中村の「麻生《あそう》堰」もこの湾曲斜め堰です。すべてが野中兼山の事業です。この兼山の耳元でつぶやいた老人、それは「ある翁《おきな》」、いや「ある嫗《おうな》」だといわれます。それは大内村の人、名は「はるの」さんだということです。

堰をつくる技術は、甲斐《かい》（山梨県）の武田信玄の治水灌漑の技術が、甲斐から遠州《えんしゅう》（静岡県）、そして関東方面から全国に普及したようです。野中兼山がいつどうしてこの技術を取り入れ、一木権兵衛がこれを知ったのかはわかりませんが、その技術は素晴らしいものです。

堰の構築は「四《よ》ツ枠《わく》」という工法がとられたようです。『南路志《なんろし》』には山田井奉行《ゆぶぎょう》である井上忠兵衛の考えた工法として「四ツ枠にして、長、横一間づつにわりあわせ二通立て、よこぬきを入れ、石持のゆかをゆひ一間の間四方へ次第に長杭を立て、それに石を積め入れてせき申」したと言うことです。これを裏付けるような話が、大正の頃まで八田堰を修理していた人の話として『春野町史』にあります。まず堰の上流に牛枠《うしわく》といって、昔田舎で干しものをする「たてまち」のように松の大材を3本組み合わせたものを作って立て、川の流れを緩《ゆる》めます。この下手に堰をつくりますが、堰はいずれも枠とよばれ、それが互いに結合して一つの堰となります。一番上流の一列は「固盤枠《こばんわく》」といいました。長さ3間（5・5メートル）ほどで一抱《ひとかか》えもある太い松の胴木で作った、3間に1間ほどの直方体《ちょくほうたい》の周囲にヒゴといって径10センチ程の松丸太を、ちょうどコバン（鳥籠）のように組んであったからでしょう。この「固盤枠」に続いて下流の側には「土台枠」と言って、ヒゴのない胴木を組み合わせたものを並べます。これが幾列か続いて、最下流の側にあるのが「片固盤《かたこばん》」です。下流に面して水が

堰構築を指導する野中兼山（前掲画）

渦流になりますから堰が壊れるので、下流面だけヒゴを入れたので片固盤という名が生まれたものです。枠作りは「枠切《わくき》り」という専門の技術者が両岸や堰の上で一つずつ仕上げます。水の中に枠を入れると同時に、すでに集められた栗石《くりいし》を枠に詰めて安定させます。仕上げは石つきで、石工《いしく》が大きな割石をみんなと協力して急いで築き上げて完成させていきます。

堰作りで「四ツ枠」の沈設《ちんせつ》は見ものです。最後まで残るのは深く流れの早いところです。ここは「四ツ枠」が沈められますが、これは胴木を組み合わせた枠の末端を切り尖らせ、一もやい（組）ずつ堰の先端から青みがかった川底に沈めます。と同時に、待ってましたとばかり体力と気力と水泳に自信のある「川夫」が、躍《おど》り込んで「四ツ枠」を川底に安定させます。流れは早く深い、失敗したことも度々でした。安定すれば後は栗石、割石と前のような工程が加えられて完成していき

堰構築を視察する兼山一行（前掲画）

ます。

　松野尾儀行は『南海《なんかい》之《の》偉業《いぎょう》』で八田堰の本来の姿について「長さ3丁48間（415メートル）、高さ1間4尺（3メートル）、幅10間3尺（19メートル）構築するのに大石大材を用ふ」と書いています。兼山が総指揮、現場の指揮は一木権兵衛で、慶安元（1648）年から5年の歳月を費やして完成したものです。以来洪水のたびに壊されては修理も行われていますが、寛文元（1661）年からは、弘岡下の北岡、弘岡上の生方《おぶかた》両井奉行の責任において、藩の普請奉行指揮下で修理が行われ、その技術もまた江戸期から明治、そして大正と生き続けてきました。

　コンクリートの堰となった現在、兼山当時をしのぶものは何もありません。川岸の記念碑に兼山の偉業を顕彰し、堰を守った農民たちの努力と汗に頭を下げるだけとなりました。


＃糸流し工法（湾曲斜め堰）　＃四ツ枠工法　＃一木権兵衛の総指揮（普請奉行）

水運路のノド、新川の「おとし」

弘岡井筋は農業用水路としてだけでなく水運路でもありました。八田堰ができるまでは、奥仁淀の材木や薪炭は仁淀川を下り、太平洋に出て浦戸湾から高知の城下に運ばれていました。八田堰には筏越《いかだこし》を作らなかったため、物資はすべて弘岡井筋を通らねばならなくなりました。弘岡井筋は割合高いところを通っているため、新川の入り口で自然の流れであった新川川と高低の差を調整しなければならなくなりました。このために作られたのが「おとし」です。したがって通過する木材や物資はすべていったん新川の「センバ」に陸揚されることとなり、ここが水運路のノドとなりました。そのため上下する物資を取扱う商人や運送業者で大変な賑わいでした。元禄の頃には60余軒だった人家も幕末の頃には200軒近くになり、在郷町として繁栄しました。料亭や商人の屋号は太子堂前の石灯篭にも刻まれて残り、その繁栄の様子を知ることができます。山内家家紋瓦が葺かれた恵比寿神社や野中兼山を神とする春野神社も道端にあります。

吾南の水路　流れがつくる繁栄のもと

吾南の水路は、野中兼山遺構として有名です。慶安元（1648）年から、承応2（1653）年にかけて一木権兵衛を普請奉行としての事業でした。仁淀川の流れを八田堰でせき止め、この水を弘岡井筋にひきこんで、その水で吾南9か村を水田の村とした井筋と、その村々を通過して長浜から高知城下への水運路としたことです。

この八田堰と弘岡井筋の事業は野中兼山の事業のなかでも、野市堰と上井・下井、山田堰と上井・中井・舟入水系、そして鎌田堰と鎌田井筋と並ぶ土佐の4大治水事業に数えられるものです。そして土佐の水田史、灌漑史、水運史ばかりでなく土佐藩政史の中でも重要な位置を占めているものです。

難工事であった八田堰や、弘岡井筋にかかわる伝承などはたくさんありますが、事業の経過や工法などを確実な史料で実証することは大変困難です。元禄のころに書かれた土佐の風土記といわれる『土佐州郡志《とさしゅうぐんし》』も大変簡潔に断片的にしか書いてありません。しかしこの流れが、灌漑のための引水《ひきみず》、あるいは諸物資運送の水運路として、その地域の、ひいては土佐藩の発展のためには、相当な比重を占めていたことは間違いありません。

兼山の事業を解説した書物に松野尾儀行の『南海之偉業』がありますが、それによるとそれぞれの

小田の井流から諸木井筋に用水は勢いよく流れ出る（弘岡上）

井筋《ゆすじ》、井流《ゆる》、閘《こう》、切抜《きりぬき》、底圦《そこいれ》、水門《すいもん》、掘割《ほりわり》、樋《ひ》、堀などの規模や構造、用途にわたって細かく書いてあります。明治18（1885）年当時の調査によるものですから、兼山事業が完成してから230年ほど過ぎてはいますが、まだかなりもとの形を留《とど》めていたものと思われ興味深い内容です。

さてこの流れをつくった技術ですが、注目すべきことは、弘岡上・中・下、西分、諸木、長浜に至る地域に流水可能な傾斜を確保したことです。レベル差の極めて少ないこの地域に用水路・内陸水路の創設ということは、高度の水盛《みずもり》技術が要求されます。兼山はこの解決策として、まず堰をはるか上流の八田に構えて落差《らくさ》を確保しました。そして水盛については井筋の取水口の底と西諸木の雀ヶ森の山頂を同じレベルにする世にいう提灯《ちょうちん》測量によって設計したとも伝えられますが、果たしてそれで成果が得られたでしょうか。いずれにしても流水可能な傾斜確保の技術は、当時の

遅能底圦（右側が兼山当時のもの）
上を諸木井筋が流れ、下を北山川がながれる立体交差

技術水準からすればその困難さは想像を絶するものがあったことは事実でしょう。この高度の技術は、戦国期の築城術に由来するとされ、その創案は武田信玄《たけだしんげん》とも言われます。近江国穴太《あのう》に生まれた石垣の技術は、戦国大名に抱えられ、各地の築城によってその技術はすでに認められていました。土佐藩においても穴太の役はありました。築城術の発達とともに進んだ石工の技術、水盛の技術、さらには城や砦の構築、用材の役を受けもった大鋸《こび》引きの技術が、堰や用水路の構築に、また枠や胴木としての巨大な松材伐採に生かされたわけです。この技術が普及することによって、これまでの小河川—大河の支流の堰止めによる灌漑から、大河川の本流を横断して堰をかまえ、水を延々と2～3キロの遠方に流し、井筋ごとに数百町の耕田《こうでん》を養い、さらに川幅、水深

ともに舟筏を通すことができるまでになったのです。行当の切抜、弘岡上八幡の堀割り、大瀬、西分小路、唐音・長浜の切抜などの工事、漏水防止の「千本突《せんぼんつ》き」などの工法も可能にしたものです。

しかし動員された田掛《たが》かりの農民たちはもちろん、周辺の農民たちにとっては言語に絶する過酷《かこく》な労働であったことも見逃すわけにはいきません。いまなお残る「古糞《ふるくそ》の皮剝《かわは》ぎ」や「春兎通ったあとが百貫目」などの話はその証でしょう。

農民たちのこうした過酷すぎる労働があってこそ用水路は完成し、これによって、井下9か村、いわゆる弘岡上・中・下、森山、西分、西諸木、東諸木、秋山、甲殿の村々の本田高８５６０石２斗９升の内５１０２石１斗１升１合の水田が誕生します。つまり８５６町の内、５１０町の水田が生まれ、水田の約60パーセントが完全に水田化されました。これまでは仁淀川の自然流路に沿って形成された自然堤防の帯状低地に「樋《ひ》」や「神母《いげ》」などを通じて、周辺産地からの湧水による自然灌漑でわずかな水田耕作を続けただけで、それ以外に河岸などは畑地、採草地、林地として利用するにとどまっていました。その農業経営を一変させ、自然堤防上はほとんど水田にする、いわゆる水田の村とした画期的なものでした。こうして吾南繁栄の基礎がここにつくりあげられました。

#『南海之偉業』で知る兼山の事業のあらまし　#提灯測量、水盛の技術　#千本突きで地固め

八田堰　仁淀の水運路を変える

八田堰（弘岡堰）
仁淀川を堰く（湾曲斜め堰）

吾南の水路の大きな役割は、水運路としての機能でしょう。これも時代の要請《ようせい》によるものでした。当時土佐藩は財政窮乏の立て直しの対策として、土佐木材を中心とする物資を上方の市場へ積み出すことをめざしていました。山田堰と舟入川をもって物部川上流地域と高知城下を結んだのも、八田堰、弘岡井筋、新川川と結んで上仁淀と高知城下を結んだのもそのあらわれでした。

弘岡井筋が新川川と接続して水運路として完成したのは、承応元（１６５２）年でした。それまでは、上仁淀の物資は仁淀川を下り、河口から外洋に出て、浦戸湾から高知の城下に運ばれていました。ところが完成した八田堰には筏の通る「筏越《いかだこし》」をつくりませんでした。このため上流から運び出されるいろいろの物産、竹や木板、

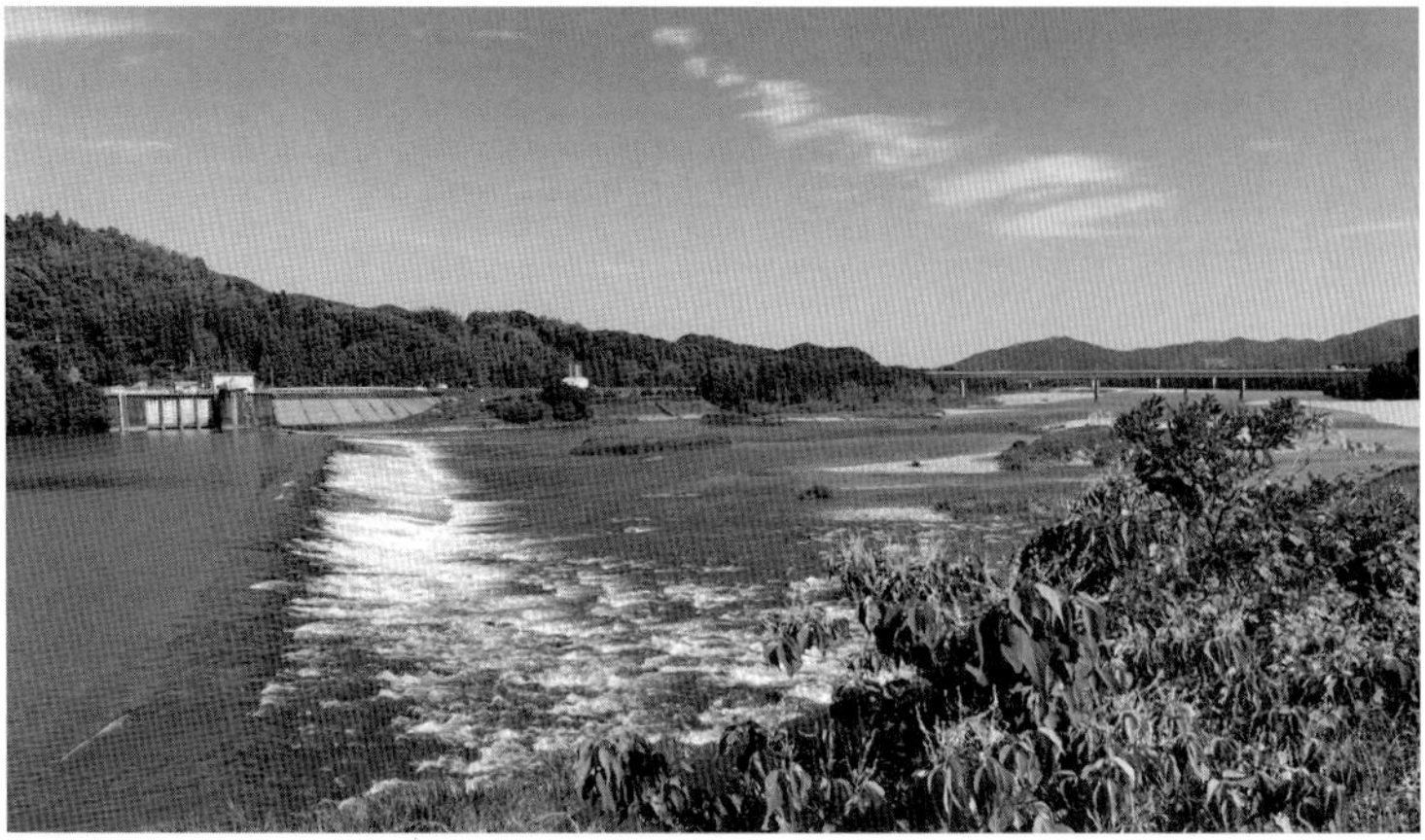

八田大井流
吾南潤す弘岡井筋の始まるところ

保佐、薪、炭、それに舟筏はみんな新川を通らねばならないようになり、仁淀川水運を一変してしまいました。

平野部の水田への灌漑のための用水路としては、その水位の高いところがのぞまれますが、一方舟運あるいは排水の効果から考えると、新川川の水位は低いところがのぞまれます。これを調節したのが「新川のおとし」です。「新川のおとし」は、森山村字大坪にあり「高サ九尺　幅五間長サ十二間三尺、構造大石、木材ヲ用イ下地ヲ大石ニシテ畳シ　上ヲ松板ニテ蒸回ス　水ノ低落スルトコロ左右ニ波止メリ長各八間根置三間　馬踏一間　大石蒸廻シ」たものと、当時の「おとし」についての構造や規模の記録がありますが、これは大変高度な土木技術が生かされた構築と言われます。こうして新川に「おとし」ができてから、新川の地も大きく変わり発展の一途をたどっていきます。

今まで仁淀川の河口にあった役所は浦戸、長浜に移され、河口の甫渕《ほぶち》の人たちも新川に移り住むようになりました。新川にはこのように新しく住む人たちのために、

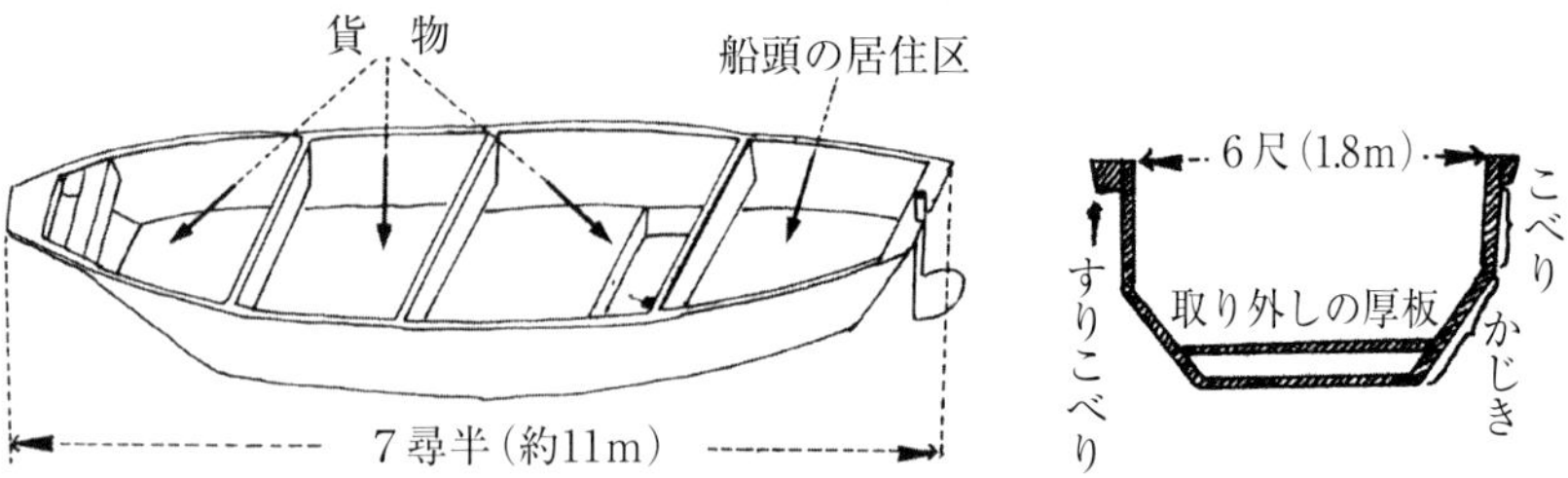

新川舟略図

共同の井戸も掘られました。また新川の町衆にもいろいろの特権が与えられ保護されました。浅い川底でも航行ができる「艜船《ひらだふね》」の使用が93艘も許された上に、それらの船は城下の堀川へも自由な乗り入れや横付けもでき、また船中での炊事も許可されました。さらにその上に、上流から下ってくる船筏はすべて新川水門までと定められ、上流からの船荷物はすべていったん新川で降ろされ、筏は解かれ、新川より下流への運搬は新川の舟に譲らねばなりませんでした。しかし新川の者は上流まで舟を自由に漕《こ》ぎ上ることも許されるという手厚い保護策がとられました。これらの策によって、新川の町は元禄期の終わりごろ（1700年頃）には「川を挟んで人家60余り、東西3町余」であったものが、幕末には200軒近くの戸数を数える盛況ぶりになりました。木材や薪炭はくだり、塩や魚などの生活物資は奥仁淀にのぼっていく、その物資の中継地として新川は在郷町《ざいごうちょう》として、東の野市・山田（香美市）、後免（南国市）と並んで活発な商業活動で繁栄をきわめることになりました。

さて、この流れは灌漑用水路として、内陸水運路として時代の要請を受けて完成されたものでしたが、その共用《きょうよう》にあたってはいろいろ問題点もありました。それは特に旱魃《かんばつ》の時期に深刻な対立となってあらわれてきました。舟運より農業を重く見る封建社会ですので、水が不足すれ

新川のおとし

ば「新川のおとし」を開いて筏をおろすことは制限されます。こうなると水運路としての性格は薄れてきます。また井下の村々にまんべんなく用水の確保を保証しようとすると、上流の弘岡や森山は、井下の村々のために数日間は用水を引くことはできず「通水《つうすい》」という井下の村々への送水方法をとらねばならないことも度々でした。あるいはまた弘岡井筋には何の恩恵もなかった八田村とはいろいろのトラブルもあったようです。八田村に水車を許可した時などは、井下の村々との衝突は裁判にまで発展しました。

いろいろな利害と対立、そして問題点をはらんだまま、灌漑用水路と内陸水運路の二つの性格を持たせた吾南の水流は、近世から近代そして現代へと流れ続いています。

#新川のおとし　#艜船の使用を許可する　#在郷町新川の誕生　#灌漑用水路と内陸水運路

春野を潤す八田の大井流

吾川郡いの町八田、野中兼山が慶安元（1648）年、堰を構築して以来仁淀川は堰き止められ、水は一部吾南平野に流されました。堰は世に言われる「糸流し工法」による「湾曲《わんきょく》斜《なな》め堰」でした。この仁淀の水は「八田の大《おお》井《ゆ》流《る》」から弘岡井筋にひきこまれます。流れる水は春野を水田の村とし、春野を潤しました。いまは近代工法の堰ですが、兼山当時は大木と大石で固められたもの、多くの農民たちの労力が要求されました。４口の水門（井流）で春野への水量の調節がおこなわれ、「弘岡井筋」に導かれた水は、「行当の切り抜き」をぬけて「小田の井流」へ、そこで一部「諸木井筋」に分流、さらに「川窪井筋」に分け新川に出て「おとし」で「新川川」につながれます。新川川は春野の一番低いところを流れ、長浜川につながり高知城下への水運路としても貴重な存在となりました。

水路下って新川舟は浦戸の湾からお城下へ

奥仁淀・吾南を高知の城下と結ぶ水運路は、「八田《はた》の大井流《おおゆる》」から「弘岡井筋」、「新川の落とし」、そして新川川、長浜川の流れを利用し、長浜の河口に出、そこから浦戸湾を北上して農人町の堀川に入り、高知城下の四ツ橋・土佐橋の船着き場をめざす航路でした。

この水運路の起点《きてん》が新川であり、上下する物資の中継地として新川の賑わいは格別なものがあったことはすでに述べましたが、船の運航にはかなりの水量が必要です。そのため船出の地新川では、いろいろの工夫がされていました。「おとし」の下流に「堰床《せきとこ》」という木造の堰をつくり、「おとし」を流れ落ちる水と北から流れ込む高見川の水を堰き止め、船出の時はその堰の中央部をきって、そこから流れ出る水勢に乗って船出する方法もその一つでした。

航行する舟は、「新川舟《しんかわふね》」とよばれる大型舟で、上仁淀からの「奥舟《おくふね》」2隻の積み荷を1艘にして運ぶことができるものでした。長さは「七尋半《ななひろはん》」というからおよそ11メートル、幅は6尺（1・8メートル）あり、1000貫の荷物を積むことができたといいます。

大正の頃は新川からの主な積み荷は、上流からの薪《まき》や、荒倉で堀り出された石灰岩でしたが、弘岡カブや、甲殿大根、それに梨や西瓜《すいか》、米、漬物《つけもの》、畳表《たたみおもて》など春野の産物が多く高知に運ばれました。

唐音の岸辺の新川舟

新川川に浮かぶ新川舟

そして帰りには硫安《りゅうあん》や大豆カス、油カスなどの肥料、漬物用の塩やいろいろの日用雑貨が積まれました。面白いことにこの舟は、こうした物資の運搬だけでなく、高知に下宿する学生たちの生活物資の輸送を請け負ったり、一宮の土佐神社（シナネサマ）や7か所の札所参りや遊山《ゆさん》、それに小学校の遠足にまでいろいろの方面に利用されています。こんな便利屋的な性格ももっていましたので、この舟を「ウンチン（運賃）」とよんだ時もありました。

　この新川舟より小さい船に、米10石程度が積めるというところからきた「十石舟《じっこくぶね》」、もっと小さい「六石舟《ろっこくぶね》」というのもありました。これらの舟は農作物の販売にも利用されることがありましたが、主として下肥《しもごえ》取りの「肥舟《こえぶね》」でした。当時下肥は「黄金水《おうごんすい》」とまで言われる貴重品であり、農夫たちはこの下肥を競って求めました。民家は言うまでもなく、商家や工場、それに学校まで手広く求め「ウケ（請け＝契約）」で月に2～3回定期的に汲み取りにでむいていきました。それでも不足の場合は、民家を1軒1軒まわって汲み取らせてもらう「フリフリ」という方法をとることもありました。汲み取らせてもらった謝礼として、「ウケ」の場合は民家であれば2~3升の米に野菜を少し添え、大量供給のところには年末に1~2斗、さらに多いところには4斗の米あるいはもち米との交換であったようです。

一方「フリフリ」は肥桶一荷《こえたごいっか》の相場が「10銭」で、これに野菜を添える場合が多かったといいます。普通農家では年間1俵のモチ米を下肥の謝礼用《しゃれいよう》として見積もっていたようです。この相場は昭和30年代まで続いたようです。こうした肥舟は昭和12~13年ごろを頂点として、戦時中はやや減少したものの、戦後は再び盛んになり昭和30年ごろまでは続いたようです。

長浜川河口から、御畳瀬そして波静かな浦戸湾内に

今の新川川の流れは比較的ゆるやかですが、水運路として利用されていた頃はかなり急流でした。その急流に棹《さお》さして舟を操り、その上、途中に何か所もの渦巻く深渕《ふかぶち》の難所もありました。あるいはまた、満潮《みちしお》を見計《みはか》らって通過しなければ舟が通れない浅瀬《あさせ》の「大《おお》曲《まがり》」という場所もありました。満潮の時を見逃し「大曲」の手前「西川橋」周辺には、よく潮待する舟も見かけたといいます。

新川を船出して順調に新川川を下り、「唐音《かろと》の切抜」をぬけ長浜の河口に出るまでに3時間から3時間半かかりました。

急流と渕《ふち》、潮の満干《みちひ》に悩まされながら、やっと浦戸湾に出た新川舟は、ここから湾を北上して高知の城下をめざします。しかしこの湾がまた多くの船頭たちの命を奪った難所でもありました。

#八田の大井流　#奥舟と新川舟の区別　#6石舟と10石舟

長浜から城下へ、そして難儀な帰りの船路

長浜の河口から浦戸湾を北上する航路は、こみ潮の時は湾の中央部を通り、ひき潮の時は御畳瀬《みませ》よりを通るのが鉄則といいます。特に浦戸湾の航行にあたっては、夏の昼間は、「マゼ」という南風が吹き、夜は「アラセ」という北風が吹いて往復ともに帆を張って航行できる場合もありましたが、風もなく、また風向きの悪い時の航行は厳しく、大変な苦労と危険がつきまといました。こんな時には普通は御畳瀬の北の岬をまわり、浦戸湾の西岸沿いに西孕《にしはらみ》から潮江の東岸を通らなければなりません。また、冬は潮が低いうえに「カミキタ」という冬独特の季節風にはよく悩まされ、そのうえ西孕の南では鷲尾《わしお》山の南山腹を吹きぬけてくる西からの強風をまともに受け、舟は風に流されて櫓《ろ》は役にたたず、西孕から仁井田

長浜川の静かな流れ

浦戸湾からみる鷲尾、烏帽子、柏尾の山並み

の岸まで流されることもしばしばだったようです。浦戸湾での転覆《てんぷく》や溺死者《できししゃ》の話題は尽きず、船頭《せんどう》たちはいつもそれを恐れ、また教訓《きょうくん》としていたといいます。

帆に風をはらんで順調に、浦戸湾を北上できる航行なら、長浜川の河口から1時間ほどで農人町《のうにんまち》の堀川に着きますが、運悪く西岸沿いのルートをとらなければならないと3時間、あるいはそれ以上の時間がかかったようです。

ゆったりとした川の流れを利用し、また波静かな浦戸湾をゆったりとした航海といえば、牧歌的風情《ぼっかてきふぜい》が連想《れんそう》されますが、この航海は決してたやすい航海ではありませんでした。急流と淵、そして渦との闘い、干満《かんまん》の潮に操《あやつ》られ、吹く風と潮の流れに身を任せての航海は、その所要時間もまさに日替わり、新川から土佐橋の船着き場に、その日のうちに着けば幸いといわねばならなかったといいます。

船頭たちはその日の疲れは舟の中で癒《い》さねばなりませんでした。そのため舟はその後ろ端に炊事《すいじ》用具や寝具も

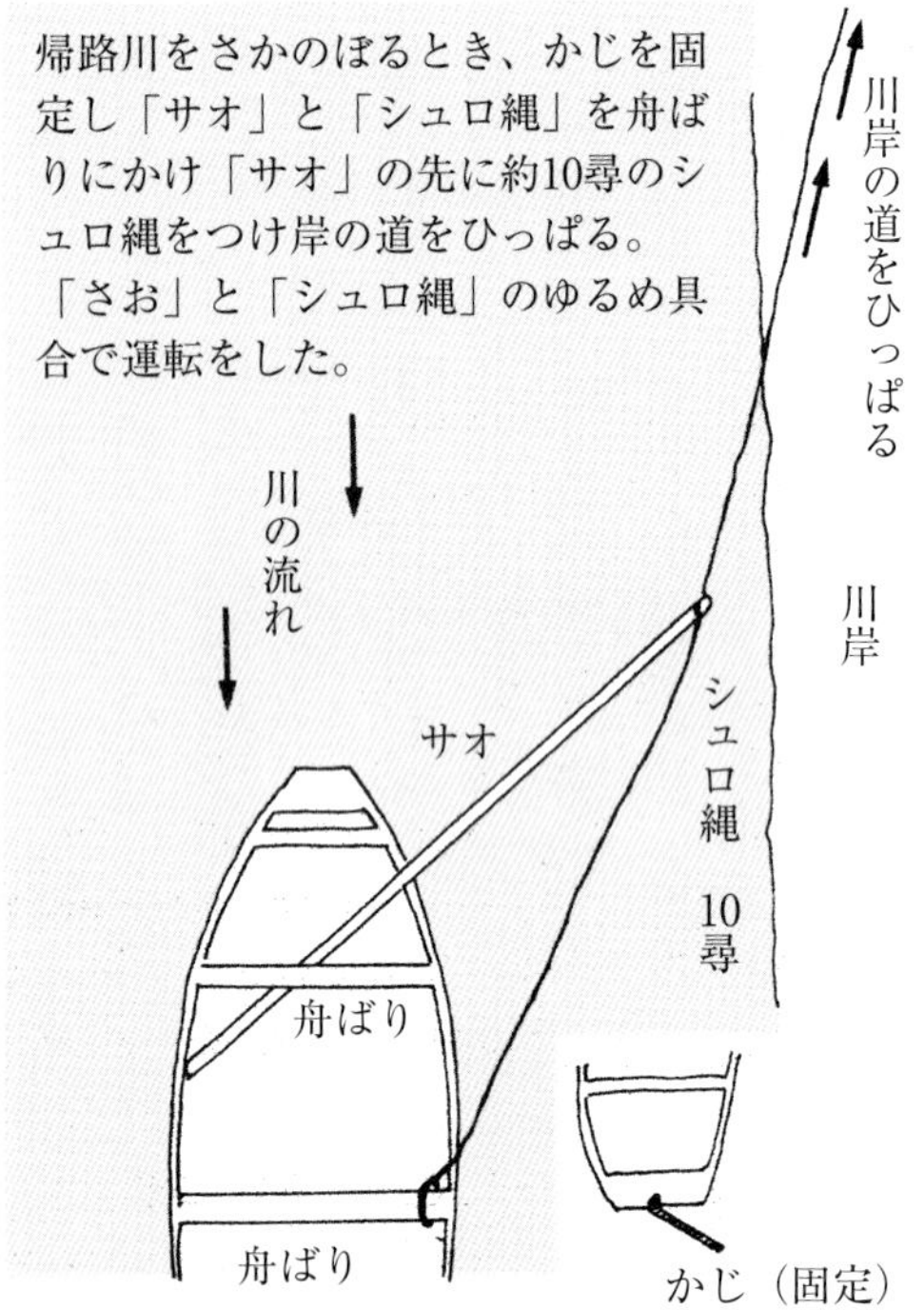
帰路川をさかのぼるとき、かじを固定し「サオ」と「シュロ縄」を舟ばりにかけ「サオ」の先に約10尋のシュロ縄をつけ岸の道をひっぱる。「さお」と「シュロ縄」のゆるめ具合で運転をした。
川岸の道をひっぱる
川の流れ
川岸
サオ
シュロ縄　10尋
舟ばり
舟ばり
かじ（固定）

帰路、川をさかのぼる時の工夫

積むようになっています。夜露は屋根と周囲をめぐらす「苫《とま》」でしのぎました。土佐橋には船頭たちのために共同の井戸もあり、土佐橋のたもとや潮江の東海岸、それに長浜の梶《かじ》ヶ浦などは船中宿泊の場所として、船頭たちに好まれた場所であったようです。

帰りの路も、浦戸湾の航行は往路と同じ、その日の気象状況によっての航路と方法がとられました。危険の度合には何の変わりもありません。その上、河口から新川への流れに逆らう航行の難儀《なんぎ》は、下りよりはるかに大きな苦労が待っていました。戸原《とばら》から西諸木の一文橋《いちもんばし》付近までのように、橋もなく比較的穏やかな所は帆を張る時もありましたが、普通の場合は川岸の路から、船頭が船をひっぱってのぼる方法がとられました。舟の舵《かじ》は固定され、「サオ」と「綱（およそ十尋《とひろ》のシュロ縄）」を組み合わせて、舟のへさきが川岸に寄らないように工夫し、川に沿う小道から船頭が舟を曳いてさかのぼる方法です。1隻《せき》を曳く場合もありましたが、大概は3～4隻、小型ならば7～8隻を連結し、船頭たちはお互いに協力して川岸から舟を曳いてのぼるのですから、その労力ははかり知れないものがあり、

商家の面影を残して（春野町新川）

たくさんの苦労話がいまも伝えられています。

しかしこうした水運も、まもなく荷車《にぐるま》や車力《しゃりき》と競争する時代へと変化していき、さらにトラックの登場は物資輸送の方法を一挙に変えてしまうこととなりました。さらに大正初期から仁淀奥地の物資は、伊野町で陸揚《りくあ》げされ、陸路高知に運ばれるようになったからたまりません。それからというものは、新川の賑わいも水運の繁栄も次第に衰退の一途をたどり、その灯《ひ》もついに消えてしまうこととなりました。水運が衰えることを心配して、国道56号線の新川通過の計画を拒否《きょひ》することに成功した頃の繁栄の面影は、今の新川にはありません。数戸の商家風の建物が、賑わった日々の姿をひっそりと伝えるだけとなりました。

行き交う船頭たちが威勢よく声をかけ、励ましあった新川川の流れも、今は川岸から草は生え込み、時の流れがすべてを語り草として残すのみとなってしまいました。

#危険と隣り合わせの浦戸湾航行　#難儀きわめた帰りの航路　#国道の新川通過を拒否

新川川、流れを太平洋と浦戸に分けて

新川川は春野の水を集めて流れ、最後に芳原川の流れを受けて甲殿の河口から太平洋に流れでます。兼山はこの流れをここで分けて、浦戸をめざす水運路として長浜川を掘削します。すでに太平洋の潮騒は聞こえる地点、陸地は極めて平坦、ここに水を流すには高度の水盛技術が要求されるところです。潮の干満によって船の運航が左右されることも予想される場所でした。完成後も分岐下流の西川橋では潮待ちする舟もしばしばでした。それでも長く水運路としてその責を果たし続けました。

椀を伏せたような小山は雀が森城跡、すぐ右手の山には光清城跡、その奥には芳原城跡が、そして新川川の流れのすぐ上流には秋山城跡も見えます。永禄３年から５年（1560~62）にかけて、本山と長宗我部両勢力の小競り合いは絶え間なく続きます。その興亡かけた抗争の舞台ともなった土地です。しかし日を追って長宗我部氏の勢力は本山氏を圧していきます。この地を越せば本山氏の拠点であった吉良城もかすんで見えます。

祖先の栄光誇り高く生きて

塩漬けにされた首273は、大阪城の家康のもとに送られました。慶長5（1600）年12月晦日《みそか》のことでした。浦戸城の明け渡しをせまってきた新しい土佐の国主山内氏に抵抗《ていこう》した、長宗我部氏の家臣一領具足たちの首でした。一領具足こそ長宗我部氏にとっては、土佐統一にも、また四国制覇《せいは》を目指す戦いでも、常にその中心であった農民的な武士でした。彼らは田地はわずかに1～2町しか持たず、「明暮《あけくれ》武勇のみとして、田に出るにも槍《やり》の柄に草鞋《わらじ》、兵糧をくくりつけ、田の畦《あぜ》に立ち置き、すはといえば鎌《かま》、鍬《くわ》を投げ捨て走り行き、鎧《よろい》一領にて、着替えの領もなく、馬一疋《いちひき》にて乗り換えもなく、自身走り廻《まわ》」ったところから一領具足といわれたとも書かれています。桂浜への花海道浦戸城下に、首をなくした胴体を埋めたと伝えられる石丸塚《いしまるづか》（石丸神社）があり、そのわきに六体地蔵《ろくたいじぞう》がいまも亡魂を慰めて立っています。

時は流れて野中兼山の時代、土佐藩は窮乏した財政の立て直し策の一環として、かつての一領具足たちを「郷士《ごうし》」という身分にとりたてる策をとりました。一領具足たちは、山内入国とともに武士の身分から農民身分に格下げされました。その一部は村役人として庄屋などに任用されましたが、大多数の一領具足たちは、土佐統一、四国制覇への戦いと、祖先の栄光を誇りつつ、山内藩政に強い不満

石丸塚と六体地蔵（高知市桂浜花海道）

と、かずかずの不安をもっての暮らしでした。

慶長18（１６１３）年、山内氏は、原則として、もと一領具足であり、新田3町の開発実績と、その従事先が主に野市である者ということを条件に「百人衆《ひゃくにんしゅう》」とよばれる郷士１００人を募集しました。

次いで承応２（１６５３）年にも、新たな郷士の募集をしています。この時は新田３町の開発条件はそのままですが、一領具足でなくても、かつて武士であったらということになっていました。その後も郷士起用は続けられ、兼山時代の終わりごろには約１０００人を数えたとも言われます。郷士は、自分の開発した領知《りょうち》の売買は可能という私有地的な性格はもちながら、年貢《ねんぐ》を藩に納める必要もありませんでした。またこの策によって武士の身分が与えられますので、もとの一領具足たちの山内氏への不満解消策にもつながります。さらに3町開発という条件は、荒れ地開発、新田の増大をもたらし、さらに基盤弱体といわれてきた山内軍団に勇猛《ゆうもう》な戦闘力《せんとうりょく》として彼らを組み入れることができるという一石三鳥《いっせきさんちょう》の山内藩政強固策《きょうこさく》となりました。

こういう事情で生まれた郷士ですので、春野で多くの郷士が生まれています。元禄期にその人数は、吉原《よしはら》1、喜津賀《きつか》（西分）4、秋山3、甲殿2、仁ノ6、西畑1、森山1、弘岡下5、弘岡中1、弘岡上5と、延べ29人（実質25人）（『春野町史』）があがります。ところがこれを見ると、仁ノには小島氏を名乗る郷士が5人もおりますが、内ノ谷、東諸木、西諸木には一人の名前もありません。

何故でしょう？

これは内ノ谷、東諸木、西諸木は浦戸に近い村々です。その地理的条件も手伝って、多くの一領具足たちが山内入国に抗議して浦戸城にこもり、長宗我部氏の末路に殉じたことを物語るものでしょう。それに対し仁ノの小島氏は『長宗我部地検帳』にも見える有力な一領具足層ですが、その名を郷士としてそのままとどめています。彼らは浦戸一揆には参加しなかったものとみるべきでしょう。どうやら浦戸一揆は春野地方にとっては村の根底を揺すった大事件と言えそうです。

しかしこうして誕生した初期の郷士ではありましたが、いま彼らのことを伝える史料がほとんどありません。祖先の栄光を背に誇り高く生き抜き、いったんは郷士として繁栄の日々がありましたが、元禄《げんろく》ごろから享保《きょうほ》にかけて、これら初期の郷士たちは、家来層の自立によって没落の憂き目を見ています。

これもまた悲運な歴史のいたずらでしょうか。

#山内氏入国に抵抗しての浦戸一揆　#一領具足浦戸城に立て籠もる　#石丸塚と鎮魂の六体地蔵

よい草と、よい娘は見置がならん

江戸時代の半ば頃、野中兼山建設の弘岡井筋は水を滔々《とうとう》と流し、水田面に水は輝きました。それまでの畑作中心で、水稲《すいとう》は低湿地の水田だけであった村を水田中心の村に変え、後の世に高知のデンマークと春野の農業経営をたたえさせるスタートとなる時期でした。

米と麦を結びつけた二毛作の開始による農業生活の安定、そして、農具の改良による農作業の能率化がそれをもたらしました。不作の年も、苦しい生活時もありましたが、それが原因の一揆《いっき》などがなかった農村生活の基が、ここに作られたものと見るべきでしょう。

さて、今までの米一辺倒の農業経営に変わって、米と麦の二毛作が行われるようになったことは、たとえ、米は半分以上は年貢にとられても、麦とあいまって食糧の自給性を高め、農村生活安定の効果はありました。しかしそれはまた農民に新しい労苦を背負わせました。「麦は肥料を食う」と言います。地力が消耗《しょうもう》します。米作第一の江戸時代です。米の収穫高は落とせません。地力を衰えさせない努力の要請《ようせい》は当然です。すべての水田の裏作に麦をつくらず、約半分の土地につくって交代させる方法も試みましたが、農民の関心は堆肥《たいひ》に向けられていきました。準備した堆肥を、麦あとに散らしてかきこみ、その後に田植え、もちろん麦のためにも、秋冬麦の中に堆肥を入れ、また肥《こえ》かけもしました。多くの堆肥が必要です。それはまた牛馬の飼育と餌草刈《えさくさかり》が負担となって広がります。この頃春野地方の農家戸数が２２８２に対して、牛１２５頭、馬１２４６頭の記録（『土佐国郷村帳控《ごうそんちょうひかえ》』）があります。１戸当たり、０・６頭という高い飼育率です。１頭が大体米３石に相当する牛馬をこのように多く飼育したことは、いかに堆肥や厩肥《きゅうひ》に関心がもたれていたかという数字と見るべきでしょう。

牛馬の飼育には飼料の青草が必要です。青草が生えていた畑地は、いまは水田となり、そこに青草はありません。村人たちは「よい草と、よい娘は見置《みお》きがならん」と、目についた草ならすぐに刈り取る。朝も早くから寸暇《すんか》を惜《お》しみ、草を刈る農民の姿がありました。果ては草刈り場をめぐって村人たちが衝突する事態までおこります。文化14（１８１７）年、朝倉肥草山《こえくさやま》で、弘岡３か村の農民と朝倉村の農民の衝突は、その頃の時勢を語り伝えます。

努力と勤勉な村人の話もあります。弘岡では、用水を干して井底《ゆそこ》の浚《さら》えや、川岸の修理など田役《たやく》によって行いました。よい川土を水の干ない早い時期に見つけておき、水が干しあがればすぐ田役の前にそれを自分で堤にあげ、乾くと自宅近くの積み場に運んだといいます。堆肥の一種で、厩肥や青草、藁《わら》とを交互に積み上げてつくる「土肥《つちごえ》」は早くから知られていました。春野でもこれをつくり、地力を養い米と麦の二毛作を支えてきました。

農具の改良は、東諸木村の庄屋堀内市之進《ほりうちいちのしん》の『治生録《じしょうろく》』という記録に見ることができます。当時の農業技術史の優れた史料で現在高知図書館に所蔵されています。これによると、稲の脱穀《だっこく》に威力を発揮し、多くの時間と労力を生み出し、多角的農業を可能としたものに鉄箸《かなばし》＝千歯扱《せんばごき》が紹介されています。「吉《きち》稲は鉄箸にてこき申し候、但し、先年はこきはしとて、女竹《めたけ》長さ８～９寸程の竹弐本合

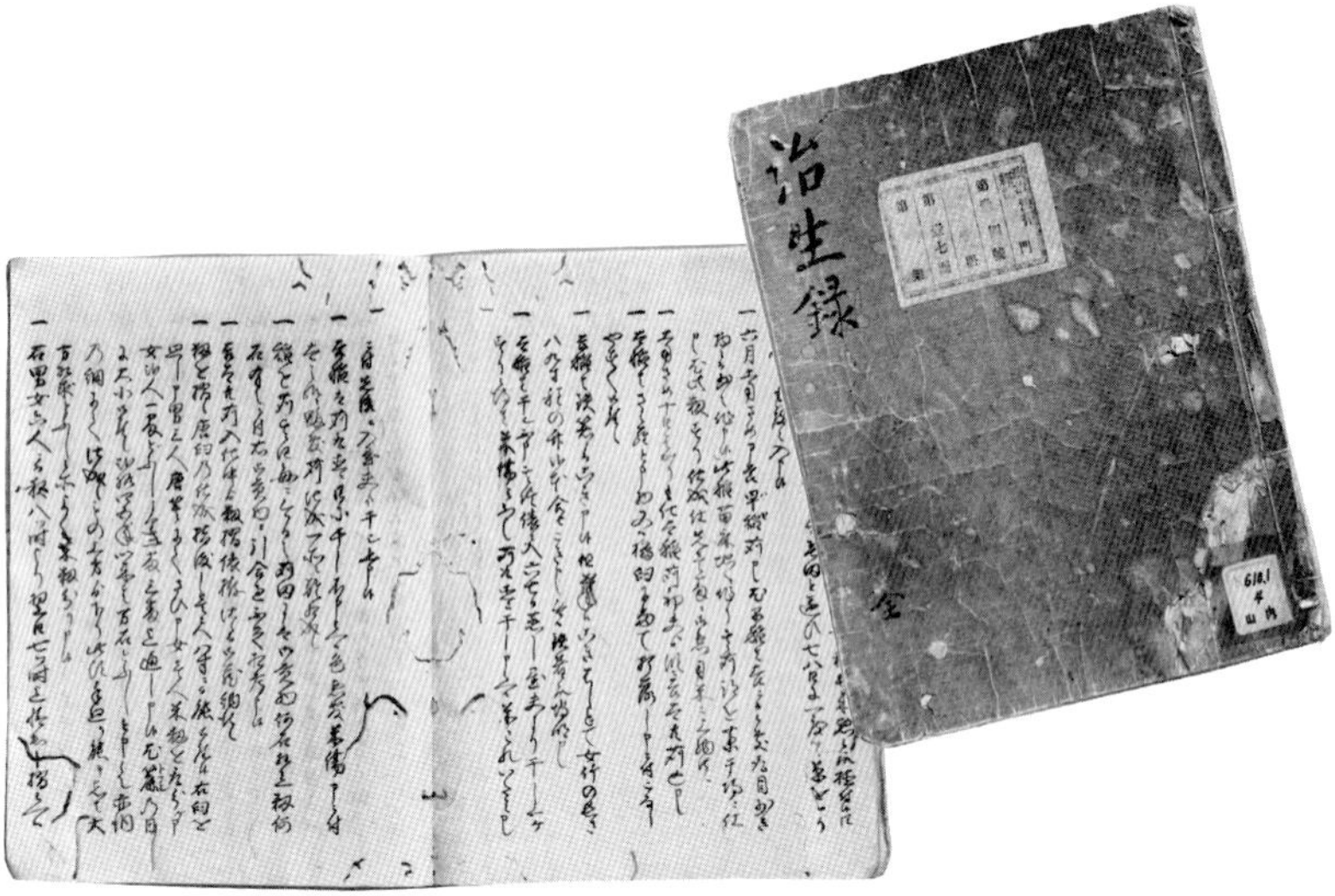

『治生録』
諸木村庄屋堀内市之進の記録（オーテピア高知図書館蔵）

わせこき申し候、今は鉄箸故埒明《らちあき》き申し候」とあります。鉄箸＝千歯扱が導入され、「埒があいた」ようです。

このほか「唐箕《とうみ》」や「万石《まんごく》どほ《お》し」などの利用によって農作業の能率があがった多くの記録があります。

用水の開発により、農業生産は米と麦を中心に大きくのび、改良された農具によって元禄・享《きょう》保《ほ》の江戸中期の春野、その繁栄の姿を歴史の流れのなかにみることができるのです。

＃二毛作のはじまり　＃麦は肥料を食う
＃堆肥と厩肥　＃『治生録』に見る農具

製鉄の炎白土峠の麓に燃える

高知市街地と春野との境となる北の山並み、その東寄りの山頂に1本、その西の峰近くに2本のテレビ塔が見えます。東が烏帽子《えぼし》山で西が柏尾《かしお》山です。この二つの山をつなぐ尾根ラインは、西の柏尾からなだらかに下り、また緩やかに烏帽子山山頂めざしてのぼります。この尾根ラインの中央部、一番低いところが「白土峠《しらつちとうげ》」です。南麓の芳原大芝《おおしば》から本谷《ほんたに》を通り、白土峠を越える山道は、はるか中世の頃からの村人たちの路でした。山内氏が高知に城下町をつくってからは、西分、芳原、東諸木、西諸木、内ノ谷の住民たちの城下への峠路でもありました。峠にあった大きな榎《えのき》は、峠を越える村人たちに憩《いこ》いの影をつくり、峠の路にひめられた歴史の語り部ともなっていました。

この白土峠の登り口の本谷には、今も赤黒くあるいは紫色の焼石の塊のようなものが散らばっています。これは鉱滓《こうさい》で鉱石を精錬《せいれん》するときにできるガス、いわゆるスラグです。ここ本谷には、もともと土佐藩が経営したタタラ場（製鉄所）がありました。

土佐はもともと地下資源には恵まれない土地でしたので、石灰以外の鉱山業の発達はあまりみられませんでした。鉄もその大部分は上方《かみがた》からとりよせていました。しかし農業面だけからみても、技術の改善や進歩によって鉄箸《かなばし》や鍬《くわ》、鎌《かま》、鋤《すき》など多くの鉄を必要とする時代となってきました。上方に頼

峯続きの鷲尾、烏帽子、白土峠、柏尾山の峰々

るだけでは多くの費用もかさみ、国内での製鉄が考えられるようになってきました。そこで、寛保《かんぽ》元（1741）年藩が直接管理するタタラ場、いわゆる製鉄所を作ることになりました。その場所として芳原本谷に白羽《しらは》の矢がたちました。ここは柏尾山から流れ出る水が鉱業用水となり、周辺には藩有林もあって燃料の確保もたやすく、また溶剤《ようざい》の石灰岩もすぐ近くの治国谷《じごくたに》にあることなど製鉄環境には恵まれていました。

藩は寛保元（1741）年3月に、馬場弥五六《ばばやごろく》を勘定頭《かんじょうがしら》という藩の役職と、国産役を兼任させました。馬場弥五六は当時「骨の髄まで鉱山家」といわれた人物で、鉱山開発をはじめ藩内各地の開発にも雄大な構想をもち、それを着実に実行していく人物でしたので、先頭に立つ政治家としては適役の人でした。そして、彼の協力者として城下種崎町の商人和泉屋嘉右衛門《いづみやかうえもん》があたっています。藩営とはいっても藩財政は日に日に窮乏一途の時期でした。藩はこの和泉屋嘉右衛門を資金面での協力者としたと考えてよいでしょう。

技術者は先進地の石見《いわみ》（島根県）や但馬《たじま》（兵庫県）などから雇《やと》い入れましたが、原料の砂鉄《さてつ》は幡多郡の金カ浜や伊佐の海岸か

土佐藩タタラ場跡周辺（春野町芳原大芝本谷）

ら船で運ばなければなりませんでした。船で運ばれた砂鉄は、横浜（現高知市横浜）で陸揚《りくあ》げされ、そこからは馬で内ノ谷を越えて本谷まで運んだようです。

はじめのうちは失敗の連続だったようですが「その手の巧者の職人雇って」からは1回（4日間）に約4トンほど精錬《せいれん》することができ、品質も悪くなく、大阪での入札でも芸州広島鉄と同率の評価も受けていました。

しかし寛保2（1742）年2月に廃止となった記録があります。わずか1年たらずで閉鎖《へいさ》となってしまいました。思い通りの生産があがらず、収支相償《あいつぐな》わなかったためでしょう。製鉄の先頭にたっていた馬場弥五六も「世の人今日初めてすなわち今日の利用を責めるのは小智短才」（金山聞書）と長い目で見てみてほしいと訴えております。また和泉屋嘉右衛門も、土佐は島国でもあり、鉄は他国から買わねばならない。そうすれば当然鉄代の銀が他国へ出る。努力すれば「鉄代銀他国へ出で申さず」その上「他国より銀子入込み申し候時は、甚だ御国益の御儀と存じ奉り候」と言い、藩の利益、当時合言葉となっていた藩中心の殖産興業《しょくさんこうぎょう》面からの訴書もあります。しかし職人賃や役人賃や薪取夫などの諸費用、さらに原料砂鉄を幡多から輸送する費用も加え考えると、財政窮乏の藩にとっては決して少額の金額ではなかったでしょう。さらに致命傷になったのが、燃料不足といいます。柏尾、烏帽子には藩有林もあり、相当の森林がありますが、現在の専門家に言わせてもこの程度の森林では不足といいます。当然のことながら場所替えの計画も持ち上がったようです。しかしその場所替えの費用は「銀30貫」が必要と算出されました。銀30貫といえば、600両、米にすれば600石に相当します。24万石の藩としては、弥五六達の長い目で見てほしいという声は聞こえなかったでしょう。

いま本谷に残るものは鉱滓ばかりとなりました。タタラの規模もそこで汗を流した人達の記録も、生活の様子も何も残るものはありません。近くの谷川を流れる水音だけが、白土峠に急ぐ村人たちの足音や、タタラに働く人の声のように聞こえるばかりです。

#土佐藩経営の製鉄所（踏鞴）　#馬場弥五六の奮闘

藩に金貸す豪農深瀬氏

荒倉神社に、明治15（1882）年2月、深瀬基澄氏奉納《ほうのう》の絵馬があります。白壁の蔵2棟と、屋敷の前での井戸掘り風景が描かれたものです。作業中に2人の井戸掘り人が土に埋まり、近隣の人たちが救出に駆けつけたが人力ではどうにもならず、家主が家の祖神や神々に祈誓《きせい》したところ、2人は奇跡的にわずかな傷で救出に成功。この神の恩を人々に知らせるために絵馬にして奉納したといいます。

話題は深瀬家の井戸掘りではなく、救出に右往左往《うおうさおう》する50余人の後ろに描かれた白壁の蔵2棟や屋敷から、豪農深瀬家を考えようというのです。

弘岡の深瀬家といえば、藩政期の中頃に豪農として栄え、後期には譲受郷士《ゆずりうけごうし》として活躍した一族です。

土佐藩も元禄、享保の時期となると大変な財政難に陥ります。参勤交代《さんきんこうたい》の費用の調達にも困りだします。藩も、富裕な者に藩の借金に応じてもらいたいと要望したほどです。それに加えて享保18（1733）年には、前年からの害虫の大発生から、土佐藩最大の飢饉《ききん》とされる享保の大飢饉となります。藩でも15万石の減収《げんしゅう》となり、「行き倒れものその数を知らず」という惨状《さんじょう》でした。春野の人々の苦し

深瀬基澄氏奉納の絵馬（弘岡荒倉神社）

みも大変だったでしょう。この飢饉にあっても深瀬権兵衛《ふかせごんべえ》には、「難儀人《なんぎにん》へ米穀《べいこく》を以って救う」だけの余裕がありました。

深瀬氏は『長宗我部地検帳』では、畳《たたみ》製造《せいぞう》とありますので、おそらくこの仕事を中心に富を蓄えてきたのでしょう。それが野中兼山による新田開発の恩恵をたっぷりと受けて富裕化《ふゆうか》したでしょう。たとえ、収穫の大部分は年貢として藩にとりたてられても、残りは作徳米《さくとくまい》だからそれをもとに富を蓄えていったでしょう。

この頃土佐藩では、田地の売買が進み、地主、小作の関係は一般化してきました。特に享保10（1725）年には、藩令によって田地をもつ者も農民に限られなくなり、富裕層は競って田地を買い取りました。こうして富裕な百姓は、自分は農業労働はせずに、4～5人の下人《げにん》を使って年貢米《ねんぐまい》をとりたてる自作農となる者も出てきます。富裕者の下で働き、年貢の納入ができない百姓には貸米《かしまい》もしていきました。もちろん2割程度の利息米を取っての貸米です。下人の中には、元利米《がんりまい》の未払で身売りする者も出るようになってきます。重い年貢の未払で苦しむ者のある一方で、田地を増やし富農として成長していく者もありました。ある者にとっては不幸な事態でも、強い者はかえって自分の土地を広げる機会でもありました。

深瀬家の富裕ぶりを記録の中でみてみましょう。

宝永元（1704）年、「御用銀《ごようぎん》百貫目」（『郷士年譜』）を藩に融通《ゆうずう》しています。「用金（銀）」とは、富裕な農民や商人から藩が利息付きで借り入れる金のことです。これとは別に「寸志銀《すんしぎん》」というのもありますが、「寸志」は無償のことで藩への寄付金です。「寸志夫《ぶ》」となると無償の出夫《でぶ》でした。しかし、藩の返却約束はあっても実質は寸志となったことがほとんどでしょう。この時深瀬家が融通した銀百貫目は、金にして2000両、米にして2000石以上ですから莫大な数字です。さらに、宝暦9（1759）年から天保11（1840）年にかけての記録では、この間に38回、総額1759貫590の金額と、夫1200人、米18石、金2両余の用銀や寸志があります。なかでも享和3（1803）年には、寸志品として茶碗150、枇杓《ひしゃく》90、莚《むしろ》100などがあり興味がわきます（『春野町史』）。天保2（1831）年には、藩は町奉行、郡奉行、浦奉行それぞれの支配下から富裕な者を選び用銀を賦課する方針を出しますが、深瀬家はこれに先手を打つように自発的に寸志銀を納めています。これには深瀬氏もそれなりの計算もあったでしょう。深瀬家と藩とのかかわりはまだあります。文化11（1814）年の春、藩主山内豊資が、土佐西半を巡見した時には「御宿」を2度もつとめています。文化14

年にも、藩関係者の宿もつとめています。藩主や関係者の宿といえば、接待費用など莫大《ばくだい》なものであったでしょう。これら用金や宿所提供は、深瀬家が蓄える富が吸い上げる一種の貢租ではありますが、その吸い上げられる分はまた、深瀬家が貸米の利息や土地の加地子《かじし》（地子－年貢のほかに地主に収めた米）として農民たちから収得したものです。

富農深瀬家を語りながら、その富裕さに感心はしても、その裏には農民たちの汗の苦しみがあったことも、歴史の事実として忘れてはならないことなのです。

#豪農から譲受郷士の深瀬家　#「用金」「寸志銀」「寸志夫」「御宿」の提供

春野の名産なになにぞ

―幕末の頃―

土佐の名物サンゴに鯨
　紙に生糸にカツオ節
ふみ書く土佐紙土佐山育ち
　色の濃《こ》い濃いお茶もある

ご存知よさこい節です。土佐の特産物として、江戸時代の初めの頃は、木材が藩の大きな財源となっていましたが、次第に捕鯨業やカツオの一本釣りが、そして米の二期作に伴う肥料としての石灰が注目され、さらには食生活の向上によって、茶や酒が普及してきました。野中兼山の奨励以来、蜜蜂の飼育も、また甘蔗の栽培と製糖、それに加えて椎茸《しいたけ》や樟脳《しょうのう》、なかでも樟脳は長崎貿易の目玉商品にまでなり、その利益金で藩は西洋式艦船や鉄砲も購入したというほど、特産物にも多様化がみられるようになりました。

そのころ、春野名産は何がその名を残しているのでしょう。

高知県立歴史民俗資料館に展示されていた「土佐藩産業地図」では、長浜、西畑《さいばた》、新居《にい》と海辺に沿

土佐藩産業地図部分（高知県立歴史民俗資料館）

って「糖業地」が、そして弘岡上のあたりに「紙業地」を見ることができます。

甘蔗の栽培と製糖は、寛政の頃（1789〜1801）、高知城下の町奉行馬詰親音《まづめもとね》や豪商田村屋源右衛門や、武蔵《むさし》国（現東京、埼玉県、神奈川県北部）の池上太郎左衛門からその製法を学び、幕府の許可を得て栽培をはじめたのが最初といいます。それ以来土佐湾岸の砂地を好適地として栽培は広がり、幕末の頃には国産物の重要品となり、それは近代まで続いています。その頃の正確な調査統計はありませんが、明治12（1879）年調査の記録があります。それによると

西畑では

白砂糖　2803斤
黒砂糖　128839斤
密砂糖　1516斤
以上3品質ノ善ナル事
隣村仁ノノ右ニ超出ス
多クハ本国土佐郡高知に販リ

家族総出の藺草刈り風景（現在はほとんど機械化）

仁ノでは

白砂糖　4250斤

黒砂糖　1003111斤

密砂糖　2272斤

東諸木では

白砂糖　103500斤

黒砂糖　30000斤

以上白黒倶ニ其質美専ラ大阪府ニ輸送ス

とあります。このほか西諸木でも2000斤の砂糖算出を伝えています。（『高知県吾川郡仁西村誌』『高知県吾川郡諸木村誌』）調査は明治12年の数値ですが幕末の頃、土佐藩屈指の糖業地を裏付けているものと思われます。

製紙は、「小判紙7200束、粕紙《はくし》（塵紙《ちりがみ》）2420束、以上皆良質ニシテ特有物産タリ専ラ土佐郡高知市坊ニ賣却ス」「製紙ヲ業トスルモノ64戸」（『高知県吾川郡弘岡上ノ村誌』）とあります。藩政の中頃より、藩の国産として紙の奨励策が、春野にもたらしたものといえるでしょう。

近世末になると農村にも商品経済がはげしく侵入してきます。そのあらわれとして手工業製品が春野にも多く見られるようになってきます。（芳）吉原村では藺草表《いぐさおもて》や、しぶき莚《むしろ》が見えてきます。仁ノでは、しぶき莚のほか、瓦、縞木綿《しまもめん》、釘、鍬、千歯抜《せんばご》きが、隣の西畑でも瓦や鍬、釘、縞木綿などを見るようになります。仁ノ、西畑の「縞木綿」や「鉄製品」などは相当の産出量であり、芳原の藺草《いぐさ》、畳表の製造など明治以降の全盛期を迎える前夜の様子がうかがえます。

手工業ではありませんが、海岸沿いの戸原、甲殿、仁ノでの漁業とそれにかかわる水産品も忘れてはならないでしょう。天保13（１８４２）年ごろ、甲殿村に地引網元《じびきあみもと》があった記録（『野本文書』）もあり、海参《いりこ》や塩魚などの海産物も好調だったようです。また仁ノでは海の鯛や鯵《あじ》とともに川魚の鯔《ぼら》、鰻《うなぎ》、香魚《あゆ》、白魚がとれ、製塩も仁ノや、戸原《とばら》での生産記録があります。当時の海岸や河口における人たちの経済生活の一面がうかがえます。

野中兼山の用水路開設以来、春野は米麦二毛作による農業生産の増大は、何回か触れてきましたが、兼山の頃より歳月も１５０年ほどが流れると、米麦中心の封建社会の農村・農業とはいえ変化もしてきます。商品作物の生産も多様化してくるのも当然でしょう。米麦の生産第一であることは揺るぎませんが時代は新しい商品作物の導入を要求してきます。村人たちも、また自分たちの生活の安定のためにも、商品作物への積極的な取り組みが必要となります。それもまた時代の要請と言えるでしょう。

＃春野名産砂糖に紙　＃春野地方の手工業品　＃春野の漁業

庄屋・吉本虫夫　その生きた時代

藩政のたてなおしを急ぐ藩当局と、自分たちのために働いてくれる人物を必要とした庶民と、その両方に応《こた》える仕事をしたのが吉本虫夫でした。

学者であり、歌人であり、熱心な塾の師匠《ししょう》でもあった虫夫は、さらに有能な庄屋《しょうや》として藩と庶民の中間の立場を全うしました。

吉本虫夫は、正徳《しょうとく》5（1715）年の生まれであり、通称は外市あるいは忠雄（夫）とも言い、また東原《とうげん》とも号していました。父は、吉本八郎左衛門と言い、江戸詰めの下級役人でした。もともと高知城下の城北久万《くま》（現在高知市久万）に住んでいました。のち芳原《よしはら》村に移り郷士となっていました。

文化2（1805）年、虫夫は91歳で没しています。墓は谷門の人独特の小さな自然石のもので、芳原出口《でぐち》山の先端、芳原平野をみはるかすところで静かに眠っています。

藩政の中頃にあたる元禄から享保の頃（1688〜1735）は、藩政も安定した時でした。新田の開発は進み、物資も豊かで、人々の生活も向上し、貨幣経済も発達してきていました。この貨幣経済の発展は、農村へも及びますが、このことは農民たちの考えや生活をも変えていくようになってきます。

しかし藩政も後半になると財政も次第に苦しくなってきます。大阪や江戸の商人からの借金や、藩士や奉公人《ほうこうにん》の俸禄《ほうろく》（給与）の一部までも借りあげなければならなくなります。

藩はこのような財政的な苦しみを打開するために、紙や漆、それに茶など商品価値の高いものに、統制と保護と干渉を加えて、そこから藩が利潤を吸収しようとするようになります。いわゆる専売制《せんばいせい》をしいて、藩の指定した特定の問屋《といや》に国産の品々を買い上げさせて保護し、その代わりに彼らから運《うん》上金《じょうきん》という営業税《えいぎょうぜい》を納めさせて藩の利益をめざしました。

ここにおいて、藩の威光《いこう》をかさにきた問屋商人の活動が目立つ世になります。このことは生産者にとっては自由な販売権を奪われてしまうことになり、また問屋は安く品物を買い、中間利益で私腹を肥やすようになります。農村では、藩に必要な物資を納入すれば、あとはすべてのものの自由な売買ができることを要求し、この専売制と問屋商人の活動、ひいてはそれを許している藩政そのものを非難するようになってきます。

農民たちはその怒りを、一揆《いっき》や打ちこわしという直接行動で示すようになります。農民たちも自分の生活を守るために、意識や自覚が次第に高まり、農村は大きく変わってきました。

このような農村の変化を藩はおさえねばなりません。藩では毎年のように農民の心得を庄屋たちを通じて通達しました。藩はその通達が確かに農民たちにとどき、彼らがそれを承知したか、農民自身に捺印《なついん》までさせて確認するほどでした。

この変わりゆく農村・農民たちを指導監督し、農村を再興して、藩財政をたてなおす原動力となる村の支配者は庄屋であり、地下役人《じげやくにん》（よそから赴任してくる役人ではなく、その土地の住民から任命される役

墓石の裏に書かれた墓誌

吉本虫夫墓
谷門の小さな自然石の墓、表と裏

人）たちであったわけです。藩としては、藩の要求に直接応えてくれる庄屋を期待するのは当然です。それには、今までのような伝統的な家柄などによる庄屋の任命では不十分です。書算《しょさん》の才能を身につけ、その能力を生かして縦横に村の経営ができる庄屋が必要になってきたのです。

藩は能力のある庄屋を抜擢《ばってき》し、信賞必罰《しんしょうひつばつ》の方針をもってこれを転村・転浦させるなどして庄屋層の監督を強めるとともに、彼らの奮起も求めました。

しかし庄屋はもともと、その村の有力農民出身の地主層であり富裕層でした。転村・転浦は、彼らのその土地における地主的な経営を非常に困難にしてしまいます。このためこうした藩の施策は、かえって庄屋層の不満と不安を呼ぶ結果となりました。彼らは団結して、次第に弱体化していく庄屋の地位を守るとともに、その向上を目指して「庄屋同盟《しょうやどうめい》」を結び、政治的な動きをするようになってきます。

このような動きのなかで庄屋としての能力と教養を備えて活躍した人物の一人に吉本虫夫がいたのです。

吉本虫夫、その師と学問の仲間たち

宝暦《ほうれき》9（1759）年、藩校《はんこう》「教授館《こうじゅかん》」が設立されました。藩主豊敷《とよのぶ》も好学の人であり、15歳から40歳までの武家の子弟を集め、武士の身分にふさわしい教養と道徳を身につけさせようとしたものです。天明《てんめい》7（1787）年に行われたいわゆる「天明の改革」には、学者の意見も取り入れ、学問を裏付けにする政治が行われるなど、藩学も大いに進展していきました。

しかし時代が下るにつれ武士の生活は困窮し、逆に町人や上層の農民が富を蓄え、農村でも庄屋や村役人たちにも余裕がみられるようになってきます。こうなってきますと、今まで郷士や町人にはかえりみられなかった文芸や芸術への関心も、次第に彼らの間にも芽生え、庶民の間からも力強い文化が育ち始めるようになりました。

こういう時期に育った虫夫は、神学《しんがく》、儒学《じゅがく》を谷垣守《たにかきもり》、真潮《ましお》に学び、天文の学は暦学者であり暦にない日食を予測して、その名の知られた川谷薊山《かわたにけいざん》から学びました。さらに今喜多作兵衛《いまきたさくべえ》から直真陰流《ちょくしんかげりゅう》を学び、安永2（1773）年、59歳の時免許皆伝《めんきょかいでん》となりました。さらに藩主の師匠役《ししょうやく》でもあった山《やま》本良久《もとりょうきゅう》からは小太刀《こたち》も学んでいます。そのうえ和歌にも書道にも優れた才能をもつ多学の才士でした。

この虫夫にもっとも強い影響を与えたのは谷垣守、真潮父子だったと思われます。
垣守（１６９８～１７５２）はその父谷秦山《たにじんざん》の影響を受けて神道に関心が深く、京都で玉木葦斎《たまきいさい》に神道を学び、江戸に出て賀茂真淵《かものまぶち》に国学を学んで、谷家の学問を朱子学《しゅしがく》から国学《こくがく》中心に変える契機をつくった人物です。藩政についても意見を述べ、藩でも彼の意見をとり入れています。

その子真潮（１７２９～１７９７）は、儒学、神道と同時に『万葉集』を研究するなど和歌にも長じていました。彼も父のあとを受けて藩政にも加わり、藩校「教授館」の教授にも任命されます。特に「天明の改革」には、仕置役《しおきやく》に次ぐ重要な職である大目付《おおめつけ》（藩政の監察にあたる役職）に真鍋善太夫《まなべぜんだゆう》・箕《みの》浦秦川《うらじんせん》とともに任命され、学者グループの一人としてこの改革の原動力となりました。彼を中心として、土佐では国学が興隆し、土佐勤王思想の生みの親とも言われています。勤王思想というのは、幕府を倒して、天皇による政治の実現を目指す反幕府の思想です。のちに武市瑞山《たけちずいざん》を盟主に、坂本龍馬や中岡慎太郎など２００余人が集まった土佐勤王党も、この思想のもとに結成されたものです。真潮の周辺の人物として、箕浦直彝《みのうらなおつね》、宮地藤三郎《みやじとうさぶろう》、楠瀬清蔭《くすのせきよかげ》、今村楽《いまむらたぬし》、中山厳水《なかやまいずみ》、宮地仲枝《みやじなかえ》、久徳台八《ひさのりだいはち》らとともに吉本虫夫の名前もあります。後世の歴史家はこの時期を俊秀な人々が門人知友《もんじんちゆう》として集まり、学問を究め、土佐の文運《ぶんうん》に一時期を画した時期と高く評価しています。

虫夫の名が藩に知られたのは、宝暦９（１７５９）年に意見書をもって政治改革を唱え、藩主山内豊敷《とよのぶ》に賞賛されて以来のことです。虫夫は50歳で郷士職を子の里兄に譲り、明和５（１７６８）年２月、芳原東《とう》の原《はら》に新居を構え隠居しました。東原《とうげん》の号はこの地名によるものでしょう。しかし里兄は放蕩《ほうとう》な性格のため破綻し、郷士職も他人に譲ってしまいました。60余歳の虫夫は東《とう》の原《はら》で塾を開き、文武両面にわたって門人の教育に当たっていました。安永5（1776）年の日記には「12月朔日《ついたち》（1日）『大学《だいがく》』を読む聴衆海辺所々より来る」と記してあります。彼を慕《した》い近辺の村々から多くの聴衆者が訪れていたことがうかがえます。

前にも述べましたように、「天明の改革」では学者の意見が採りあげられ、学問を裏付けとした政治が重んじられました。虫夫も時の免奉行《めんぶぎょう》（税担当の役人）である五藤栄《ごとうえい》之助《のすけ》に対し、自分の意見を説いたとも言われます。

谷垣守・真潮父子の邸跡碑（高知市桜馬場）

また農村の変化の中で、庄屋たちについても書算の能力がある人たちを抜擢《ばってき》するなど、庄屋層の統制も強化されていく時期でした。真潮と深い関係にあった虫夫も天明7（1787）年には、73歳の高齢でしたが、芳原の庄屋として任命されています。真潮の推挙《すいきょ》によるものだったでしょう。

庄屋虫夫の活躍がこれから始まります。

#吉本虫夫とその師匠　#吉本虫夫と門人知友たち

虫夫　庄屋・歌人そして書家として

吉本虫夫（右）妻（左）の墓所
「墓の大なるは凶なり」＝谷門の墓

吉本虫夫は、天明7（1787）年、芳原の庄屋として任命されました。塾で門弟を指導するかたわら庄屋としての務めも怠りませんでした。堀川の付け替え工事など土木工事による地域の発展も積極的に進め、農民たちからの支持も受けました。また光清《みつきよ》に住む孝女「とめ」の表彰申請なども行い、住民の激励や褒章《ほうしょう》にも心がけるなど善政に尽くしましたので、多くの村人から慕われました。

しかし翌年には本山郷《もとやまごう》の大庄屋に転村させられます。本山は当時この地方の大村で、藩主が江戸と土佐を往復する参勤交代《さんきんこうたい》の道である官道《かんどう》も通じ、要人はもとより多くの人々の往来も盛んな土地でした。芳原からの転村は庄屋虫夫にとっては抜擢であったわけです。虫夫は頻繁《ひんぱん》な要人の送迎《そうげい》におわれながらも、真面目な人柄がにじむ善政に努力しました。また例年行ってきた正月の講書や、剣術初めの式など子弟の教育は怠りなく郷民たちの信服にはあついものがありました。

しかし転村・転浦を命ぜられ、その土地に赴任してきた庄屋と、土地の富農や老《としより》（庄屋を補佐する組頭《くみがしら》）たち地下役人《じげやくにん》との対立には、いかんともしがたいものがあったようです。「上からは圧迫され下からは突き上げられる中間的存在で、いつも窮地《きゅうち》に立たされていた庄屋の苦しみ」が、このころ彼が書いた覚書《おぼえがき》のなかにもうかがえ、地方支配に困っている庄屋の気持ちをくみ取ることができます。寛政《かんせい》4（1792）年には再び芳原村の庄屋に帰りますが、老年となったことを理由に、寛政6（1794）年には辞職し再び門人たちの教育に専心するようになります。虫夫の庄屋としての務めはこれで終わります。

庄屋として村政に、また子弟の教育にも専心した虫夫は歌人でもありました。

大丈夫《ますらお》のすまじきことはよもせまじこの玉の緒は今たゆるとも　（述懐）
ころも手は朝けの露にひぢぬとも行きて見まほし野べの秋萩　（萩露）
ひら瀬には小網さしわたし鵜川立ちともすがり天つほしかも　（鵜川）
あしびきの深山《みやま》おろしの吹き巻きてふたたびちらふ松の白雪　（松雪）

などの歌を見ることができますが、虫夫の方正で言行にいつわりのない人となりをうかがうことができます。

また、大変な能筆家《のうひつか》としての一面もみることができます。安永9（1780）年10月、比島《ひじま》（高知市比島町）の臨江亭《りんこうてい》でひらかれた詩歌会で、谷真潮《たにましお》が書いた文章や門人たちの詩歌を扁額《へんがく》にするための

吉本虫夫妻墓

清書《せいしょ》の依頼を受けた話や、真潮の求めに応じて『職原抄《しょくげんしょう》』（南北朝時代、北畠親房の著書）や『宇津保《うつほ》物語』（平安時代に成立した物語）など、古典の書写も行ったなどの話からは、彼が優れた書家でもあったことを物語る話と思われます。

　また彼の残した著書には『老木雫《ろうぼくしずく》』『芳森日抄《よしもりにっしょう》』『芳森日抄拾遺《しゅうい》』などがあります。講書の抜粋や時事・雑文など集めた随筆集ですが、特に宝暦2（1752）年から寛政6（1794）年までの日記は、彼の経歴が知れるとともに、村の歴史を探る上からも参考資料となるものと評価されています。

　虫夫の生きた時代は、やはり彼のように農民の指導者としての能力と教養を備えた庄屋たちの間に、南学、国学の思想が広く普及していきました。虫夫は在任中、ほかの多くの庄屋たちとの交際を通じて、彼の学問いわゆる谷家の学問は農村の庄屋たちの間にひろがっていきました。またその庄屋たちの考えは、配下の人たちにも広く浸透《しんとう》していったことでしょう。幕末の土佐に花開く尊王思想はこうして次第に育ち、大きくなっていったものでしょう。

#庄屋、歌人、書家として活躍の吉本虫夫

自由民権運動.in春野

「自由は土佐の山間より出づ」
「板垣死すとも自由は死せず」

よく聞くこの言葉は、土佐の自由民権運動を代表する言葉です。ひとつは県詞《けんし》ともなっています。

自由民権運動、それは民権、つまり民主政治を理想とする明治初年の政治運動ですが、この考えの芽生えは坂本龍馬の「上下の議政局《ぎじょうきょく》をつくり、政策を公儀によって決める」というあの「船中八策《せんちゅうはっさく》」のなかにあるとも言われます。明治政府の「五か条の御誓文《ごせいもん》」がこれを受け継ぎ、新政府の基本方針のひとつにしたものです。自由民権運動のなかには龍馬の考えていた、新しい政治のあり方も生きています。

さてこの自由民権運動は、明治7（1874）年の立志社創設にはじまり、以来しばらく活動の中心はこの立志社でした。その立志社の創立発起人のなかに春野出身者の名があります。弘岡上ノ村の安並正原《やすなみまさはら》と千頭正澄《ちかみまさずみ》です。吾南春野が民権活動の中心となるきざしが見えています。

明治10（1877）年ごろとなると、民権活動のなかに、高額の地租に苦しむ地主たちの参加もみられ、立志社も民選議院設立の建白《けんぱく》や、各地で政談演説会も開かれるなど運動も盛り上がってきます。

土居勝郎

吉良順吉

細川義昌

この頃秋山の細川義昌《ほそかわよしまさ》も、立志社中心の民権的な土佐州会の選出議員となって活動を開始しますが、これはまもなく解散させられます。しかし翌年開設された高知県会には、春野の活動家たちの名が光ります。新階武雄（東諸木）、武政大道（森山）、吉良順吉（弘岡下）、細川義昌（秋山）、島田糺《ただす》（甲殿）などです。なかでも島田糺や吉良順吉は議長に、細川義昌は副議長や常設委員と活躍しています。

明治13（1880）年4月に提出された国会期成同盟は国会開設の請願書にも前田重意《しげい》や蓼原寅之介《たではらとらのすけ》らの名前も見えます。

明治14（1881）年3月9日には、吾川、高岡の有志の懇談会が弘岡中ノ村小学校で開かれます。板垣退助、片岡健吉、中島信行、坂崎紫瀾《さかざきしらん》などの大物の出席もあり、会は盛大を極めたと細川義昌は日記に綴っています。吾南が多くの活動家排出の舞台であったからでしょう。そのころ自由に燃えた人たちは、村の小学校や個人の家なども会場として、第2日曜日を定例交際会と定め、あるいは臨時の懇親会や政談演説会も開きます。村の神祭や宴会でも、同志と地《ち》租《そ》への不満や、用水対策などを語り団結を強めていきました。

しかしこの運動も政府の弾圧や国会の開設の約束、自由党の解党などもあって明治15（1882）年を過ぎると退潮《たいちょう》の時期を迎えます。だが、明治20（1887）年には民権活動に再起《さいき》の勇気と方向を与える年となりました。租税の軽減、言論集会の自由、外交の失策挽回《しっさくばんかい》という3要求をもって大同団結《だいどうだんけつ》しての運動展開の年でした。激しく盛り上がった民権活動、春野でもこの頃が最高潮でした。村内での地租軽減《ちそけいげん》などの請願《せいがん》活動や政談演説会、県外遊説《ゆうぜい》などあわただしい日々の動きを細川義昌は日記に残しています。大同団結運動のもとに結集された全国の有志が東京に集まりました。高知からは片岡健吉を代表として、561人が入京、また県下市町村からも50余人。個人資格で200余人も前後しての入京でした。「吾川郡南部八田村他15か村民1165名総代吉良順吉」あるいは「本県出京総代のうち吾川郡南部16か村総代安並正原」などの記事、そして上京した土居勝郎《かつろう》、久保久万吉、勝賀野鬼子馬、土居吉之助、土居源三郎、板垣格、小田玉城らの動きのなかに、春野地方の華々しい活動のあとがたどれます。しかしこの活動に政府は保安条例《ほあんじょうれい》の公布と即日施行で対抗しました。「内乱を陰謀《いんぼう》し、または治安を妨害《ぼうがい》する恐れのあると認めるとき」は東京から3里の外へ退去させるというものでした。退去を命ぜられたもの570人、内高知県人は233人でした。片岡健吉らは、「内乱を陰謀し治安を妨害した覚えなし」と退去を拒否し、東京石川島の監獄に送られました。細川義昌、土居勝郎も退去に応じませんでした。

歴史の流れに激しく反応して「生きて奴隷《どれい》の民たらんよりは、死して自由の鬼たらん」。真の自由と権利を求めて勇敢に戦いを展開した人々。そのあとを歴史は確実に刻んでのこしています。

#春野地域の自由民権運動　#春野の自由民権活動家の人たち　#立志社　#民選議院設立の建白　#大同団結運動
#保安条例の公布

細川義昌と『細川家資料目録』

細川義昌が自由民権活動に没頭する契機となったのは、明治7（1874）年の板垣退助らによって提出された「民選議院設立建白書」でした。専制政府の官僚による新政府の失政で国家は瓦解《がかい》の状態である。民選議院を設立し、世論を盛り上げなければならないというものでした。

明治13〜14（1880〜1881）年ごろ、民権活動は盛り上がりますが、この頃義昌たちは吾南地方を中心に、当時特に人々の関心の深かった地租への不満や、用水配分方法やその管理など、身近な問題についての協力体制を話しあいました。毎月の交際会や懇親会、演説会などでは時局を談じながら、近隣の村々の民権活動の組織化をはかり、吾南ばかりではなく吾川郡の民権活動の重鎮《じゅうちん》となっていきます。しかしこうした民権活動の盛り上がりも明治政府の激しい抑《おさ》え込みの法律や弾圧のため、合法的には発展も大変困難となってきます。明治14（1881）年に結成された自由党も、運動面でも資金面でも次第に苦境に陥り、3年間で解党を余儀なくされました。

この頃もと自由党の人たちで、キリスト教に帰依する人たちがあいつぎました。自由民権思想とキリスト教は根本理念において共通するものがあったでしょう。義昌も明治18（1885）年には武市《たけち》安哉《やすや》、西原清東《さいばらせいとう》らとともに洗礼を受け、秋山講義所《こうぎしょ》などで布教活動も行っています。

細川義昌墓

しかし、一時停滞していた自由民権活動も明治20（1887）年ごろからの3大事件建白を中心に再び燃え上がりました。吾南の民権運動もこの時期また最高潮となりました。要求を貫くために義昌も上京しましたが、政府は保安条例を発して活動家を東京から追放する策にでました。しかし義昌らは退去命令に従わず、石川島の監獄に禁錮となりました。この時義昌が、母の梶に宛てた獄中からの手紙も残っています。その後、民権活動も紆《う》余《よ》曲《きょく》折《せつ》を経ながら次第にその炎は消えていきます。日露戦争後の明治41（1908）年5月の第10回総選挙で、義昌は当選はしますが、民権派には華やかだった昔日の面影はなくなっていました。義昌も一期で退陣して、その後は鉄道建設促進運動や漁民の租税軽減運動などと取り組み、高知県水産組合長や土陽新聞社長などを歴任します。

この細川義昌の家は「長宗我部元親家来後浪人島村甚太夫」が元祖で、明治3（1870）年8代貞丞の頃、郷士島村家が成立したとされます。その8代目右馬丞義郷が義昌の父にあたります。このような家柄であり、また義昌が大変な文書保存主義の性格でもあり、寛政年間からの多くの文書が保存されていました。これらの文書は高知市立自由民権記念館に寄託され整理され、平成5年6月には『細川家資料目録』として完成しています。総数6859件、1万965点、書状や写真を加えると1万2000点を越える膨大なものです。近世文書は郷士《ごうし》領知《りょうち》、所持地の土地関係資料が、近代資料は民権家義昌の政治、社会活動に関するものが主流です。関田英里先生は「義郷。義昌父子の2代にわたって書き継がれた日記、義昌の母梶の日記などの日記類が大きな資料的特徴」と言われています。義郷の『春秋自記帳』は、天保から明治2年までのもの、幕末郷士の日常生活や、意識などの研究には欠くことのできない資料です。また、義昌の『春秋自記帳』は、慶応4（1868）年から死の直前までの約60年間のものであり、当時の新聞記事では把握《はあく》できない政治演説会や小会合の内容など政治史資料としても貴重です。また義昌の母梶の日記は、「男の残した日記に比すると内容は単調」とされながらも「明治の女性の日記としてはこれほど詳細なものは珍しく、今後位置付けが課題」で「教会日記は、当時の教会活動内容の一端を知るに貴重」（『解題《かいだい》』）とされています。

ともあれこの膨大な資料は「義昌のかかわった『表』の世界のみならず、明治の社会、生活、精神史研究の格好の材料を残した。我々に示された課題はあまりにも多い」と解題も結ばれています。

#自由民権活動家細川義昌と『細川家資料目録』　#高知市立自由民権記念館

墓石に刻まれた吉良順吉の功績

吉良家墓所

高知県立高知若草特別支援学校の裏山に吉良家墓所があります。その一角に「吉良順吉君墓」と刻まれた自然石の墓石があります。弘岡下出身の吉良順吉は、明治8（1875）年の大小区制、第9区副区長を皮切りに、明治12（1879）年には細川義昌、武政大道とともに高知県会に当選します。翌3年には第5代副議長となり、明治14（1881）年6月には第6代議長に就任します。さらに明治23（1890）年から24年にかけて第11代、12代議長の任にも当たります。その間常に細川義昌や、島田糺らとともに吾川郡の選出議員として高知県議会にその名を残しています。この県会活動と並行して自由民権活動も怠りません。吾南での代表的活躍を続けます。毎月第2日曜を定例交際会の日と定めたほか、政談演説会や懇親会、夜学会などを通じ、民権活動の高揚につとめました。明治14（1881）年3月9日の弘岡中《ひろおかなか》小学校での政談演説会には、板垣退助や片岡健吉、坂崎紫瀾らそうそうたる連中が参加し、翌23日の秋山小学校では、警部巡査の見守るなか、吉良順吉も「農家に告ぐ」と熱弁をふるいます。この日も岡崎勝次や馬場辰猪、細川義昌、森尾環、前田重雅なども演壇に立ち大いに気勢があがったようです。

明治14（1881）年10月には政府が国会開設を約束したので、板垣退助らは自由党を結成しました。土佐でも明治15（1882）年5月7日の地方支部の役割を果たす海南自由党が成立します。この日土佐7郡の自由派有志100余名は、潮江の要法寺に集合し討議の結果、翌8日、常備委員に吉良順吉、片岡健吉、島地正存《しまじまさなり》、武市安哉、竹村太郎を選出します。ここでも吉良順吉の活躍は光ります。

吉良順吉

明治15（1882）年ごろは自由民権運動も一時退潮の時期でしたが、吾南地方では地租に対する不満や、用水管理に対する請願運動など吉良順吉や細川義昌を中心に活発に続けられていきます。その積み上げは、明治20（1887）年の3大事件建白運動として大きく盛り上がり、吾南での民権運動最高潮の時を迎えます。吉良順吉もこの年の11月には、全国の活動家とともに建白運動を盛り上げるべく、「吾川郡南部八田村ほか15か村民1165名」の総代として浦戸丸で上京します。1000人を超す数字はいかに吾南が自由民権に燃えていたかを物語る数字と言えるでしょう。

このような活動家であればこそ、当時の歴史を語る『吉良家文

吉良順吉墓

書』もまた豊富です。華々しい自由派の活動の裏で、苦しんだ資金作りを語る「地主同盟」関係や、堤防改修工事、道路建設に伴う「道路改良構想」、さらに稲作増収案を示す「高知県勧業《かんぎょう》諮問《しもん》会《かい》」関係資料など貴重なものも豊富です。また『春野町史』でも紹介されていますが「憲法は我が国の為、又我々人民たるものの為世上の大法典なり。我々は国の為又一身一家の為に、たとひ生命を失ふに至るとも、憲法を守り又憲法の為め運動すべきものなり」「西洋人は憲法政治はアジア人には適せずと、日本憲法実施はアジア州の試験に同じ。日本人民は代議政体の試金石なりと、我々日本人民たるもの責任きわめて大なり」とするメモ書きは、吉良順吉を知る興味あるもののひとつでしょう。

墓石には彼の功績が刻されています。「嗚呼是順吉君之墓也」から始まって500字近い格調高い漢文の墓碑です。横山又吉《またきち》の文で、書は別役儁《べっちゃくしゅん》です。二人とも民権派であり、横山は「黄木」と言い漢詩人として知られ、桂浜の黄木漢詩碑は土佐の名碑とされています。高知新聞社での坂崎紫瀾らと自由民権の立場からの政府攻撃の論陣は有名です。文章力の高さを買われ、植木枝盛や安芸喜代香、今村太郎など多くの民権活動家の墓碑も書き残しています。

また別役儁は、富家村(現野市町)の村長でもあり、日本画家別役春田としても知られています。富家村村長時代に書いた村の出来事や地勢、夜学のことなどを書いた『出多羅目《でたらめ》草誌』が、民権研究者の公文豪さんによって紹介されています。

吉良順吉の墓碑がこうした人々の手によってできていることは、彼の活躍の舞台の広さと、その功績の大なることの証ともいえるでしょう。しかしこの墓碑も年を経て次第に読みづらくなってきました。だが墓碑の刻字は薄れても、この碑文はしっかりと民権運動に、また吾南の発展に燃えた情熱を伝え、人々の心のなかから永遠に消え去ることはないでしょう。

#吉良順吉の活動

土居勝郎、その名は今も北海の地に生きて

「JR札幌駅からおよそ2時間、札沼線《さっしょうせん》で北に走ると樺戸郡浦臼《かばとぐんうらうす》の駅があります」

つい最近まではこう書くことができましたが、今は廃線、廃駅となったと聞きました。

浦臼の地は高知とのつながりが深く、多くの高知県人がその名を残している土地です。甲殿出身で自由民権活動家であり、キリスト教徒、そして北海道会議長までも務めた土居勝郎《どいかつろう》もその中の一人であり、彼の活動の軌跡をたどることもできます。

彼が自由民権活動家として25歳の若さで激しく燃えたのは、あの明治20（1887）年の3大事件建白運動の時でした。言論、出版、集会の自由と、国会の開設、租税の軽減、外交政策の挽回《ばんかい》を旗印《はたじるし》にした反政府運動で、多くの活動家が上京したことはすでに書きました。

この運動に対し伊藤内閣は「保安条例《ほあん》」を交付即日施行《そくじつせこう》で対抗しました。春野から上京していた土居勝郎も、久保久万吉、勝賀野鬼子馬、土居吉之助、土居源三郎、板垣格、小田玉城らとともに退去の命令をうけました。しかし土居勝郎は片岡健吉や細川義昌らとこの命令に応じなかったために捕えられ、軽禁錮《けいきんこ》2年6か月、監視《かんし》2年の刑を受け、東京石川島監獄《いしかわじまかんごく》につながれました。この罪は明治22年の「大日本帝国憲法」の発布の大赦《たいしゃ》により許され出獄《しゅつごく》しますが、土居にとってこの入獄期間が

保安条例違反入獄者出獄記念写真（高知市立自由民権記念館）
後列左から３人目が細川義昌　中列左から３人目が土居勝郎

人生の大きな岐路《きろ》となりました。それはキリスト教への入信です。入獄中同室であった片岡健吉の導《みちび》きで出獄と同時に洗礼《せんれい》を受け、また武市安哉との交わりも深まり、安哉の長女婦佐と結婚します。片岡も武市もすでに洗礼を受けた民権家でした。民権運動高潮期には、キリスト教にはむしろ反発していた民権活動家のなかにも、明治14（１８８１）年ごろから信仰の自由の言葉が聞かれだします。そして明治18（１８８５）年5月には高知教会が設立され、多くの民権活動家が洗礼を受けています。民権運動は「自由を説き民権を論じて、封建思想からの解放を人民の政治への参加に求めてきたが、その結果は各地での暴動など在来の道徳も破壊し、社会の秩序《ちつじょ》も乱れた。これを救うは、儒教では古めかしく、仏教では消極的である。キリスト教の導入による新道徳での社会秩序《しゃかいちつじょ》を再建すべきだ。自由民権思想とキリスト教とは根本理念において共通する」との考えのようです。この考えは、３大事件建白運動の保安条例に直面したときの片岡健吉らと、これに同調《どうちょう》した人々の静かな勇気ある行動。国会開設《こっかいかいせつ》後、政界の現実に失望した武市安哉が、同志を連れて北海道に移住《いじゅう》、浦臼に聖園《せいえん》を建設したこと。坂本直寛《さかもとなおひろ》の北光社《ほっこうしゃ》組織。西原清東がアメリカテキサス州に西原農場を経営したことなど一連の動きに、メイフラワー号で新大陸に自由を求めた英国ピューリタンに通じるとする学者もいます。

土居も武市安哉とともに、日本の将来、信仰と教育の理想を求められて、明治26（1893）年7月浦臼に入植し、石狩川辺《いしかりかわべ》の原野に鍬をうち開墾をはじめます。翌27年には200戸の入植者をもって、聖園農場《せいえんのうじょう》も活況と思われた矢先の安哉の死は、勝郎にも大きな試練《しれん》を与えることとなりました。安哉の残した聖園農場の後見人《こうけんにん》となりましたが、農場運営は容易ではなく不振《ふしん》の連続でした。

明治36（1903）年、道会《どうかい》の補欠《ほけつ》選挙から勝郎は政界の道を歩みます。民権運動以来の政治歴と安哉の後継者という立場から深い支持を受け4期10余年にわたる道会議員をつとめ、議長の椅子にもありました。この間政界での功績はありましたが、管理人任せの農場経営ははかばかしくなく、結局は融資銀行《ゆうしぎんこう》に譲渡《じょうと》を余儀なくされました。

政界引退後は郷里高知に帰り、清貧《せいひん》な生活のなか、大正10（1921）年59歳で召天《しょうてん》しました。

夫の活躍の陰には妻の労苦があります。勝郎の死後、婦佐は再び浦臼にわたります。「神は財産のすべてをとり去りたもうたが、これに替えて信仰の賜物《たまもの》をお与えくださった」と子女の教育に専念し、4人を伝道者として養育しました。「言葉には表現できない苦しみに耐えて、夫を信じながらこれを助け、夫の欠けたぶんを子女への信仰と教育を通じて聖園を形成、世の救いのために尽くしたのであるが、長い祈りは多くの伝道者を生み、ここに一家の連帯《れんたい》のなかでのこの誠意と努力は特筆すべき」

（『浦臼ゆかりの人々』浦臼教育委員会）と、夫人を讃えることも浦臼の人々は忘れていません。

浦臼の小高い丘、墓碑には「平安汝にあれ」と刻まれ、そばの墓誌には、土居勝郎、妻婦佐、長男憲郎、次男道郎、三男洪郎（牧師）、四女幌喜（牧師妻）、五女幸子、六女英子、四男辰郎（牧師）、節子（牧師妻）とあります。

坂本龍馬家の墓地や武市安哉の墓にも接し、労苦を共にした人たちとともに今は静かに眠ります。

永遠にこの地での聖なる活躍を語りながら。

#北海道での土居勝郎の活躍　#自由民権運動とキリスト教　#浦臼ゆかりの高知県人

大正デモクラシーから小作争議へ

岡崎精郎先生之生誕地（春野町秋山）

日本は第一次世界大戦に参加しましたが主戦場《しゅせんじょう》からは離れ、ほとんど被害は受けず、むしろ大陸に権益《けんえき》をのばし、商品や軍事物資を輸出して、大きな利益を上げました。しかし大戦の末期頃から物価は上がり、戦後、諸外国の経済復興が進むと商品はあまって恐慌《きょうこう》がおこり、企業の倒産《とうさん》や失業者が増加します。さらに関東大震災《だいしんさい》はこれに拍車《はくしゃ》を加えました。こうした厳しい状況は、さまざまな社会問題を引き起こしました。生活が苦しくなると、労働運動や農民運動なども起こり、社会や政治のしくみ、進め方に民主主義をとり入れる声が高まってきます。この風潮《ふうちょう》が大正デモクラシーです。

この風潮は春野にもおよび、弘岡水平社《すいへいしゃ》の結成や、昭和初期の小作争議《こさくそうぎ》などの芽ばえともなってきます。

近代社会は四民平等などを打ち出してスタートしましたが、実際の社会生活では、さまざまな厳しい差別に苦しむ人々もありました。大正デモクラシーのなか、この差別を自分たちの力で解放しようとする運動が高まってきます。人間として平等の権利と、経済上の自由を主張して、大正11（１９２２）年には全国水平社が結成されました。この全国水平社の結成にあたって執行委員として活躍した国沢亀《すすむ》は春野出身の活動家でした。同和地区民自身による絶対の解放を唱え、解放運動の先駆《せんく》的闘志《てきとうし》としての彼の活動の軌跡《きせき》は、ここ春野でもたどれます。そのひとつは大正14（１９２５）年に吾川郡弘岡水平社を結成したことでしょう。和歌山県から解放運動の指導者栗須一郎を迎え活動を展開しますが、運動のための会場を借りることすら断られる時勢のころです。運動は厳しく困難をきわめました。しかし弘岡上の中内為樹の好意によって、百笑館《どめきかん》を会場に発会式を挙げ、綱領《こうりょう》も採択《さいたく》発表されました。

弘岡水平社結成記念写真（春野中央公民館）

　国沢亀の活動は続きます。大正15（１９２６）年、福岡市での第5回全国水平社大会には高知県代表として参加し、法規委員、交渉委員にも選ばれています。しかし不幸にも昭和9（１９３４）年、弾圧と生活苦

岡崎精郎と秋山処女団員、筆者の母も岡崎精郎とともに

はこの活動家の命を奪ってしまいます。

　岡崎精郎《せいろう》もこの解放運動には深い理解を示した活動家でした。しかし彼はむしろ、昭和5（1930）年吾南で展開された激しい小作争議の指導者としてその名をはせています。地主と小作人との関係は明治のころから続く課題でしたが、大正デモクラシーのなかで苦境の農民たちは立ち上がり、大きく揺れながら昭和の世となっていきます。

「今の世に遊んで食べているものがお金持ちになり、毎日汗水たらして働いているものが貧しい暮らし………今の世の中の仕組みを変えていかなくては………いくら働いてもやっと生きていくような状態………すくなくとも同じ勤労階級《きんろうかいきゅう》に属するものが合い集まって立派な社会を建設する運動を進めようではありませんか」

　昭和4（1929）年8月、秋山村の労働組合創立《そうりつ》大会の「宣言《せんげん》」の一部です。岡崎精郎の思想の一端がうかがえます。父は村長で地主の名望家《めいぼうか》でした。地主出身が小作争議を指導し、無産者《むさんしゃ》のために戦ったという構図《こうず》でした。

　小作人は団結して小作料の引き下げを要求し、小作料の不払《ふばら》い闘争《とうそう》を展開します。地主は法律を盾《たて》に小作料の支払いを求め、応じなければ警察の保護のもとに土地を取り上げ、立ち入り禁止の策を強行します。この衝突《しょうとつ》が秋山に、森山にそして仁ノにおいて激しく展開されています。「50人の抗議《こうぎ》デモ」（秋山）、「200人が地主に抗議デモ」（仁ノ）、「100人の仁西《にさい》争議《そうぎ》抗議《こうぎ》デモ」「組合書記の負傷」（秋山）、「組合員2名の伊野署に検束《けんそく》」（森山）、「地主の蒔《ま》いた麦を鋤《す》き返して、あらためて麦蒔きを行う。麦蒔きを終わり約100人山渕正義方ほかに籠城《ろうじょう》、警官隊約70人と対峙《たいじ》夜に入る」、「警官隊による岡崎精郎ら17人検挙《けんきょ》」などの記事は争議の激烈《げきれつ》さを伝えます。

しかし、この熾烈《しれつ》な争議も世相の変化が重圧となってきました。満州事変による非常時局や秋山の在郷軍人会《ざいごうぐんじんかい》の「正義と愛村を旗印《はたじるし》」の活動と、それに同調する青年団の動きなどに抗しきれませんでした。

岡崎精郎レリーフ（秋山種間寺）

結局は小作側の敗北で終わったことになりましたが、その後、米の国家管理《こっかかんり》による地主の無力化や、真剣にとり上げられるようになった適正《てきせい》小作料問題などからみれば、この運動も、また戦後の農地改革《のうちかいかく》に通じるものと考えてよいでしょう。苦しい生活の場から民主主義を求める声は上がりました。労働運動に農民運動、そして部落解放運動に婦人運動と、大正デモクラシーの気風は溢れました。

しかし、すべて夜明けはまだまだ容易ではありませんでした。

#大正デモクラシー　#国沢亀と弘岡水平社　#岡崎精郎と小作争議

春野郷土資料館散歩①

―春野の原始・古代―

春野　縄文の人々

春野に人が住み始めたのはおよそ３０００年前、川で魚を獲り、野山で狩りや木の実を採っての暮らしでした。秋山山根や西分増井にこの頃の遺跡があります。山根に住んだ人たちは、住み始めて間もなく襲った洪水で押し流され、あとを絶ちます。増井の縄文人たちは手鍬（石斧）を使って土地を耕し、何かを栽培していたようです。食べ物はたくさんあり、縄文土器で調理し豊かな食生活のようでした。

竪穴住居の生活

地面を円形や楕円、あるいは四角に数十センチから1メートルほど掘り下げ、直径（一辺）５メートルから10メートルほどの大きさです。４～５人が住んだでしょう。真ん中に炉がありそこで炊いた火は煮炊き、暖房、採光に使いました。煙は燻製作り、虫を防ぐのにも役だちました。冬暖かく、夏は涼しいのも特色です。

春野　弥生人のくらし

稲作を知った人たちが、肥沃な土地と水に恵まれた低地に集落をつくり、共同生活を営んだ２３００年から１７００年ほど前が弥生時代です。春野にも集落はあちこちにあったでしょうが、その代表は秋山の山根遺跡と西分増井遺跡です。山根の弥生人たちは、たび重なる洪水に苦しみながらも稲作を続けましたが、１７００年ほど前とうとう山根を去ります。

　一方増井遺跡の弥生人たちのくらしは平穏で新しい文化の恩恵も受けつつ室町時代まで人々の生活は続きます。

春野の弥生彩る松菊里《しょうきくり》型竪穴住居

朝鮮半島に起源をもつこの竪穴住居が発見されたのは、県内では南国市田村とここだけです。朝鮮半島からの弥生文化が、九州経由でいち早く直接ここに伝わったかもしれません。新しく伝わった文化がどこよりも早くここ増井で栄えた証拠です。

古墳時代の春野

3世紀終わりごろから有力な支配者の墓である古墳がつくられはじめ、7世紀終わりごろまで続きます。この時期が古墳時代です。春野には古墳はありませんが、方形周溝墓《ほうけいしゅうこうぼ》や貼り付けベッド状遺構の竪穴住居が西分増井遺跡にあります。

また西分の馬場末遺跡からは、この時期の人たちの使った土師器の壺、甕《かめ》、甑《こしき》、高坏《たかつき》、坏、椀、坩《つぼ》など立派な土器が出土しました。これらの土器は「馬場末式土器」とよばれ、高知県の土師器の標準土器とされています。古墳時代に栄えた西分増井周辺の歴史の風景が想像できます。

有力な家族墓方形周溝墓

墓のまわりを溝で囲んだ弥生時代の墓ですが、高知県では弥生時代のものはありません。増井遺跡で初めて古墳時代のものが見つかりました。有力者の家族墓ですが、高知県ではこのころまで方形周溝墓のなかったのは、有力な家族層の成長がなかったからでしょうか。

仏教の華咲く春野

律令社会では国の下に郡、その下に里（のち郷）が置かれ、国には国衙、郡には郡衙が置かれ、それぞれ中央政府の支配の中に組み込まれています。春野は吾川郡に属し、その下に桑原郷（現弘岡）、仲村郷（現西分、芳原、諸木）、次田郷（現森山、秋山、仁西）が置かれました。

6世紀半ばに日本に伝わった仏教も、7世紀後半には春野に伝わってきます。種間寺やいま大寺という地名を残すところにも寺が立ち、学問、信仰の拠点となります。そこには、あたらしい知識や技術を持った「渡来人」活躍のあとも見えます。

春野郷土資料館散歩②

―武士の世　戦の春野―

源頼朝によって武家政権ができあがります。頼朝は平家勢力の強かった吾川郡を、源氏方の京都六条左女牛八幡宮の荘園にして平家勢力をおさえます。西分六条八幡宮をはじめ、今まで各地の守り神だった古社も、八幡宮として祭られるようになりました。今でも八幡宮は各地にあります。

室町時代には、不安定な政治を反映して、各地で武将たちが台頭し、戦乱にそなえて城を築くようになります。春野でも土豪たちが城や土居（館）を構えます。なかでも頼朝の弟希義の子孫とされる吉良氏は弘岡に3000貫を領し、土佐戦国の7守護にまで成長します。しかし、北からの本山氏に攻められて滅びます。だが本山氏の支配も短く、たちまち長宗我部氏支配下の地となります。

中世山城の象徴、吉良城と芳原城

中世の武将たちは山上に城を構え、日常生活の場である土居はその麓につくりました。吉良城も吉良ヶ峰よりのびる尾根の先に南北二つの平場をもって作られました。北の峰が防御上もっとも重要な所となる「詰」で、小さく簡単な建物や一段高いところには見張り台があったかもしれません。「詰」

につづく防御地点として曲輪とよばれる平場もいくつかあります。曲輪を守るために尾根を断ち切った「堀切」や、それを山腹までのばした竪堀、あるいは曲輪の外縁部からそのまま山すそにむかってのびる「竪堀」や「畝状の竪堀群」もみられます。

山下《さんげ》の「土居」は「堀」と「土塁」に囲まれ、立派な建物があります。櫓門や柵、広い空間と母屋、離れや厩もあります。堀の外側には重臣たちの屋敷がならび、西のほうには大きな寺もあります。

芳原城は八つの曲輪をもつ32・4メートルの高さの平山城です。昭和52年から5回の発掘調査が行われ、二ノ段の2間（約5・7メートル）×7間（約17・16メートル）の大きな掘立柱建物や、城の出入り口で最も重要な「虎口」、そして堀状の地形からの明応2年（1493）の年号が読める「護符（お札）」などが発掘され、全国的にも注目を受けました。

城としては15世紀の中頃から後半にかけて、頂上の「詰」と麓の居住部分だけの利用から始まります。このころ土地の人々は領主を中心にして、自分たちの生活や生産を守るため、頂上の「詰」には見張り台のような簡素な施設を構え、生活は麓でしていました。堀状地形から発見された多くの土器や木製品は、この人たちの生活用具でした。しかし戦時の緊張が次第に高まり、城はより軍事性の強い施設を構えたものにしなければならなくなり、二つの曲輪をつくり、そこに建物もたて、次第に麓と上は違った役割を果たすように整備されます。この傾向は16世紀前半ごろにはいっそう高まり、虎口も城の中で最も重要な施設として構えられたものでしょう。16世紀中ごろには芳原城は活動の幕を閉じています。

芳原城の見どころ　―二つの曲輪虎口と大規模掘立柱建物―

虎口は、城の出入り口として防御と攻撃を強化するため、城のなかでは著しく発達していったところです。芳原城の虎口は二ノ段の東南部にあり、1間（約2・2メートル）×2間（3・2メートル）の城門とその南北両側に一段高く1間×2間の建物を構えています。城門から下は6段の階段で下り、その先は堀切を隔てた平場となっています。

城門を入ると一辺2メートルの枡形をつくり、前は詰からの切岸がせまり、北は城門北の建物でふさがれ、南西方向へ進むしかありません。しかし進入路の両側にはすぐに柵がならび、その入り口は狭くさらにその先進入路を断ち切るような溝があって、簡単に先へは進めない構《かまえ》になっています。この溝は進入路とその先の二つの曲輪建物群との境をはっきりさせるとともに、建物群を目隠しする役目もあったことでしょう。

虎口と詰をはさんで反対の方向にある2間×7間の大きな掘立柱建物は、土佐の中世では見ることのできない大きさですし、それが城郭内で見つかったものですからいっそう注目されました。建物のすぐ北側には覆屋をもつ方形の土坑があります。ここからは土師質土器がたくさん見つかりました。大きな建物はハレの場として場内の中心的建物で、この土坑はハレの場で使用した土器の捨て場と思われます。これらの建物が虎口と反対の位置にあるということも意味のあることでしょう。

木塚城跡　―南北朝期の山城―

資料館から500メートルほど北に「はるのの湯」という温泉宿泊施設があります。ここは城跡としての周知の遺跡でしたが、この施設によって今の姿に替えられました。発掘調査によって「南北朝期の山城」として全国的にも貴重な遺構が確認され注目されました。駐車場わきの説明版を見てみましょう。

現在みなさまが訪れている場所には「木塚城跡」という山城がありました。

木塚城跡は、南北両嶺とその鞍部の頂上を削平して曲輪としています。斜面部は人工的に削って登りにくくした切岸でおおわれ、敵の侵入を防ぐための堀切や竪堀も所々に掘られていました。さらに曲輪以外の狭い平場にも遺構がありましたが、建物跡などは見つかりませんでした。

出土遺物は、地元でつくられた土器類はじめ、国内外でつくられた陶磁器類、木製品、石製品、金属製品などで、量も多く種類も豊富です。

これらの遺物の年代から、木塚城跡が築かれたのは、14世紀前半という、いわゆる南北朝時代であることがわかりました。この時期の城は、一般的に高く険しい山に築かれますが、くわしいようすはほとんどわかっていませんでした。ところが、この木塚城跡の調査によって、この時期の城のようすが明らかになり、しかも、南北朝の時代にも低い丘陵地に城が築かれることがあることがわかり、大変貴重な成果をあげました。

木塚城跡の城主はわかっていませんが、当時の土佐で南朝方の中心であった大高坂城（現在の高知城）を意識して築かれた北朝方の城と考えられます。

春野郷土資料館散歩③

― 春野発展の礎 ―

支配者は長宗我部氏から山内氏に代わりました。幕府や諸藩は財政の安定をはかるため、新田の開発など農業政策に力を入れるとともに、特産物の生産を奨励します。土佐藩でも2代藩主山内忠義の頃の執政野中兼山はこの施策を積極的に進めます。春野においても用水路の建設と新田の開発、仁淀川堤防築造、そして水運路の整備と事業を着々と完成させていきました。この事業は春野発展の礎となりました。ここに新しい農業の基盤ができ、農業生産も経営もまた村のようすも生活も大きく変わっていきます。

野中兼山と春野

野中兼山は、一木権兵衛を普請奉行に、慶安元（１６４８）年から5年がかりで弘岡井筋を通し、土佐藩最大の用水路を完成させます。八田堰からの用水は弘岡上ノ村から新川へと流れました。途中多くの分流があり、諸木井筋、川窪井筋、南川、北川などがその主なものです。この用水は、吾南８５６町（約８５６ヘクタール）余と、ほぼ春野全域を灌漑し、灌漑５１０町余の新田を生みました。

井下9か村（弘岡3か村、森山、西分、西諸木、東諸木、秋山、甲殿）では本田の約6割が水田となりました。

この工事と並行して、仁淀川の氾濫《はんらん》防止用の弘岡堤の工事も進められました。長さ数百間（『土佐州郡志』）とも、2里丁（『南海之偉業』）とも記録されていますが、用水路と堤は一体となって新しい農業の基盤をつくり上げました。

弘岡井筋の水運路は、森山新川に新川閘（新川の落とし）をつくり、新川川とつなぎました。水運路は東に延びて、長浜川から浦戸湾にでます。これまで仁淀川河口から土佐湾、浦戸湾を通って高知城下に運ばれていた仁淀川上流の物資は、この内陸水路を通り、逆にお城下の物資も仁淀川上流に運ばれました。在郷町《ざいごうちょう》の新川はこの水路の中継地として、栄えました。水運路は商業経済発展のルートとなり、新川はその拠点ともなりました。

灌漑の機能は今も生き、吾南を県下の代表的農業地帯としてうるおわせています。

輸送の機能は、その後陸路が発達したことにより、昭和の初期には失われました。

新川太師堂と石燈籠《いしとうろう》

ここは34番札所種間寺と35番清瀧寺をつなぐヘンロ道です。目の前には3基の道しるべと、堤防の上にお大師堂があります。新川の町は、江戸時代の初めに仁淀川の水を引き込み、周辺を肥沃な水田にするとともに、高知のお城下とつなぐ水運路とし、物資集散の中継地として運送業者や商人を中心に大変繁栄しました。

新川の人たちは、町の鬼門《きもん》に当たる方向に浄縁寺を建て、裏鬼門《うらきもん》の堤防の上にお大師様を祭り、ともに邪悪の侵入を防ぎました。昔は鬼門といって東北の方向（丑寅《うしとら》）と、反対の南西の方向（未申《ひつじさる》）を裏鬼門といい、何をするにも避けなければならない風習がありました。大師堂をたてて、地域の安全と繁栄をお大師さんにお願いする熱い信仰心です。お遍路さんもここで合掌参拝し、道中の安全をお大師さんにお願いし、たんぼ道から仁淀川原に出て、竹やぶぎわの踏み分け道を通り板橋を渡って清瀧寺に急ぎました。

その頃の仁淀川原は非常に広く、ヘンロ道の両側には紫紅色のレンゲの花が美しく咲き、祭りが近づくと芝居《しばい》、軽業《かるわざ》（曲芸など）、見世物の掛け小屋が並び、当日は多くの売店が集まり土地の人々は総出の状態で、喜びと楽しみいっぱいのにぎわいだったといいます。

太子堂の前の石燈籠の台石には、寄進者の名前があります。その中に屋号がたくさん見え、商人町の面影がわかります。屋号は取りあつかう商品から木屋、杉屋、米屋、よろづ屋、ふな屋、わた屋。そして出身地から天野屋、西畑屋、用石屋、小川屋、土佐屋、伊予川屋。縁起で名乗った桜屋、戎屋、住吉屋、福村屋などがあったようです。

近代へのいぶき

明治政府は急速な近代化政策を進めます。時代は日清、日露戦争、そして第一次世界大戦、大正デモクラシー、昭和の恐慌から第二次世界大戦へとめまぐるしく動いていきます。

春野ではこの時注目すべき活動がいくつかありました。その第一は細川義昌や島田糺、吉良順吉らを中心とする自由民権運動であり、第二は、国沢亀らによる自由と平等、人間尊重を求めた差別解放運動と弘岡水平社の発会、そして第三は第二次世界大戦後の農地改革にまでつながる岡崎精郎らの指導による小作争議などでした。

春野郷土資料館散歩④

春野の産業

春

種もみを塩水につけ、よい種を選び、幅1メートル20センチの短冊形苗代と正條植えが行われるようになったのは、明治35年ごろだといわれています。田植えの頃は、人も牛も泥まみれになって、朝星、夜星をみて働きました。水田作りは新田、中耕し、本田と3回の土おこしをします。これは主に男の仕事でした。田植えは女の仕事でした。腕たちの人で1日10アールの植え付けが目安とされていました。

夏

稲の生育期です。日照りも厳しく、田の水は湯のようです。雑草取りは一番草、二番草、納め草と3回しました。草取り機が使われるようになっても、終わりの納め草は、田を這っての作業でした。顔をなでる稲の穂先と汗で苦労しました。夕方には誘蛾灯で害虫を駆除し成長を守りました。

秋

米の収穫の時期です。1株ずつ鎌で刈り取り、天日で乾かします。そして束にし田のへりや家の近くにクロに積んでおきます。一方で、大根やカブの種まきもしながら、脱穀や籾摺り（外皮をとる）をして玄米にし俵につめます。玄米は臼でついて（台がら、水車の力）白米にしました。小作人は玄米を供物《くもつ》として地主に納めました。

冬

霜にあわないように芋類の収穫を終え、麦蒔き、大根、カブなどの野菜作りの仕事や、夜はむしろ作りに励み、換金して生活を支えました。

12月になるとカブの出荷もしました。弘岡カブは味や形の良さで有名でした。また仁西地区の砂糖作りも名の聞こえた商品として阪神方面へ出荷されました。米の脱穀も冬仕事として続いていました。

春野の民俗

西畑人形芝居

「西畑のデコ芝居」として、明治の初め頃当時の西畑村の人たちによってつくられました。土佐では人形をデコと言い、人形芝居はデコ芝居とよんでいました。西畑デコ芝居は一体一人づかいで差し金遣いの構造になっています。その技法は独創的で世界的にも有名です。

一時は多くの劇団ができ、中国や九州地方まで巡業に出かけるほどの隆盛をほこった西畑デコ芝居ですが、その後の時代の流れの中で忘れ去られようとしていました。しかし近年西畑地区の人たちが中心となり、見事に復活させました。地域の民俗芸能をこよなく愛する人たちがいる限り、この西畑デコ芝居は受け継がれていくことでしょう。

太刀踊り（仁ノ）

戦乱の時代、土佐7守護の一人津野元実は、難攻不落を誇る岡本城を須崎に築きました。一條氏はこの城を攻めましたが、なかなか落城しませんでした。そこで、村祭りの日、城のほとりに若者を集め躍らせました。城兵たちははかりごととは知らず、その踊りに加わりました。そのすきに一條氏は場内に攻め込み落城させました。この時の踊りが太刀踊りの始まりだとされています。

仁ノではいつの頃からか神祭りでこの踊りを奉納す

るようになりました。村の先達が若者に「何事も油断大敵」の心を教えるとともに、勇壮な踊りのようにしっかり生きていこうという語りかけの心のあらわれだと伝えられています。

太刀踊り（西諸木）

いまから３００年ほど前、元禄年間に大雨による大飢饉がおこりました。苦しんだ土地の人たちは災難から立ち上がろうとして、若一王子宮を祭り、その神前で踊りを奉納しました。これが始まりとされ、現在に伝わっています。

踊りは一方が「ザイ」（白い紙の房をつけた棒）をもち、その相手方が音頭に合わせて真剣で「ザイ」の穂先をきります。白い紙が空中に舞いあがるようすが、風に散る花びらの姿に似ているところから別名「花採り踊り」とも呼んでいるようです。

当時の村人たちが神に祈りをささげ、この踊りを通して心を一つにして、苦難を切り開いていった様子をうかがい知ることができます。

さしおどり（秋山）

藩政時代から秋山地区に伝わる踊りで、農民たちが豊作を祝い、神に感謝して踊ったものと言われ「豊作踊り」とも言われています。

藩政時代には山内藩主にもお目にかけたこともあると伝えられています。踊りは、源平合戦の屋島、壇之浦の那須の与一扇の的を唄った地歌に合わせて、たすきがけで方形に並び、手をさし上げるもの

で、動きや足のさばきに特徴のある素朴な踊りです。「さしおどり」の「さし」は「さし上げる」「さ
さげる」という意味のようです。

太刀踊り（西畑）

春野町西畑、岐《ふなと》神社の境内で太刀踊りが演じられます。大人に混じってリズムに乗り、軽快に踊る少年の姿を見かけます。60年ぶりとなる見事な「西畑太刀踊り」復活の宵祭りの時でした。

西畑といえば、地元には人形の頭一つ残らないまま途絶えていた「西畑人形芝居」を復活させた地域でもあります。今では有志が人形づくり、人形操作、台詞廻し、和楽器などを学び、7演目上演できるまでに成長し、二人の太夫も誕生させ、後継者育成のため、西畑子ども会、春野中学校、春野高校にも出向き、指導を行うほどになりました。こうした活動の中から、地域の伝統芸能である「西畑の太刀踊り」の復活も目指しました。とはいっても、実際の踊りを見た人は今や地元にはおらず、踊りの起源は土佐市だったという情報だけでのスタートでした。活動は土佐市蓮池の太刀踊りの練習と本番の見学から始めました。地区公民館の片山美弥子館長は家々にチラシを配り、踊り子勧誘に奔走、家業とするハウス園芸のかたわら、西畑人形芝居の復活と運営、後継者育成の中心人物としての役割は多忙を極めました。それでも、地域で生まれた地域の伝統芸能を、人と人とのつながりを大切にしながら自分達で守り、後世まで伝えようとの熱い思いがついに実を結び実現しました。

土佐史つれづれ

発行日　2020年12月15日

著者・発行者　宅　間　一　之

〒781-0311
高知県高知市春野町芳原1775

印　刷　株式会社 飛　　鳥

〒780-0945
高知県高知市本宮町65-6
TEL 088-850-0588